Cultural Heritage and Museum Studies Series

文化遗产与博物馆研究丛书

浙江大学"一流骨干基础学科—考古学"建设项目资助出版

Critically Exploring Heritage and Museums

Voices from Reinwardt Academy Amsterdam

批判性探索中的
文化遗产与博物馆

来自瑞华德学院的声音

[荷] 里默尔·克诺普　等著

浙江大学文化遗产与博物馆学研究所　译

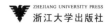
ZHEJIANG UNIVERSITY PRESS
浙江大学出版社

遗产批判的新探索
——来自瑞华德学院的实践

里默尔·克诺普（Riemer Knoop）

　　我很高兴代表瑞华德学院的全体师生，为我们近 10 年来出版的作品译文作序。首先，对于受邀参与作品的汉译版审稿工作，我深感荣幸。这代表着我们与浙江大学考古与文博系、文化遗产与博物馆学研究所严建强教授和张晖副教授带领的团队彼此之间的信任以及珍贵的友谊。

　　不妨先来说说我们之间的缘分。2013 年，荷兰驻中国大使馆决定加快研究与开展一些有助于中荷双方未来合作的文化领域项目。新上任的文化专员帕特里克·德·弗里斯（Patrick de Vries）先生邀请瑞华德学院代表访问中国，并探索近年来兴起的文化遗产和博物馆"建设浪潮"对中国产生的影响。过去 20 年，中国博物馆的数量从 1000 多家增至 5000 多家。随着中国政府实施城市化战略，这种高增长趋势仍在继续，这便要求建设与这种趋势相适应的城市配套设施。这部分反映了快速增长的中产阶级对这些城市配套设施的需求，与此同时，新建的博物馆系统展示了许多文化遗产在城市发展过程中遇到的问题，有时是整个遗产景观的颠覆。作为当时世界上人均博物馆拥有量最多的国家（博物馆与人口的数量比约为 1：17500），荷兰在博物馆和文化遗产方面积累的经验不仅有利于中国博物馆业的发展，而且也带来了双方都感兴趣的交流机会。在这一过程中，安来顺先生起到了重要的推动作用，他作为瑞华德学院有史以来首位中国籍硕士生，自毕业后，在中国文化遗产领域和世界博物馆界担任着重要职务——中国博物馆协会秘书长和国际博物馆协会（ICOM）副主席。

强化博物馆专业知识是中国社会面临的巨大挑战之一。① 怀着这一想法，同年，瑞华德学院的几位教师和荷兰文化外交官遍历了中国各地的城市及其博物馆和文化遗产机构，与当地的工作人员和官员进行了多次对话。在杭州，和中国美术学院的专家及浙江大学艺术与考古博物馆发起人交流后，我们见到了严教授和他的团队。严教授团队对当今全球博物馆问题的求知探索给我们留下了深刻的印象。我们讨论了各种话题，特别是"参与式博物馆"的概念。参观后的第二天，我收到了一封非常难得的信，信中邀请我担任这一课题的客座教授，我与讲师玛耶伦·范·霍恩（Marjelle van Hoorn）女士都非常期待这次的合作。在 2015—2016 学年中的两个月里，我们向严教授所在系的约25 位硕士生和博士生授课。② 这是充满乐趣和令人满意的一次参与，并使我们的友谊延续至今，也共同见证了这本书的诞生。③

瑞华德学院与浙江大学的合作是基于正式备忘录，也是更广泛的中荷文

---

① 参见《中国日报》于 2018 年 3 月 12 日刊登的对安来顺的采访，http://www.china.org.cn/arts/2018-03/13/content_ 50703945_3.htm (accessed February 3, 2019)。

② 我很高兴在加拿大蒙特利尔举行的 2016 年批判性遗产研究协会（ACHS）会议上分享了这些研究成果，随后又发表了一份研究报告"中国参与式博物馆——个人随感"，in *Museum Management and Curatorship*, 32/4, 2017, 415-417, https://doi.org/10.1080/09647775.2017.1348582. http://documents.grenadine.co/CRC%20Patrimoine%20Urbain/ACHS%202016%20-%20What%20does%20heritage%20change/ExploringParticipatoryMuseumprinciplesinChina_Contribution_KnoopVanHoornZhang_to_ACHS_2016_v.5.docx (accessed February 3, 2019)。

③ 本书不是荷兰瑞华德学院唯一被译成汉语的出版物。由瑞华德学院前工作人员 Peter van Mensch 和 Leontine Meijer-van Mensch 出版的《博物馆学的新方法》第一卷（I 2011 和 II 2015，出版方：斯洛文尼亚历史博物馆，斯洛文尼亚采列市）也被译成了汉语。

化合作议程的一部分。自 2015 年以来，我们学院同阿姆斯特丹凡·高博物馆、荷兰国立博物馆以及位于北京的中国美术馆合作。作为中荷文化部合作项目的一部分，我们在北京为博物馆中层从业人员组织了四节博物馆强化培训课程，还在陕西师范大学历史文化学院举办了两期类似的培训班。此外，我们学院的工作人员还受邀为在北京、杭州和西安举行的学术和文化活动贡献一份力量。

瑞华德学院与阿姆斯特丹艺术大学

瑞华德学院创办于 1976 年，是荷兰博物馆界主要的职业培训机构，致力于将理论和实践工作相结合。瑞华德学院最初设在莱顿市，那里坐落着许多国家级博物馆。1992 年，学院搬至阿姆斯特丹市，并合并到阿姆斯特丹艺术大学，该大学几乎提供每个艺术门类的培训，包括荷兰特有的学习课程（戏剧、音乐、电影、美术教育、建筑）。其中，瑞华德学院是博物馆学和文化遗产研究学院，一直保持着严谨的职业教育态度。该学院的教学目标是将学生培养成文化遗产领域的全方位专业人才，它设有学士和硕士学位课程。4 年间约有 500 名学生攻读学士学位，该学位课程由荷兰语教学的技能型课程构成。国际硕士学位课程为期 18 个月，每年全球约有 20 名学生注册，全英语授课，为硕士生提供多方面的培训，旨在为博物馆学和迅速变化的博物馆界及文化遗产业树立学术和专业的态度。

学院以杰出的博物学家卡斯帕·海沃·盖尔里·瑞华德（Caspar Georg Carl Reinwardt，1773—1854 年）的名字命名，他同时担任过三家大学（哈尔德韦克大学、阿姆斯特丹大学、莱顿大学）的教授、四个植物园（哈尔德韦克植物园、阿姆斯特丹植物园、博果尔植物园、莱顿植物园）的园长，以及一座自然历史博物馆（在阿姆斯特丹）的馆长。在荷兰殖民扩张初期，他领导了在前荷兰东印度群岛执行的政府任务（1816—1822 年），并搜集了大量的文化和自然历史藏品，最终建立了荷兰几家主要的博物馆。虽然他在世界各地广交好友，包括亚历山大·冯·洪堡（Alexander von Humboldt）和菲利普·冯·希波尔德（Philipp von Siebold）等著名探险家，但瑞华德并没有将如此丰富的经历汇集成作品出版。他的首要身份是教师。他认为，通过生动的信件、海量的图书和终身参与科学委员会，与学生分享他掌握的所有知识，同时不断地了解科学领域的发展现状是他最主要的工作。

瑞华德学院的研究工作

由于学院重视理论与实践的结合，我们的研究工作主旨不在于创造新的知识或理论，而是培养专业的具有革新精神的文化遗产从业人员。为此，我们发展了两个讨论文化遗产实践的研究方向，在本书中各有一个重要篇章对它们予以阐述。第一个方向是对情感网络的分析，或者说"文化遗产"本身并不是一个物品，而是一种涉及两个相互对立（有形和无形）的现实。关于获取或保藏的争论，有时甚至是关于建筑物、地方、博物馆、实物、传统和民俗适当性的争论，总是体现了公共领域竞争和接纳的结果。我们没有足够的空间、财力或时间来接纳所有——因此，我们决定，必须引起讨论，因为它们受制于我们是谁，想要成为谁和想要纪念什么这些潜在情感。当今的智慧告诉我们，理解和承认他人的价值观和情感是非常重要的，这些是身份的基础，有助于我们携手共进，实现今天和明天更完美的生活。这是由海斯特·迪比茨（Hester Dibbits）教授和她的团队领导的瑞华德研究项目"情感网络"的核心要点，具体的学术工作详见她们的文章《为他人的泪水而动容：遗产领域的情感网络》（*Moved by the Tears of Others: Emotion Networking in the Heritage Sphere*）（2018）。

过去 4 年间，瑞华德学院的另一个研究方向是持续关注社会领域，在该领域中，对文化遗产的处理方式日新月异。我们选择从文化遗产（保护、决策）和空间（生活环境的设计）之间的交叉领域入手研究一项"街头价值计划"（Street Values Project）。从传统意义上说，这两个领域的关注对象不尽相同。空间发展通常排斥文化遗产地；专家在年龄、文化、历史意义以及价值方面的意见分歧严重。越来越多的争论正在为公众所知，它们向街头和社区发出尖锐的声音。我们也自问：在严肃对待公民参与的同时，有哪些新的遗产参与形式？如何解读这些形式与现象？它们对我们的事业有何启示？它们会不会保持不变？如果不会的话，应如何发展呢？基于观察的结果，我们选取了"可持续主义"（sustainism）的视角，这是一种观察和实践方式，它公正地对待地方现状、社会可持续性，以及个人、观念与予以个人存在感的地方之间的联系。2017 年，我们报告了"街头价值观是社会遗产实践的新视角"（Straatwaarden: in het nieuwe speelveld van maatschappelijke erfgoedpraktijken）的前期成果，在本书中，我们对其做了更新，即《基于街头价值观的社会复杂性研究（2015—2017 年）》（Street Values, Investigating Societal Entanglements 2015-2017）。

对于理解上述用于文化遗产和空间研究的可持续主义（sustainist）方法，米歇尔·施瓦茨（Michiel Schwarz）博士于 2013 年至 2014 年间进行的文化遗产与设计的关系研究非常重要，当时他是瑞华德学院和建筑学院的驻校艺术家。我们所处的这个崭新的文化时代与生活环境（的设计）息息相关，哪些理念可以描述这些关联呢？当我们从设计角度出发看待文化遗产时，哪些因素对于在那种环境中生活的人们来说是真正重要的？施瓦茨的文章——《可持续主义词汇表：重铸未来的七个词条——重新思考设计和遗产》（A Sustainist Lexicon: Seven Entries to Recast the Future – Rethinking Design and Heritage）（2016 年）收录在本书中，它是几个关键理念的集合，以此"切入"我们文化中正在发生的事情。这份简洁的词汇表将"带我们走进新兴的可持续主义文化——更强调联系、在地性、协作性、人性化的规模，因此从环境和社会的角度看更重视可持续性"。在中国，这篇文章鲜为人知（它最初是以小册子的形式出版的）。实际上，我们 2016 年 2 月在浙江大学举行的工作坊的最后一周授课中已将它作为教学材料，并要求学生将这些概念应用在他们亲身经历的城市和文化现实中。我们还邀请他们基于自己对各个地方不同特质的理解，提出自己的或许是具有中国特色的可持续观点。

驻足往昔，我们的研究项目都有一个共通的思路，即在当今飞速发展的时代能够理解文化遗产的多元属性，以及明白文化遗产在此中扮演的角色——作为辩论的平台，作为身份的标记，以及作为生存于未来环境中的理想品质。本书里的另外六篇文章并不是我们的自主研究成果，而是每年举行的为纪念学院同名博物学家瑞华德的客座讲座上的杰出学者报告。他们和我们志同道合并给予我们重要的启发，其研究是对已知文化遗产知识与实践的再审视。

瑞华德纪念讲座

2008 年，在学院完成从博物馆学到文化遗产领域的课程调整之后，我们启动了一系列年度公开讲座计划，该讲座面向学术界和各领域的专业人员。通过邀请处于发展前沿的杰出思想家和积极活动家，我们希望在进行调整的过程中可以与同行们分享我们的平台并使他们有所启发。拓宽学院研究领域的重中之重是使课程覆盖两个新兴领域：一个是无形文化遗产，另一个是文化遗产和空间规划。在纪念讲座上，我们在讨论这两个问题的同时，也密切关注着专题类博物馆问题①——实际上，这些问题都在几场用荷兰语授课的讲座上有所涉及，但鉴于它们特定的地域和历史背景，因此本书中没有讨论。

在 2011 年，文化遗产动态观得到了澳大利亚国立大学劳拉简妮·史密斯（Laurajane Smith）教授的支持。她做了"所有遗产都是无形的：遗产批判研究和博物馆"（All Heritage Is Intangible: Critical Heritage Studies and Museums）主题讲座，当时正值彼得·冯·门施（Peter van Mensch）博士快要以瑞华德学院教授的身份退休。她批判地讨论了所谓的权威化遗产话语（Authorized Heritage Discourse，AHD）——一种狭隘的、本质主义的、高选择性的遗产理念，它将遗产看成是静态的，结合了一整套理想化的、美化过去的，尤其是推崇盎格鲁-撒克逊文化圈的观点。她批判地剖析了那种认为遗产"固守

---

① 如 Ad de Jong 教授的讲座"温暖和战栗：关于博物馆和团结的颂歌"（2008 年），Rob van der Laarse 教授的讲座"战争经历：博物馆化和大屠杀之地"（2010 年），Birgit Donker 的讲座"祖母的橱柜——文化遗产，关乎选择和珍惜"（2013 年）。

在那里"等待着人们去消费的错误假设，并认为遗产是一种"过程"——以一种社会和文化（"遗产制造"）的形式。她受到批判理论的深刻启发，为一种本质上不同的遗产研究思路奠定了基础。实际上，她于次年在哥德堡与他人共同创建了批判遗产研究协会（Association of Critical Heritage Studies, ACHS），并担任名誉会长一职。而后，批判遗产研究协会在遗产和博物馆研究领域大获成功，吸引了来自世界各地的数千名学者。2018 年，该协会在杭州举行了第四届国际研讨会。

2012 年的讲座，我们邀请到了美国斯坦福大学考古学中心的迈克尔·山克斯（Michael Shanks）教授。在"让我来告诉你哈德良长城：遗产、表演与设计"（Let Me Tell You about Hadrian's Wall: Heritage, Performance, Design）主题讲座上，他提炼了劳拉简妮·史密斯的观点，指出考古景观的形成体现了遗产"建构"的本质。他从沿哈德良长城的英格兰北部童年经历开始叙述。山克斯通过说明联合国教科文组织纪念碑实际上源于 19 世纪一位精心修建文化遗产的私人土地所有者启动的重建项目，没有参考现代，同时缺少生活元素，让我们认识到时间参与的必要性，即以社会化的方式，让我们在景观中既发现具身的过去，又能真切地找到自我，而不是那种像发现旅游地一般仅从文学作品或其他来源拾取选择性过去。真正令我欣赏的是山克斯如何通过共同创作过程来"设计"重要遗产地的方式。他描述了一种发展当地考古博物馆的包容性方式，首先是对当地需求进行深入了解，并保持一种有效的可能性，即博物馆并不提出解决方案：

> 首先让我们谈谈设计方面的难题。假设它是一座地方考古博物馆，采用民族志或其他合适的方法研究背景，同时采用一种折中的研究方法，深入并富有同情心地洞察观众、选区和社区的需求与愿望。定义问题、需求和愿望，或重新定义——建设博物馆可能并不是改变当地现状和观点的方法。为了使这个定义设计具有可操作性，并可以通过某种服务、产品、经验、创造或组合来解决，我们设想：针对难题或者概述产生想法，并提出切实可行的解决方案，加强对当地社会历史的支持可能正是我们所需的。从这些想法中选择一些用于原型设计：可以共享的材料模型或实物模型，

展示可能的解决方案，而不指定明确的答案。展现出方案，而不是口头告诉人们应该怎么做。分享这些模型，与人们一起测试，看看它们是否有效，即进行评估。也许真正面临威胁的是群体特征——这显示了年轻人和老一辈在看待当地过去的态度之间的代沟。用其他原型进行重复或更替测试，同时考虑条件是否允许（根据技术和资源的可行性，现实条件和经济可行性）。值得注意的是，任何"解决方案"都是临时的。

2014 年的主题讲座为"博物馆、遗产、文化：进入冲突地带"（Museums, Heritage, Culture: Into the Conflict Zone），该讲座再次深入探讨了当今遗产地和遗产物如何变为冲突的平台。在听过印度新德里贾瓦哈拉尔·尼赫鲁大学的艺术史学家卡维塔·辛格（Kavita Singh）2013 年在牛津大学召开的国际民族志会议上对博物馆本质发表的重要观点后，我们邀请她分享了关于遗产地和遗产物被越来越多地用于政治的看法。通过引用三个例子——孟加拉雕塑巴黎展因故取消、塔利班蓄意破坏阿富汗巴米扬大佛、印度博物馆不再展示锡克教徒和穆斯林的圣书，辛格认为有争议的不是遗产本身，而是遗产提供了引发更严重冲突的"战场"，现代媒体往往在其中起到非常重要的推动作用。在冲突中，不同势力在全世界观众面前"展示"他们对遗产的激进行为——包括抗议、破坏或驱逐等。辛格最后强烈呼吁不要让象征开放以及自由探索知识的博物馆沦为反启蒙运动的靶子。

2015 年的主题讲座重点强调了全世界在处理文化遗产上的其他难题。地质学家马科斯·布塞尔（Marcos Buser）是一名来自瑞士苏黎世的核能活动家，他在"垃圾理论：有毒废弃物与文化遗产"讲座上指出了目前的严峻形势。他认为，有时候我们并不能选择保存下什么，但正是由于那些世代相传的继承促使我们不得不承担长久的责任。这就是人类在工业进程中产生的核废弃料和有毒废弃物带来的影响，这些危险的废弃物将在数万年甚至数十万年内保持活跃状态。通过说明"超越认知范畴"的概念（即我们不可能处理想象不到的事物），布塞尔呼吁文化遗产工作者创建一种长期存在的沟通机制以警示后代，这个健忘的社会制造的工业废弃物将给我们（不一定是人类）带来致命的危险。在上文提到的哥德堡首届 ACHS 会议上第一次发出了这种对遗产所有权的责任和社会良知形式的呼吁。它已经成为欧洲遗产研究发生新转向的一个重要基础，例如伦敦大学学院（英国）和林奈大学（瑞典）的遗产—未来研究项目（2015—2019 年），全球有二十多个机构合作参与了该项目，其中有两个来自中国。①

2016 年，时任阿姆斯特丹市立博物馆教育、讲解及出版主管（现任阿姆斯特丹博物馆艺术馆长、阿姆斯特丹自由大学博物馆实践媒体和艺术教授）的玛格丽特·斯加芙玛可儿（Margriet Schavemaker）博士搭建了遗产与现当代艺术之间的重要桥梁。她以阿姆斯特丹市立博物馆馆史为视角，在"白盒忆往——当代艺术博物馆鉴知录"（The White Cube as Lieu de Mémoire: The Future of History in the Contemporary Art Museum）主题讲座上，解构了当代艺术及其展示空间的非时间性神话。不仅如此，她认为白盒子实际上在其他地方早已存在，阿姆斯特丹市立博物馆无非通过精心构建的叙事才把它捧为自己的标志。但最重要的是，斯加芙玛可儿认为，与不同艺术家、新老观众、复杂多变的媒体和整个社会互动的历史才是这座博物馆社交生活的意义所在。此外，该馆馆史和社交生活档案构成藏品的一部分，这样的收藏行为一直在持续。实际上，在 2011 年阿姆斯特丹市立博物馆重新开放时，斯加芙玛可儿便用档案资料做了几个 20 世纪六七十年代展览的回顾大展，带着我们反思在展览中创造意义的过程。通过这种方式，当代艺术得以进入遗产领域，我们可以将其理解为一种"在今天创造过去"的艺术。

2017 年，巴伦西亚大学的纸张修复专家萨尔瓦多·穆尼奥斯－比尼亚斯（Salvador Muñoz–Viñas）教授对于"在今天创造过去"表达了自己深刻的见解。在"遗产保护的交易本质"（The Transactional Nature of Heritage Conservation）这场风趣别致的讲座中，他指出我们对修复和保护的普遍认知可能有误。我们一般认为修复干预必须将一个物体恢复原状，但这往往变成一次全新的创造，甚至改变其材料成分，同时增加了不同时期的新元素。这种方式使得许多精心修复的历史遗迹沦为由多个并存且可见的年代层共同组成的类似于"机

① 参见：https://heritage-futures.org/uncertainty/nuclear-waste-management/.

械战警"的混合体。这篇文章中的重要发现之一是一个哲学困境：为了保存文化遗产，我们准备放弃多少，又要新增多少？这就是穆尼奥斯所提出的"交易"之义。促使穆尼奥斯教授受邀来到阿姆斯特丹的契机出现在杭州。因为我在浙江大学文物与博物馆学系（现为浙江大学考古与文博系）阅览室查询文献资料时，注意到了他所著的具有开创性的《当代保护理论》（*Contemporary Theory of Conservation*）。目前这本书有包括中文在内的五种语言的版本，我对其中清晰的思路和明快的表达——对知识的精准把握印象深刻。

我们对批判遗产话语的重要性进行简单反思是很有必要的。对于遗产，基本上有两种理解方式。第一种是我们常规理解的那种，即我们从祖先那里得到遗产，希望尽最大力量保存和恢复它们，并传到下一代。这类遗产通常是一些宏伟的建筑、风景优美之地、舒适宜人的公园、漂亮的画卷、丰富多彩的传统习俗或一些让人心生敬佩的手工艺品等。它们是一些物品或制作这些物品的方式。它们的价值体现在内在属性上。我们这个时代大多数遗产领域都是基于这一理念建立起来的，包括联合国教科文组织（UNESCO）关于世界遗产的理念。 第二种理解方式则更为关键。我们知道，濒于险境的遗产，无论是有形的还是无形的，都是在精确的话语中被创造出来，是经过选择、构建和优先排列的。我们要强调的是，遗产的意义和价值来自由特定思想、意识形态、权力和支配方式构建而成的网络。它们既不是中立的，也不是给定的，既不是事实，也不是自然现象，它们是对过去的特定凝视赋予特权和意义的现代建构。在西方，遗产（或继承物）经常被用来巩固中上层阶级的地位和理想，从而复制现有的权力结构。如此一来，遗产就成为特定中产阶级话语的工具，是"一种价值和意义的组合"。这也是劳拉简妮·史密斯和萨尔瓦多·穆尼奥斯分别提到的"权威化遗产话语"和"权威化保护话语"所要表达的意思。他们让我们知道遗产的主观性，并发掘遗产领域中许多物品内在的隐藏价值和意义。

在这里，我将以上 9 个主题的讲座内容进行了简单的介绍，并希望中国读者们能够熟悉来自荷兰、英国、美国、瑞士、西班牙、印度和澳大利亚的专家学者的思维方式以及不同语境文化下，关于文化遗产问题的讨论方式，希望中国读者们可以从中找到一些特定的研究兴趣或乐趣；感谢浙江大学和出版团队在与我们交流和翻译文章时体现出的耐心、亲切感和敏锐性。

这 9 篇讲座文章由浙江大学文化遗产与博物馆学研究所的师生们共同翻译，其中傅翼副教授翻译了《所有遗产都是无形的：遗产批判研究和博物馆》与《可持续主义词汇表：重铸未来的七个词条——重新思考设计和遗产》，许捷博士翻译了《博物馆、遗产、文化：进入冲突地带》，王思怡博士翻译了《遗产批判的新探索：来自瑞华德学院的实践》与《垃圾理论：有毒废弃物与文化遗产》，喻翔翻译了《白盒忆往：当代艺术博物馆鉴知录》，毛若寒博士翻译了《为他人的泪水而动容：遗产领域的情感网络》，蒋凡翻译了《让我来告诉你哈德良长城：遗产、表演与设计》，袁悦翻译了《遗产保护的交易本质》，朱妍昕翻译了《基于街头价值观的社会复杂性研究（2015—2017 年）》。感谢这些译者们付出的宝贵时间与精力，也希望读者们能从他们的文字与阐释中获得作者对文化的更好见解。

目 录

Contents

Critically Exploring Heritage and Museums

Voices from Reinwardt Academy Amsterdam

所有遗产都是无形的

遗产批判研究和博物馆

劳拉简妮·史密斯

2008 年 6 月 3 日前后，瑞华德学院（Reinwardt Academy）举办了一年一度的瑞华德纪念讲座，以纪念学院同名博物学家瑞华德诞辰 235 周年。卡斯帕·瑞华德是一位受人尊敬的博物学家，在前荷属东印度群岛生活期间（1816—1822 年），他收集了大量藏品，这些藏品后来由荷兰主要的自然历史博物馆和人类学博物馆收藏。瑞华德建立了一个庞大的国际关系网络，其中包括亚历山大·冯·洪堡等著名的博物学家。瑞华德学院能以他的名字命名，非常荣幸。瑞华德本人代表了本学院至关重要的价值观：国际化导向、基于关系网络的协作、保持对社会需求的敏感性、知识的社会相关性，以及坚持有助于学生的态度。正是本着这样的价值观，本学院举办了瑞华德纪念讲座，并在每年邀请一位杰出的演讲者演讲。

　　瑞华德学院非常荣幸能邀请到劳拉简妮·史密斯教授为 2011 年瑞华德纪念讲座做演讲。劳拉简妮·史密斯本人和她的专业可能和卡斯帕·瑞华德的有所不同，但他们也有共同之处：谦逊和奉献，且对当代语境有透彻的研究。与瑞华德相反，劳拉简妮·史密斯的著作为学院的许多学生所熟悉。她的一些学术主张被瑞华德学院的遗产理论奉为经典，比如"遗产的话语建构本身就是作为文化和社会实践的遗产的一部分"。这是一种对我们的实践，以及理论模型中存在的偏见的反思。在本学院看来，这一反思对于一所教育机构如何定位有着深远的意义。

彼得·冯·门施

瑞华德学院文化遗产学名誉教授

在遗产研究领域，遗产的学术研究和实践工作往往与博物馆研究缺乏交集，尽管事实上它们关乎着一个共同主题——遗产的方方面面。但是，随着一股被罗德尼·哈里森（Harrison，2010）称为遗产批判研究（critical heritage studies）的研究潮流的兴起，文化遗产领域（无论其如何定义）的跨学科研究和实践不断增加，而博物馆研究和其他遗产研究之间的疏离日趋减少。

在这篇演讲中，首先，我将追溯遗产研究的发展历程，从而指出出现新的批判性观点有其必要性和可能性。通过这一回顾，我想强调，越来越多的学者都认识到，遗产是一个文化生产过程，遗产研究与遗产实践涉及的诸多学科本身都参与到遗产制造的过程中。

其次，我将探究博物馆实践如何参与到遗产制造的过程中，包括收藏、策展和展览实施等。此外，我还认为，观众在博物馆和遗产地的所作所为是另一种制造遗产的过程。

英语文献中的遗产研究

1985 年大卫·罗温索（David Lowenthal）的著作《过往即他乡》（*The Past is a Foreign Country*）的出版标志着学术界开始关注遗产，至少在英语国家是如此。除了罗温索之外，还有其他以英语为母语的作家，例如怀特（Wright，1985）和休伊森（Hewison，1981，1987）从历史学出发，沃什（Walsh，1992）、山克斯和蒂利（Shanks and Tilley，1987）以考古学为视角，以及班尼特（Bennett，1995）站在社会学的角度对文化遗产进行研究。他们的研究对三个相互交织的现象做出了回应：

其一，自二战结束以来，公众对拯救人类脆弱、有限的资源的意识不断加强，与此同时，国家和国际层面也纷纷制定了相关政策，以造福子孙后代。

其二，那时候人们认为对遗产毫无节制的经济开发正在不断增长。这主要表现为以下两种形式：

（1）旅游业参与到遗产领域导致人们担忧"过去"有可能商品化或迪士尼化，尤其是遗产地。

（2）社区博物馆、生态博物馆以及遗产中心的发展对规模更大的、以塑造国家意识和公民意识为核心的传统博物馆提出了挑战；这一时期的博物馆日趋多样化，这常被视为帮助去工业化或边缘化的群体的一剂简便的经济万能药。

第三个现象与前两个现象紧密相关。许多西方国家在政治、社会层面转向保守，这包括利用遗产和遗产概念支持保守的社会和文化政策。这种现象引发了学界的关注，也驱使学者们关注遗产的经济层面。

从许多方面来说，这一时期的遗产研究出现了重大偏差。对于遗产的特征，有以下两种理解。

首先，遗产管理与遗产保护趋于技术化，由一种话语，即我所谓的"权威化遗产话语"（Smith，2006）主导。这是一种专家的、技术性的话语，源于 19 世纪西欧建筑学与考古学关于遗产保护的讨论。这一话语关注那些具有审美愉悦感，或者历史悠久的实物、遗址、地方和景观等，认为它们都需要当代人的保护，以便传给子孙后代。这种传承的观念强调当代人与文化遗产的关系是不对其进行积极使用，因为道德要求他们将其原封不动地传给子孙后代。这种坚持物质文化的价值是与生俱来，而非由联想而得的观点深植于权威化遗产话语当中。在这里，遗产是脆弱的、有限的、不可再生的，必须由专家看护，如考古学家、博物馆馆长、建筑师等。因此，这些人自然而然地被看成是保护过去、理解遗产的价值，并向国家乃至全球人民传播遗产价值的最佳人选。

关于遗产固有价值的假设也强化了这样一种观念，即遗产代表的都是过去的积极面，它将有助于文化特质在当今社会以及未来的持续发展。这一话语给出的另一个假设关乎身份认同。遗产与身份认同的建构有关，尤其是国家的身份认同——虽然身份认同实际上到底是如何被或者从遗址、遗产地构建出来的从未被仔细研究过，但是这两者之间的关系被认为是理所当然的。

权威化遗产话语不仅构建了一个特定的遗产定义，而且还构建了一种权威化的思维方式。这一思维方式被用于理解和处理一些以身份认同感为中心的社会问题。当然，权威化遗产话语并不是一成不变的，相反，它是变化的、富有争议的。尽管如此，从某种程度上来说，一种对遗产权威化的理解真实存在，而这种理解自有其后果。后果之一是，那些对遗产不同的或相反的理解方式遭到排斥；另一个后果则是，使那些有助于构成这一话语的知识和价值形式不断地合法化。

20世纪90年代，西方学术界开始开设研究生课程，为遗产和博物馆专业人员提供职业培训。这些课程倾向于强调管理和策展的技术过程，其很大程度上是由权威化遗产话语架构而成的。正如大卫·哈维（David Harvey，2001）指出，这一时期丰富的遗产研究文献印证了这一点，它们聚焦于遗产保护、保存与管理、价值评估、法律、政策、最佳实践案例以及伦理等一系列实际和实用问题。这些问题在博物馆、考古学和建筑学领域中尤其受到关注。例如，考古学和建筑学参与到文化资源管理、文化遗产管理和建筑保存、保护的过程之中，推动了这些领域的多项研究。

遗产的第二个特征被形容为"虚假的历史"，这是由罗温索（Lowenthal，1996，1998，2006）主导的观点。当时在英国，遗产被公然用于捍卫社会和政治中的保守观念，即认为过去的东西更美好，西方社会应该回归到那些被遗忘的、过去的社会文化价值观。在遗产研究的早期，这种使用遗产捍卫保守价值观的观点在多数学界争论中占主导地位。

因此，初期的遗产研究沿着两条相当狭窄的路径进行。第一条是技术路径，它认为遗产专家可以使遗产的政治性作用忽略不计，甚至完全控制。这些专家训练有素，被认为是客观、专业的，精通于国家和国际法律、政策的技术应用。第二条是基于一种精英理念的学术路径，即遗产是一种对立于历史的形式，或者历史的通俗形式，必须以怀疑的眼光看待，并置于诸如历史学家、考古学家和博物馆馆长等专业人士的掌控之下。

遗产研究一直遵循着以上路径，尽管拉斐尔·塞缪尔（Samuel，1994：225）在《记忆剧场》（*Theatres of Memory*）中提出了有关遗产的深刻见解，即遗产已成为"我们时代的主要社会运动之一"。塞缪尔认为，虽然遗产捍卫保守价值观的现象确实存在，但这并非事实的全部真相，因为遗产还有多种社会化和政治化的使用方式，这一点应该引起学术界关注。值得注意的是，以上学者均对此后的遗产研究产生了不同程度的影响。例如，谷歌学者（截至 2011 年 5 月）的搜索显示，罗温索 1995 年重印版的《过往即他乡》被引用了 2600 次，他 1998 年的后期著作《遗产的十字军东征与历史的破坏》(*The Heritage Crusade and the Spoils of History*) 的被引用次数则多出 500 次，而罗伯特·休伊森的著作《遗产工业》(*The Heritage Industry*) 的被引用次数超过了 900 次。塞缪尔的《记忆剧场》的被引用次数只有 380 次，尽管我相信无论是那个时候还是现在它都是分析遗产更理想的指南。当然，谷歌学者的搜索数并不准确，塞缪尔去世时相对年轻，而罗温索在八十多岁时依然很活跃，但是这些数据仍然显示出不同的观点在遗产本质和意义方面的影响力各有不同。

尽管罗温索和他的同道者领导的遗产研究路径貌似与权威化遗产话语对立，后者建立了技术化理解遗产的架构，但是前者实际上为这一话语制造了某些新要素。这一立场，继罗伯特·休伊森称之为遗产工业批判之后（Hewison，1987），将遗产参观者或使用者视为被动的消费者，他们需要专家的介入才能理解过去的真正意义。此外，它还关注遗产的真实性、文化所有权等棘手、循环往复的问题，并将遗产定义为保守的、被动的，而非积极的、有创造性的。

另一个有趣的情况是，遗产研究是在一个独立于博物馆研究之外的语境下发展起来——与瑞华德学院目前正在进行的工作相关——如果我们翻阅 21 世纪初之前的文献，遗产研究的文献很少参照博物馆研究。

这就是 20 世纪末遗产研究陷入的学术僵局。然而，现在出现了大量罗德尼·哈里森称之为遗产批判研究的学术文献。我认为，这股日益增长的兴趣，并非遵循罗温索等学者引领的学术路径，而是受益于遗产研究和博物馆研究对实践的关注，这颇有点讽刺意味。关注遗产实践实际上提出了一些重要问题，这些问题已经引起相关学者的注意。其中最重要的问题之一（如果不是关键问题）是社区参与到遗产和博物馆中，这引发了前文提及的学术转向。当遗产研究和博物馆研究试图关注社区关心的问题时，它们之间才开始相互交流，因为它们参与社区遗产实践、接纳社区群体的尝试都遭遇了社区类似的反应。但是，权威化遗产话语构建了一个如此重大、强势和精英主义的遗产定义，以致它为站在对立面的社区群体在利用遗产的时候，提供了重要参照和批判的焦点。社区群体也会批评文化遗产和博物馆专业人士从事社区工作时像传教那样自上而下地带着"做善事"的热忱。社区参与的尝试由于执行社会包容政策而效果不佳，因为这些政策无意中同化了那些边缘化的社群，将其也纳入到权威的、占主导地位的文化和遗产的话语中。在这一过程中，只有权威化遗产话语建构的叙事被保留了下来。而这导致了广泛的社群被进一步疏离，加重了他们的反感。

20 世纪 60 年代后期以来，尤其是原住民群体对他们遗产地管理中的专家话语的优先地位发起了挑战（Deloria，1969；Langford，1983；Zimmerman，1998；Smith，2004；McNiven and Russel，2005）。与此同时，许多非西方评论家也开始挑战西方遗产管理模式的合法性。长期以来，这些模式通过联合国教科文组织、国际文物保护与修复研究中心（ICCROM）、国际古迹遗址理事会（ICOMOS）等组织，宣称西方遗产概念和实践具有普世适用性。此外，在西方国家内部，基于共同的地域或共同的文化、族群、社会或政治经历和信念形成的一些社群都声明他们的遗产观与专家管理遗产的传统方式大相径庭。

我认为，社区和非西方地区对遗产的这种发声并非偶然，因为遗产已在各国内和全世界范围内成为一种政治资源，而不仅仅是一种社会资源。在 20 世纪后期，对差异的承认已明确成为政治角力的领域。政治哲学家们认为，这种新的政治方式是一个平台，在这个平台上，人们可以为争取更公正、公平地分配权力资源（例如金融、福利、住房和教育）做斗争。南希·弗雷泽（Frazer，2000，2001）认为，"承认政治"（politics of recognition）的基础是承认不同的社群具有不同的历史、需求和渴望，他们可以要求在形式上和物质上都得到承认，从而谋求平等和公正的结果（Smith and Waterton，2009）。这种新的政治方式与社会大众、学术界对遗产日益高涨的兴趣交织在一起。这里，我并不是暗示公众对遗产的兴趣与"承认政治"之间存在直接关联。但是，遗产确实经常被用作身份认同的物质证据或权威证据——这一事实对于理解社区群体为何在这个时间点如此紧迫地要求获得遗产处置的控制权或发言权非常重要（Smith and Campbell，2011）。

不断增多的社群遗产行动激发了学术界批判性地重新审视遗产。例如，丹尼斯·伯恩（Byrne，1991，2003）研究了遗产发挥了新殖民主义的作用；一部分学者对欧洲的社会包容政策进行了批判性调查。还有一撮规模较小但意义重大的研究试图将遗产实践理论化，其一方面着眼于机构化的遗产实践、政府政策和话语、法律工具，另一方面调查社群与遗产管理、使用、阐释方面的其他利益方，从而探讨两者之间的不协调。

随着公众或社群对遗产的兴趣日益高涨，遗产旅游方面的研究也在显著增多。撇开对遗产产业的批判不谈，新近的许多批判性研究（Kirshenblatt-Gimblett，1995，1998，2004；Dicks，2000，2003，2008；Graham，et al，2000；Winter，2007；McIntosh and Prentice，1999；Poria，et al，2001，2003；Poria，2007）更深入地分析了遗产旅游的表演本质（performative nature），以及遗产的文化意义、社会价值和品位的建构方式。在这些研究中，遗产观众和游客之间的概念界限开始变得模糊。遗产研究提供了一个关键的机会，让我们质疑一些所谓的"众所周知"的旅游研究和市场营销。原真性（authenticity）和怀旧（nostalgia）曾是遗产领域的重要议题，如今也受到了质疑。遗产阐释策略受到了批评，学者们质疑遗产是如何被用来将某些历史叙事合法化或去合法化。这开始打压文化遗产和博物馆领域的自满，它们曾经将阐释局限在一个单一的范式里，例如，以最有效和最吸引人的方式教育观众或为他们提供学习机会——观众被看成是被动的。

另一个在大量文献中被再次涉及的主题是遗产冲突。它们大多数专门就文物返还、文物交易、基本的遗产保护问题与实践展开争论。虽然这个主题中的有些文献在本质上观点相左，但是依然可以发现批判性的观点与试图突破单一立场的尝试，尤其是美国学者的研究。"创伤遗产"（heritage that hurts）受到学界越来越多的关注，其用来探讨遗产不和谐的本质，这并不限于那些具有争议的、出境困难的遗产，而是包括所有遗产在内。"创伤遗产"一词取自乔伊·萨瑟-瓦格斯塔夫（Sather-Wagstaff，2011）出版的一本专著的书名，但是乌泽尔和巴兰缇妮（Uzzell and Ballantyne）早在 1999 年就使用过。认识到所有遗产都具有不和谐性自然会使得权威化遗产话语的假设受到质疑，其认为遗产具有或者说应该具有普世价值。

第三个主题是遗产如何构建民族主义叙事以及其他共识历史的形式。它发现，处于从属地位的社会、文化和族裔群体的身份常常被忽视，从而导致他们在政治上被边缘化。此外，还有研究探讨遗产古迹和博物馆如何作为政治工具教育、管理、规范国家认同以及公民价值、公民品位和公民行为（Bennett，1995；MacDonald，1997，2007，2009；Message，2006，2008；van Mensch，2005；van Mensch and Meijer-van Mensch，2010）。艾玛·沃特顿和史蒂夫·沃森（Waterton and Watson，2010）等人对遗产研究中非表征理论（non-representational theory）的发展表示支持，而罗德尼·哈里森和托尼·班尼特（Tony Bennett）等学者则探讨了参与者网络理论（actor-network theory）与遗产的关系。

遗产批判研究的第四个主题是，遗产作为一种文化和社会现象，在西方文化中扮演的社会、经济、文化角色，以及遗产在人们的生活中发挥的作用。这一类研究特别关注记忆和身份问题。我在前文提及，目前对"遗产"和"身份"之间究竟是如何建立联系这一问题的研究非常有限。然而，在社群遗产和记忆的相关研究中，两者的联系开始有了最有条理的梳理。

记忆和纪念的理论被用来研究社会认同及其与地方认同的联系。也有一些研究则把遗产看作是一种文化工具，用于纪念、记忆和遗忘的表演。亚尼夫·波利亚与其同伴的文章（Poria, et al，2001，2003）、丹尼斯·伯恩的研究（Byrne, 2009）提醒我们遗产也关乎情感，遗产的情感维度将对我们的身份认同、记忆、地方认同、博物馆和遗址阐释，以及理解游客动机产生影响。

在西方文献中，最后也是最新近的一个研究主题是关于非物质遗产的争论。2003 年《保护非物质文化遗产公约》的颁布推进了这场争论。正如克什布拉特－吉布利特（Kirshenblatt-Gimblett）的研究证明的，尽管这一公约的出现仅仅是在文化遗产和自然遗产之外简单增加了第三种遗产类别，但是对于这三者之间的关系的一些认识引发了有趣的讨论，并促进了对遗产实践进行重新思考。

我对遗产的理解正是源自这部分文献给予的灵感（Smith，2006）。现在我想挑战长期以来有关于遗产的观念，即其都被视为一种物质实体、遗址或地方。下面我将表明我对遗产的理解。

遗产制造

遗产是重要的，是活的。遗产是动态的，而非以物质形式固定下来一成不变的东西。它包含了发生在某些地方或某些空间里的一系列行为。遗产是一些地方发生的事，这些地方之所以成为遗产地正是因为在这里发生的事情有意义、值得纪念，也是因为这些地方让发生在这里的事件有了场景感和现实感。

遗产是已经发生的事情。它不是一锤定音的一次活动，而是一系列活动，包括回忆，纪念，交流与传承知识和记忆，以及确认与表达身份认同、社会文化价值观和意义等。这一过程既具有保守性又具有社会进步性。

遗产是一种体验，一种社会和文化表演。人们通常积极地、自觉地、批判地参与其中。那么遗产是做什么的呢？被认定为遗产会有什么后续呢？遗产活动的产物或结果就是它们创造的情感和经历，以及留下的回忆，虽然这些可以营造出身份认同感和归属感，却不是遗产带来的全部影响。遗产活动还创造了并持续再创造了（而非简单地保持着）社会网络和关系，是这产生了归属感和身份认同感。遗产活动促进这些社会网络和关系的产生，在这些活动中，人们时而明确时而含蓄地产生、审视、考虑、思考、接受或转变社会文化价值以及关于过去和现在的意义、理解。身份并非简单地在遗产地或遗产被认定的时候诞生、得以表征，而是人、社群和机构立足于当今的社会、文化和政治的需要，重新阐释、回忆、遗忘以及重新评估过去的意义，不断积极地再创造、再调整的结果。

遗产是一种文化过程或具身表演，产生于不同层面和情境中。接下来我将向大家介绍三大层面。

三大层面

第一，机构层面。机构和政府都参与到遗产制造中，这不仅体现在制定与落实文化和资助政策，而且体现在博物馆和遗产专业人士决定如何扩充收藏、是否举办展览、是否保存或保护某些遗址或建筑，以及如何阐释或不阐释遗产的过程中。国家或国际遗产名录也是遗产制造的结果，它呈现的信息和观念告诉我们过去和现在是由什么构成的。同样，博物馆收藏也是遗产制造。遗产地和文物不是被发现，而是被认定而成为展示遗产故事的代表，而这些遗产故事正是遗产和博物馆专业人士想要讲述的。

第二，社群层面。专家是遗产文献常常忽略的社群之一（Smith and Waterton，2009）。博物馆员工和遗产官员是遗产事务的利益相关群体，也许这层身份会让他们自己也感到不自在。但是，和其他利益相关群体一样，专家在处理、控制文物和遗产地的过程中体现了他们的专家身份认同（Smith and Waterton，2009）。

第三，个体层面。尽管诸如博物馆和遗产组织等机构通过精心设计、安排展览和阐释材料，引导并影响观众制造遗产，但它们无法一直控制观众对这些遗产的意义的理解。因此遗产制造的第三个层面便是个体层面，人们在参观遗产地和博物馆展览时，遗产制造就发生了。而我在这里谈的大部分研究工作就是围绕这第三个层面展开的。

—— 个体层面 ——

我采访过英格兰、澳大利亚和美国很多博物馆和遗产地的观众。目前，我已采访或指导采访了24家不同机构中的3500余位观众。这些数据显示，当人们参观博物馆和遗产地时（这被他们看成是休闲游），有趣的记忆和身份构建便形成了。

研究结果中最强有力的一个主题是，人们通常不会说自己参观博物馆和遗产地是去学习或受教育的，当然我也想强调一下有那么一些人确实是带着这样的目的。人们更常说自己是去巩固已经知道、感受到或相信的东西，正如下面这几个典型例子一样：

“每一次我们来到像这儿这样的地方只是强化了我见过的东西，只是让我为身为澳大利亚人而自豪。……我不觉得我会学到新东西……一点也不，但（我的知识和观点）强化了。强化是我来这儿的真正收获。”①

“不，没有得到什么新东西，来这儿之前，我的知识和经历就和这儿呈现的比较相似，所以我想这只是加深了我对已有观点的认识。”②

“不，不，我不认为（这个展览改变了我的观点）。我想它起到了强化的作用，显然这里有些我之前不知道的信息，但这只是起到了强化作用。”③

当被问及“今天所见的是否改变了您对过去和现在的看法”时，83%的观众要么回答没有，要么回答只是强化了他们已有的知识或感受。这包括博物馆试图挑战既有观点或揭示被隐藏的历史的展览，比如关于英国参与奴役非洲人的展览。确实有一些人提到，强化既有的认知正是他们参观博物馆或遗产地的一大动机：

“我想人们（在博物馆里）找那些可以增强它们（例如：人们的观点）的东西。”④

“我们来到这样的地方只是为了强化我见过的东西，只是为了让我为身为澳大利亚人而自豪。”⑤

---

① 斯托克曼名人堂的观众（2010 年，LR9）。
② 参观澳大利亚国家博物馆“最早的澳大利亚人”展览的观众（2010 年，NMA33）。
③ 参观利物浦国际奴隶博物馆的观众［2007 年，LA41(75)］。
④ 斯托克曼名人堂的观众（2010 年，LRE025）。
⑤ 斯托克曼名人堂的观众（2010 年，LR6）。

图 1-1　一所典型的英国乡村住宅，一个深刻体现权威化遗产话语的遗产——白金汉郡的沃德斯顿庄园，于 1874—1889 年为男爵费迪南·德·罗斯柴尔德（Baron Ferdinand de Rothschild）而建。资料来源：维基百科，Mattlever 出版社，2007 年

正如大卫·罗温索、罗伯特·休伊森等学者担心和预测的那样，观众在博物馆和遗产地做的一件事就是以传统、爱国的方式理解国家叙事。以英国的乡间别墅为例（图 1-1），由于这些乡间别墅经常是名人故居，人们来到这里会油然而生顺从之意或不禁向曾经的别墅所有者"脱帽致敬"。一种基于阶层差异的国家主义情感被强化了：

> "这是现代英格兰的一部分，就像我们的历史是现在的英格兰的一部分。如果没有这样的地方，我们将仍然生活在贫民窟，但它拥有让我们脱帽致敬的东西——它让我们既属于过去也属于现在，既身在贫民窟也身在乡间别墅。"①

在英国参观名人故居并不仅仅关乎国家，也关乎中产阶级白人在英国社

---

① CH128 – emphasis added – 2004。

会的地位：

> "接触遗产也是一种非常重要的休闲生活——非常具有中产阶级的特色。……对中产阶级来说特别重要——能令人心情愉悦。当然，不同的地方吸引不同的人。"

> "对于大部分人来说，这不算什么——人们宁愿去购物。这（参观乡村别墅）似乎是中产阶级做的事，与教育、成长过程中学会的思考方式有关。它反映了你的教育方向。"①

上述例子可见英国的权威化遗产话语塑造了观众参观故居博物馆的方式。故居博物馆的遗产意义影响着他们的自我认知和归属感。这种归属感基于中产阶级对阶层差异的理解，以及他们的表演能力，即他们证明自己具备一定的品味和技能，可以理解故居博物馆精英式的美学含义（Smith，2006）。

在澳大利亚，乡村在国家建设中的地位举足轻重。观众参观斯托克曼名人堂（Stockman's Hall of Fame），强化了这一国家神话（图1-2）。斯托克曼名人堂坐落在昆士兰的乡间，距布里斯班市约1200公里。该博物馆讲述的不仅仅是欧洲牧场人（在美国称之为牛仔，在阿根廷称之为加乔乌牧人，见图1-3）的历史。这些牧场人在澳大利亚起源的神话中有着特殊的浪漫地位，但我必须指出，该博物馆同时挑战了这一神话，因为其强调了澳大利亚原住民的角色。澳大利亚在历史上就是以城市为主的国家，如今其89%的人口居住在澳大利亚的沿海城市。因此，斯托克曼名人堂里描述的乡村经历反映的并不是现在或过去澳大利亚大多数人的生活。但尽管如此，该博物馆的一些观众在这里发现了真正的澳大利亚：

> "我觉得丛林才是真正的澳大利亚，城市不是。"②

> "呃，我想它（博物馆）激起了一些情感。我觉得非常自豪，我为自己是澳大利亚人感到自豪，为我们的国家感到自豪。这非常……这绝对是澳大利亚内陆地区的心脏，在我看来，我想你可以把它称为是澳大利

---

① CH409，2004。

② 斯托克曼名人堂的观众（2010年，LR112）。

图1-2 斯托克曼名人堂和内陆遗产中心，位于澳大利亚昆士兰州隆格里赫。
图片来自劳拉简妮·史密斯

亚的脊梁骨。"[1]

此外，很多来自乡村的观众认为，该博物馆提供了一个机会，让城市或沿海居民能理解作为澳大利亚人真正的含义和价值，他们说：

"我认为城市居民仍然需要知道什么是澳大利亚的遗产……我想，是的，需要有人告诉他们。"[2]

"是的，（澳大利亚乡村的历史）被掩盖了，这没关系，但是……一些城市人一直生活在城里，根本不知情……如果你没有来过乡村就不会理解，呃……你就不会理解一切是怎么发生的。他们就把一切都当作理所当然的了。"[3]

---

① 斯托克曼名人堂的观众（2010年，LR028）。
② 斯托克曼名人堂的观众（2010年，LR022）。
③ 斯托克曼名人堂的观众（2010年，LR080）。

图1-3 "摇铃人"，埃迪·哈克曼（Eddie Hackman）于1988年完成，位于斯托克曼名人堂外。这是一个地标性形象，很多游客都会在这里拍照。图片来自劳拉简妮·史密斯

这里有趣的一点是，很多来自城市的人来到这个博物馆，表达了谦卑以及对乡村的愧疚之情，有些人甚至认为他们这一趟是满怀敬畏的朝圣之旅——这增强了澳大利亚权威化遗产话语，巩固了乡村在澳大利亚国家身份认同中的历史地位。一位观众说道：

"这真的让你大开眼界，看到开拓澳大利亚的那些先驱如何经历了千难万险，我想这是每个人都应有的朝圣之旅。"①

如上所述，很多人倡导的关于先驱的传说不仅低估了城市的角色，而且低估了澳大利亚国家身份认同中多元文化群体的角色；也掩盖了对原住牧场人的镇压、经济压榨和性剥削等一系列问题。这些例子也许可以强化罗温索和休伊森的看法，即遗产是虚假的历史，它本质上是保守的。当然，在这个博物馆中，人们通过自己参与"遗产制造"来增强、认可某些传统价值观和

---

① 斯托克曼名人堂的观众（2010年，LR116）。

身份认同。但是，这并非这些数据提供的唯一结论，我们发现人们还进行着批判性的身份建构。

在澳大利亚和英格兰的劳工历史博物馆和劳工节上（图1-4），观众也参与到了个人和群体身份的建构中。遗产由此产生了更具进步性的理解，博物馆和遗产地成了追忆和铭记家庭或社群经历的地方，并帮助人们将这些记忆及其背后的价值观传递给亲属和孩子：

图1-4　英国西约克郡卡斯尔福德（Castleford）的劳工节。图片来自劳拉简妮·史密斯

"来到这儿想起了很多事。与家人分享这些回忆真是太好了。"①

"来到这儿意味着了解过去，没有过去你就没有记忆。记忆是重要的，它蕴含在景观中，在建筑中。"②

---

① 2004年在英格兰的受访者，男性，工人，以前是矿工（NCMM14）。
② 2004年在英格兰的受访者，男性，老师，60多岁（TP30）。

"在这短短的时间里感受一部分历史，即使是新近的历史……它让人对过去有了非常深刻的认识——它增强了你对过去的感受。"①

对于社群的成员来说，这些回忆经常增强了他们进步的政治价值观。而另一些人则利用这些回忆以及怀旧情感对当下社会予以批判：

"这提醒我不要忘记过去并时刻保持警惕……统治阶级只关心自己，根本不在乎其他人……是的，我是工会成员，我知道这些事情在更小的层面上还在继续发生，我们仍然在斗争，阻止管理层剥削劳动者。"②

"要明白，这个世界并非对于所有人来说都是充满希望、令人愉悦的乐土，站起来反抗很难，但这些人有勇气站起来。政治影响每一个人，并非只有议会才参与政治。"③

"我来自一个矿村，（我在想）关停这个产业造成的文化和社会影响。"④

在澳大利亚，一些人通过参观斯托克曼名人堂，就当下与原住民和种族主义有关的社会话题进行批判性思考：

"这是整个态度的改变。（从中可以看到）我们白人一贯的态度。（其中一个展览）讲一位探险家探险时找到了路，但其实是个女人——他营帐里的原住民女人给他指引了一条穿越达令草地的路，但受到赞扬的却是这位探险家。他受到嘉许是因为他真正找到了这条路，但他一直接受着原住民的指引。但（在这种事情上的）态度在那时就存在了，我们现在似乎也都带有这种态度。"⑤

我调查的其他地方，人们也进行批判性的记忆和身份建构。比如在墨尔本的移民博物馆，人们参观的方式和英国人参观劳工历史博物馆一样。观众来这里参观，不仅为了铭记并思考他们父母或祖辈告诉他们的移民故事，还为了思考、调和他们家人的文化价值观与当代澳大利亚人的文化价值观。他

---

① 2004 年在英格兰的受访者，男性，会计，60 多岁（OAM85）。
② 2004 年在英格兰的受访者，男性，40～59 岁，火车司机（TP34）。
③ 2004 年在英格兰的受访者，女性，30～39 岁，老师（TP19）。
④ 2004 年在英格兰的受访者，男性，30～39 岁，销售（NCMM 83）。
⑤ 斯托克曼名人堂的观众（2010 年，LRE005）。

们在参观时常常会产生比较激进、强烈的关于社会和个人的见解。

研究发现的另一个重要的结果是人们带着批判意识参与到机构的遗产制造中。2007年是英国通过《废除奴隶贸易法案》200周年，英籍非洲－加勒比裔观众前去参观博物馆，目的是看看公众对这个话题的讨论以及社会对奴隶贸易历史的认识，他们想要了解博物馆作为国家机构能在多大程度上适当处理或回避种族主义和多元文化主义的问题（Smith，2011）。与重塑或维护自己的身份认同相比，英籍非洲－加勒比裔观众前去参观更多是为了评估和衡量英国白人是怎么表述这个话题的：

> "我想（这次展览）标志着他们已经开始理解，呃……英格兰或英国在奴隶运动中的所作所为，它也传达出一个信号，他们开始承认我们受过的那些苦难。但这是否会进入英国的生活、历史和教育，还有待观察。"①

结语

上文广泛、粗略地展示了部分我收集的数据，它们是关于博物馆和遗产地观众在参观时进行的"遗产制造"的活动。显然，本章无法对所有数据进行讨论，但我想要强调以下几点：

第一，使用和理解遗产的方式多种多样。

第二，这种多样性不仅体现在不同类型和风格的博物馆和遗产地上，也体现在博物馆和遗产地个体内部。

第三，遗产和博物馆专业人士不能完全控制观众和社群利用、重塑遗产的方式。

第四，遗产对社会产生的影响可能有时会让我们感到不舒服，但只要它产生了影响，它就不能以"虚假的历史"一言蔽之。

———————

① 女性，英籍牙买加裔，55～64岁，DA18（18）。

第五，不仅是机构，还有参观博物馆和遗产地的观众都在积极地营造历史意义。博物馆观众作为遗产的用户，并不是被动的。他们在积极地理解和利用"遗产制造"。

综上所述，就像一些人主张的那样，博物馆和遗产地不是"安全的"地方，也不是被动的，在那里可以进行动态的、引起争议的意义创造。我们也许不喜欢在那儿产生的意义，我们也许不喜欢控制不了在这些地方会产生什么这一事实。研究的最后一点发现让我们回首遗产研究发展初期，早期的遗产学者发现无法控制遗产的所有环节时也许很恐慌。因此，这些学者对遗产产生强烈的不信任感，并设法将其贬为虚假的历史，从而把遗产召回到专家掌控之下，例如史学家、人类学家、博物馆馆长。我想这样是短视的行为，并且否定了这种现象的深刻意义。如拉斐尔·塞缪尔指出，遗产不仅是社会运动，也是主观上关于身份、地方和记忆的政治斡旋。遗产是建构或重构社会文化价值和意义的时刻或过程，从这个角度看，所有的遗产都是无形的。这是一个过程或者说表演，我们作为个体、社群或民族可以在其中找到价值和社会文化含义，它帮助我们理解当下、我们的身份以及物理和社会环境。这一过程不能框定在遗产地管理、保护，博物馆策展或世界遗产名录等技术性政策之内。

遗产批判研究需要明确关注遗产使用者的体验以及遗产的使用，它与权力、地方、阶级、民族、种族及其他关乎身份认同的问题有关。最重要的是，遗产批判研究需要批判性，需要提出尖锐的问题，探讨如何使用权力和意识形态，如何塑造记忆和身份认同以及出于什么目的。它也向那些拥有专业知识的专业人士提出挑战。伟大的政治理论家安东尼奥·葛兰西（Antonio Gramsci）曾说过这样的话，大意是，所有人都是知识分子，但并非所有人都以此为生。我想说，所有人都会阐释遗产、进行遗产表演，但并不是所有人都以遗产为业。

这将引出在我看来是遗产批判研究的另一个关键因素：遗产民主化意味着需要广泛的社群推动我们思考遗产的新方向，因为遗产传统的运作方式让一些社群的声音被掩盖了。尽管这无疑会对遗产和博物馆界的专业人士造成冲击，但如果遗产批判研究要干出点什么，它就必须影响实践、教育和培训，为遗产和博物馆领域提供新的思考方式和工作方式。新博物馆学已经对博物馆界产生了一定的影响，但我相信它还可以产生更大的影响。在更大的遗产研究领域拓展博物馆研究会产生积极效应。

遗产批判研究也必须扮演论坛的角色，吸纳母语非英语的作者、活动家和实践者的遗产批判研究，这对于亚洲、拉丁美洲和非洲的从业人士尤其重要。但我发现以英语为母语以及使用其他欧洲语言的学者们很少与这些国家和地区的学者们共同参与到遗产研究中。所以，此刻在荷兰用英文演讲让我感到有些惭愧。

参考文献

［1］ Bennett T. The birth of the museum: history, theory, politics［M］. London: Routledge, 1995.

［2］ Byrne D. Western hegemony in archaeological heritage management［J］.［S. l.］: History and Anthropology, 1991, 5(2): 269-276.

［3］ Byrne D. Nervous landscapes: race and space in Australia［J］.［S. l.］: Journal of Social Archaeology, 2003, 3(2): 169-193.

［4］ Byrne D. A critique of unfeeling heritage［M］// Smith L, Akagawa N. Intangible Heritage. London: Routledge, 2009: 229-252.

［5］ Deloria V. Custer died for your sins: an Indian manifesto［M］. London: Macmillan, 1969.

［6］ Dicks B. Heritage, place and community［M］. Cardiff: University of Wales Press, 2000.

［7］ Dicks B. Heritage, governance and marketization: a case study from Wales［J］.［S. l.］: Museum and Society, 2003, 1(1): 30-44.

［8］ Dicks B. Performing the hidden injuries of class in coal-mining heritage［J］.［S. l.］: Sociology, 2008, 42(3): 436-452.

［9］ Frazer N. Rethinking recognition［J］.［S. l.］: New Left Review, 2000, 3: 107-120.

［10］ Frazer N. Recognition without ethics?［J］.［S. l.］: Theory, Culture and Society, 2001, 18(2-3): 21-42.

［11］ Graham B, Ashworth G, Tunbridge J. A geography of heritage: power, culture and economy［M］. London: Arnold Publishers, 2000.

［12］ Harrison R. Introduction［M］// Harrison R. Understanding the politics of heritage. Manchester: Manchester University Press in association with the Open University, 2010.

［13］ Harvey D C. Heritage pasts and heritage presents: temporality, meaning and the scope of heritage studies［J］.［S. l.］: International Journal of Heritage Studies, 2001, 7(4): 319-338.

［14］Hewison R. In anger: British culture and the Cold War, 1945-60［M］. New York: Oxford University Press, 1981.

［15］Hewison R. The heritage industry: Britain in a climate of decline［M］. London: Methuen London Ltd, 1987.

［16］Kirshenblatt-Gimblett B. Theorizing heritage［J］.［S. l.］:Ethnomusicology, 1995, 39(3): 367-380.

［17］Kirshenblatt-Gimblett B. Destination culture: tourism, museums, and heritage ［M］. Berkeley: University of California Press, 1998.

［18］Kirshenblatt-Gimblett B. Intangible heritage as metacultural production［J］.［S. l.］: Museum International, 2004, 56(1-2): 52-64.

［19］Langford R. Our heritage - your playground［J］.［S. l.］:Australian Archaeology, 1983, 16:1-6.

［20］Lowenthal D. The past is a foreign country［M］. Cambridge: Cambridge University Press, 1985.

［21］Lowenthal D. The heritage crusade and the spoils of history［M］. Cambridge: Cambridge University Press, 1996.

［22］Lowenthal D. Fabricating heritage［J］.［S. l.］: History and Memory,1998, 10(1): 5-24.

［23］Lowenthal D. Heritage wars［J/OL］. Spike, 2006［2011-06-01］. http://www. spiked-online. com/articles/0000000CAFCC. htm.

［24］MacDonald S. A people's story: heritage, identity and authenticity［M］// Rojek C, Urry J. Touring cultures: transformations of travel and theory. London: Routledge, 1997: 155-176.

［25］MacDonald S. Exhibitions of power and powers of exhibition［M］// Watson S. Museums and their communities. London: Routledge, 2007: 176-196.

［26］MacDonald S. Unsettling memories: intervention and controversy over difficult public heritage[M]// Anico M, Peralta E. Heritage and identity: engagement and demission in the contemporary world. London: Routledge, 2009: 105.

[27] McIntosh A, Prentice R. Affirming authenticity: consuming cultural heritage[J]. [S. l.]: Annals of Tourism Research, 1999, 26(3): 589-612.

[28] McNiven I, Russel L. Appropriated pasts: indigenous peoples and the colonial culture of archaeology[M]. Walnut Creek: AltaMira Press, 2005.

[29] Message K. New museums and the making of culture[M]. New York: Berg, 2006.

[30] Message K. Comparing cultures of citizenship and changing concepts of nation and community in the EU and USA[M]// Aronsson P, Nyblom A. Comparing: national museums, territories, nation-building and change. Norrkoping: Linkoping University Press, 2008: 21-40.

[31] Poria Y, Bulter R, Airey D. Clarifying heritage tourism[J]. [S. l.]: Annals of Tourism Research, 2001, 28(4): 1047-1049.

[32] Poria Y, Bulter R, Airey D. The core of heritage tourism[J]. [S. l.]: Annals of Tourism Research, 2003, 30(1): 238-254.

[33] Poria Y. Establishing cooperation between Israel and Poland to save Auschwitz Concentration Camp: globalising the responsibility for the massacre[J]. [S. l.]: International Journal of Tourism Policy, 2007, 1(1): 45-57.

[34] Samuel R. Theatres of memory. Volume 1: Past and present in contemporary culture[M]. London: Verso, 1994.

[35] Sather-Wagstaff J. Heritage that hurts: tourists in the memoryscapes of september 11[M]. Walnut Creek, Ca: Left Coast Press, 2011.

[36] Shanks M, Tilley C. Re-constructing archaeology: theory and practice[M]. Cambridge: Cambridge University Press, 1987.

[37] Smith L. Archaeological theory and the politics of cultural heritage[M]. London: Routledge, 2004.

[38] Smith L. Uses of heritage[M]. London: Routledge, 2006.

[39] Smith L, Campbell G. Don't mourn, organize: heritage recognition and memory in Castleford, West Yorkshire[M]. Smith L, Shackel P, Campbell G. Heritage, labour and the working class. New York: Routledge, 2011.

[40] Smith L, Waterton E. Heritage, communities and archaeology[M]. London: Duckworth, 2009.

[41] Uzzell D, Ballantyne R. Heritage that hurts: interpretation in a postmodern world [M]// Uzzell D, Ballantyne R. Contemporary issues in heritage and environmental management. London: The Stationary Ofice, 1999: 152-171.

[42] van Mensch P, Meijer-van Mensch L. Collecting as intangible heritage[J]. [S. l.]: Collectingnet Newsletter, 2010, 9: 2-4.

[43] van Mensch P. Annotating the environment. Heritage and new technologies [J]. [S. l.]: Nordisk Museologi, 2005, 2: 17-27.

[44] Walsh K. The representation of the past: museums and heritage in the post-modern world[M]. London: Routledge, 1992.

[45] Waterton E, Wateson S. Culture, heritage and representation: perspectives on visuality and the past[M]. Farnham: Ashgate, 2010.

[46] Winter T. Post-conflict heritage, postcolonial tourism: culture, politics and development at Angkor[M]. London: Routledge, 2007.

[47] Wright P. On living in an old country[M]. London: Verso, 1985.

[48] Zimmerman L J. When data become people: archaeological ethics, reburial, and the past as public heritage[J]. [S. l.]: International Journal of Cultural Policy, 1998, 7(1): 69-86.

关于作者

劳拉简妮·史密斯，澳大利亚国立大学考古学与人类学学院教授，澳大利亚研究委员会（Australian Research Council，ARC）"未来学者"（Future Fellow）。她曾经在约克大学（英国）、新南威尔士大学（澳大利亚悉尼）、查尔斯特大学（澳大利亚奥尔伯里－沃东加）工作。她著有《遗产的利用》（*Uses of Heritage*，2006）、《考古学理论和文化遗产政治》（*Archaeological Theory and the Politics of Cultural Heritage*，2004），和艾玛·沃特顿（Emma Waterton）合著了《遗产、社群和考古学》（*Heritage, Communities and Archaeology*，2009），并参与编辑了《遗产、劳动和工人阶级》（*Heritage, Labour and the Working Classes*，2011）、《博物馆里奴隶制及其废除的表征》（*Representing Enslavement and Abolition in Museums*，2011），以及《非物质文化遗产》（*Intangible Heritage*，2009）。她是《遗产研究国际期刊》的主编，也是《文化遗产关键问题》期刊的联合主编。

Critically Exploring Heritage and Museums

Voices from Reinwardt Academy Amsterdam

让我来告诉你哈德良长城

遗产、表演与设计

迈克尔·山克斯

很荣幸在这里介绍迈克尔·山克斯。我早已久闻其大名。身为考古学专业的学生，从 1973 年开始，我很少关心其他领域的发展。我们忙于处理重要的文物和高雅文化的遗存，政治和批评理论并没有被纳入到我们的日常工作中，直到一些年轻的英国考古学家的出现，也就是后来备受喜爱的霍德（Hodder）、山克斯和蒂利（Tilley）。1987 年我们读了他们里程碑式的著作《重构考古学：理论和实践》，他们认为，研究过去这件事不再是专家（也就是我们！）的专属，其他人也同样可以。你的专业阐释多半可能是精英主义的，你幸运地成为学术界的一分子，靠学位和饱读诗书摇旗呐喊，却成功地欺负了来自其他行业的人——志愿者、业余爱好者、当地人和反对者。当我处于以下情况的时候，我开始警惕：专业考古学家抱怨大众电视节目对"普通人"阁楼中的物品进行鉴定的时候，我也考虑是否参与其中；就最近顶尖博物馆的员工获取的文物展开讨论的时候；决定用什么口吻撰写学术文章和专著的时候。

几年前，我参加了阿姆斯特丹北部一个叫阿特斯伍德（Aartswoud）的寂静村庄的夏日戏剧节。农舍、泥土、沉浸在潮湿的牧草中的上百头奶牛构成的图景中，一个朋友参与了一场名为牛奶（荷兰语：MELK）的特定场地表演（site-specitic performance），这是讲一户农民家庭与时代进程抗争的故事。大儿子基斯（Kees）注定要继承他父亲的事业。但中国投资者来这个地区寻求家畜饲养的秘密，他们可能想要雇用基斯，并让他在成都开设牛场。当地人加入了这个项目，向观众展示他们的农场，自豪地分享他们家畜饲养的高超技术。我们脚踩着与汽车大小和重量相当的各种动物的粪便，感受着他们的地方意识、他们的渴望、他们日常生活的场景。我们意识到，表演关乎参与、风土人情、时间的流逝、在经济和空间压力下身份认同的演变。表演关乎遗产：你想成为谁，目标是什么，在这个不断变化的世界上如何选择你的支点。

最后，海丝特·迪比茨和我加入了瑞华德学院，并有幸策划每年的瑞华德纪念讲座。从古典考古学到表演和设计的发展，我一路追随着迈克尔·山克斯的研究。他首选的研究工具似乎已经变成深度制图（deep mapping）：尽可能地在任何既定地点（比如考古遗址）收集、记录和体验。利用这种文化传记的方法，尽量不把过去简单化地处理成一种单一维度的"现实"。于是，对过去的研究变成了于现在对过去进行的一次表演。邀请迈克尔·山克斯参加2012年瑞华德学院纪念讲座是一种挑战——我们将不同学科、不同的人物经历交织在一起。

迈克尔·山克斯会邀请读者参与到这场令人激动的对"现在中的过去"的探索中。尽管印刷文本很难公正地展示那场激奋人心的讲座，但是我还是认为这是在不同媒介中的另一次重现。

里默尔·克诺普

瑞华德学院文化遗产学教授

阿姆斯特丹

致命的吸引力

诺森伯兰（Northumberland）国家公园，位于英格兰和苏格兰的边境。现在是2011年7月早晨5点30分。我还在加州时间，时差迫使我沿着罗马帝国的边界——哈德良长城晨跑，它现在是世界遗产。

这个早上我虽然是孤身一人，但不久后，我照片里山下的斯第尔里格（Steel Rigg）及其停车场将会迎来大批访客。因为这里现在已经成了一处娱乐休闲景观。温塞尔（Whin Sill）的火山脊使这里成为最美丽的地方，现在它由国家信托（National Trust）管理，这个慈善组织致力于保护海岸线、乡村和

图 2-1 2011 年 7 月上午 5:30，我回望英格兰与苏格兰交界处的哈德良长城，经过斯第尔里格的峭壁湖（Crag Lough），有一种吸引力带来的焦虑

遗产，是英国最大的地产拥有者之一。

这种风景的魅力困扰着我，它对我有着致命的吸引力。它就像一幅风景画该有的样子，但它看起来太正确，太像是事先准备好的，太容易拍出一张风景优美的照片（图 2–1）。在这幅被框起来的景色中，哈德良长城盘踞在起伏不平的地面上，一直延伸到远处，这使它看起来很平庸，甚至有点无聊。我很清楚这种美学的谱系及其所蕴含的政治。这种景观构图方式是在 17 和 18世纪高雅文化的美术里孕育起来的，这让我很反感。这反复让我置身于一个

剧院：精致的戏剧化布景，从舞台前方的拱门开始，由近及远有着强烈透视效果（线性的、有氛围的），分层的平面，俯瞰的视角，但是我完全没有融入其中。与此同时，这种景观又会将我拉回到这个"构图"中，特别是借助透视的深度，这多少有些刻意。所以，这样的景观是一个审美的工具，没有引起具身参与。一些既定叙述或剧本深嵌在这样的景观中：归隐入静；历史探寻；沉溺忧郁、失去的过往；步入伊甸园；休闲的愉悦。这种美学为解决以下紧张和矛盾的关系提供了一种方法：过去和现在（在这个精心保护的乡村里有罗马帝国的遗存）、城市与乡村、真实与理想、距离与亲近、日常与寓言（帝国抱负的覆灭）。但是，所有劳动人民在这里缺席了。观众被抽离于所呈现的景观中，被隔绝于社会和历史现实、芸芸众生、杂乱而有地方气息的人类和自然的痕迹——这些都会扰乱审美。

我同样意识到，这个景观体现了19世纪中叶特定的遗产保护的视野和努力。当时，约翰·克莱顿（John Clayton）——一个在纽卡斯尔重建（城市东部工业化发展）中发家的当地的大地主买下了一部分哈德良城墙，以保护它们不被忽视，不因采石工程被大量再利用，并着手重建古迹，挖掘遗存，管理农场，以保护过去。

我对怀旧的怀疑加剧了我的焦虑。我了解这片土地是因为我在此成长。许多朋友和家庭感到他们是被迫离开英格兰东北部以逃避当地的经济衰落——那些地方失去了工业在鼎盛时期带来的繁荣。我结束了在遥远的美国西部的生活，回到这里进行研究和写作。

回过头来说边界地区。长期以来，这是一个混乱地区。再看图 2-1，在我眼前的是18世纪的军事要道（military road），其大部分就建在罗马时期的城墙上。1715年、1745年苏格兰斯图亚特的詹姆斯二世党人的叛乱威胁到了英格兰的汉诺威王朝。他们的失败带来了国家对土地和社区的广泛控制，军事设施、道路和港口在这里修建，这里的土地被强行纳入规划，当地文化受到压制，人们被赶出了在苏格兰的家园。几个世纪以来，这里都是"争议之地"，是苏格兰和英格兰交战的必争之地，充满了不稳定性。"沼泽骑兵"（Moss Troopers）的匪帮曾在这里称霸一方，至少在类似于托马斯·珀西（Thomas

Percy）主教和沃尔特·斯科特（Walter Scott）爵士收集的 18 世纪的民谣和民间传说中是这样的，他们的这些收集体现了他们对国家主义和地区认同的浪漫兴趣。我的研究能够挖掘这些过去的历史，得益于当地历史学家丰富的档案工作和两个世纪以来考古学家的努力（Shanks，2012）。

当然，在国家公园的世界文化遗产地上漫步时拍摄的这张照片不能传达这一切。或者它可以？这样一张或一组图片传达的是什么？也许我应该抵抗拍摄一张照片的诱惑，因为这张照片能把人们的注意力从这个景观的历史现实中转移开。但是，我也确确实实"情不能自已"，那是远处迷雾笼罩着的热堤上的峭壁湖给我发出的邀请。

一种遗产谱系

现在在我面前的景观里有一种"感受过去"的微量元素，它们形成于 18 世纪，是有时候面对"存在于现在的过去"时一系列矛盾的处理方式。有关资产、所有权和使用权的事务是核心问题，其受制于这片土地如何被感知、被体验，所有者、工作人员和观众是否参与其中。这片土地及其建筑和文物与发生在这里的事件，关于它的故事、历史和民俗，甚至参与的美学都有着直接的联系。某些强权利益可能发挥过主导作用，比如约翰·克莱顿保护这片景观的设想，或者韦德将军（General Wade）在 200 年前彻底改变了这片土地的政策，以及很多可见于前文提到的军事镇压过程。建立一个政府的国家公园，并由国家信托保护、传承一个乡村，使其成为一个可参观的公共场所，这是好事，但与此同时也产生了维护与协调利益相关者的利益问题。这涉及管理实践的发展与诸多因素有关：地方的、国家的以及国际的政策和建议，为旅游业做的区域经济规划，或者作为世界遗产地要遵循突出的普世价值观念所带来的影响。诸如学者之类的专家权威，提供了相关的阐释和分析，指导如何向当地居民和参观者展示这片土地（文化和自然方面）。人们的感受当然会有所不同，因为政府管理机构与他们的选民或委托人的协商和合作程度会有所不同。所有的这些都与人们参与这样一片土地的程度有关。有些人可能感到被疏远和排斥。

比如,可能有人会问罗马帝国时期的过去对于当代英格兰东北部有多大意义。而其他人也许可能会因为可以免费参观这个开放的、被历史和考古研究的深度和丰富性"提高了身价"的景观心存感激,并体会到这些可以如何有助于社区和个人的成长。

上述的一切都被称为遗产管理,但主要是出现在过去的30年或40年间——自从遗产产业的蓬勃发展得到承认。我担心将这些问题与最近发明的遗产概念和遗产实践联系起来会掩盖这些遗产的起源、谱系和范围。在其他地方,我把这一领域描述成一种考古学的,或者更确切地说,是一种文物学的感知和想象,其可追溯到17世纪和18世纪现代工业欧洲形成的时候(Shanks,2012)。这就是为什么这篇文章从这张特殊的、清晨拍的、困扰我的照片开始——这是我对这种诱惑的焦虑。

我将要提到,承认认识过去的这种谱系,是处理过去以及当代遗产面临的一些相关问题的一种手段。

意识形态批判

在我们1987年出版的《考古学的重构》(*Re-constructing Archaeology*)一书中,克里斯·蒂利和我对遗产产业采取了批评的立场(Shanks and Tilley,1987)。对于什么能成为批评的标准、基础,我们强调要进行历史和遗产、专业与通俗、现实与错觉、真实与表象、过去与现在的比较,提出遗产机构与遗产生产往往偏爱的是让人愉快的、街头巷尾流传的过去,甚至是对过去的民粹主义认识,而非历史和考古的真实性。然而,在提出这样一种真实历史的时候,我们并没有维护专家的利益,相反,我们对学术和专业话语的中立性提出了质疑。我们强调遗产生产是如何成为一种更广泛的现代现象——商品化和异化的一部分,在这种现象中,过去与现在,建筑、遗存与今天的体验之间的动态关系可以被打破，并简化为由商品价值决定的静态成分。我们认为，在遗产产业中，过去（past）与其他商品一样，是人为制造的、可管理的和可支付的。这种抽离了人们的参与的方式使文化遗产变得冷冰冰，没有人情味。这是在当今人们的社会实践和文化体验的动态结构中，对过去进行的异化。

我认为，一个公正的总结是，从那时起遗产研究就对这些"异见"提出了质疑（Fairclough, et al, 2008）。特别是过分强调遗产主要是关于财产所有权的权利和责任。人们一直过于关注遗址、建筑、文物和收藏品，把它们作为过去留给未来的遗产。现在人们普遍认为，对非物质遗产的承认——如在节日和活动中体现的文化记忆和传统，不仅仅需要关注文化产物（cultural products），也需要关注文化产生的过程（cultural production），甚至当这种实践因当代少数者的利益在事实上是对过去的一种侵占，就像文化资本一样。

再次回到我开篇的经历——在一片受到管理的景观中遇到一个古老的遗址。毫无疑问，我处在一个遗产环境中，但是过去并不能轻易地从我当下的体验中分离。罗马的过去被真实地呈现了，正如许多其他的更早和更晚的历史痕迹一样。我并不是在看一个被曲解的过去——例如，与我熟悉的学术解释比起来。相比于在当地社群的生活中追溯其起源的过去来说，很难说我看到的是一个商品化的过去。

不止我一个人怀疑专家意见一定比非专家的意见高明，知识一定比无知或天真高明。现在，我不太认同那些批评话语，它们更多是为了在遗产的学术研究里确立地位，而不是为了制造更好的遗产体验。我发现，美国学术界诸多关于遗产的争论多数只限于期刊文章和专著，它们被列入专业履历且历历在目。那些声称推介了一种新的思路或一个更好的理论体系的说法，可以用来提高在美国有时被戏称为学术市场的"投资评级"，这可以说是一种独特的卖点——"雇我吧！我引领着刚出炉的遗产产业解读！"虽然我深信国家公园和国家信托等机构的遗产管理者的意图是好的，在它们主导的文化遗产空间，它们接受并鼓励社区的咨询，但我还看到在管理专业人员与接纳社区参与之间的根本性和层级式区别，这受到体制和管理的基础结构的支持——

而这种区别几乎没有受到挑战。

当我俯瞰斯第尔里格时，面对的是一个非常真实、生机勃勃的景观，并非一个单薄的遗产赝品。它混合着过去与现在，可以提供一系列丰富的潜在体验——它们反映了各种互相抵触的观点。那天的晨雾里萦绕着个人和大家共有的灵魂，遗留在这片土地的废墟和痕迹上的记忆伴随着各种古老的声音随风飘荡，就像詹姆斯·马克弗森（James Macphereson）虚构的史诗《奥西恩》（Ossian）里描述的那样（Shanks，2012）。鉴于我刚刚概述的这片遗址拥有的特点，我们该如何处理它所反映的紧张和矛盾，还有我所描述的诱惑和焦虑？

我重申，认识到这些遗产相关事宜的谱系在过去与现在对峙的漫长历史中有重要意义，后者是通过早期的、工业的、高度的现代性实现的。克里斯·蒂利和我以20世纪西方马克思主义意识形态批判的传统探讨了20世纪80年代逐渐壮大的遗产产业。我们特别引用了1944年法兰克福学派成员马克斯·霍克海默和西奥多·阿多诺（Horkheimer and Adorno，1944）的批评——"文化产业"是促进文化产品和体验的标准化生产的网络。我仍然认为我们过去对待文化遗产的态度是正确的，即将文化遗产视为总是可能和意识形态相关，或者经常实际上就是如此。这么说，我并不是指遗产作为意识形态是一套错误的观念。引入意识形态的概念是一种手段，借此将批判的焦点引向这样一个文化产业如何制约、影响和调解我们的体验以及我们与他人、周遭、过去的关系。

让我进一步做出解释。意识形态的概念常与错误的意识、服务于宗派利益的现实歪曲、国家机构（比如博物馆和文化部门）对权力的合法化相关。比如，这种立场可能主张，对精美的房产和房屋的颂扬以及对拥有土地的贵族阶层的趋之若鹜（这两者都与英格兰国家信托关系紧密）是通常被称为权威化遗产话语的一个方面（Smith，2012），也是对隐藏在财富和财产后面的现有的阶级关系的一种合法化。人们的注意力从阶级关系转移到了锦衣玉食的生活方式。然而，拘泥于这种有局限的意识形态的概念并不能使我们脱离那些二元对立的关系：过去的事实与过去的构建（历史与遗址）之间，真实的过去与被感受到的肤浅的过去之间，专家权威与才疏学浅之人之间。我没准备把自己放在那些不太了解这片景观的历史，只是来斯第尔里格欣赏风景的人之上。这样的体验是真实的，根植于各种不同程度的复杂解读。遗产的生产过程很少仅仅是民粹的、商业的、浅显的虚构，还需要历史的叙事、来源，以及真实的实证细节支持。

相反的，将意识形态理解为我们与周围世界联系的某些方式，尤其是知识产生的条件，我们反而能更好地把握它。对于我来说，这是意识形态批判的意义，因为特别是自康德后，批判指的是对限制知识产生的条件的调查研究。意识形态的实践往往涉及具体化（比如刚才提到的将关系转化为商品）和异化（当我们还没认识到自己制造了它们的时候，我们就和自己制作和创造的事物切断了联系）。也许关键区别在于这两个方面：一方面，意识形态固化事物，异化事物，将事物具体化，也就是把关系变成事物；另一方面，一种更具有批判性的真实以及对真实更为批判的理解，是认识到知识是被建构的，是变化和协商的过程产生的结果。这关乎人类对外部世界的"能动性"（agency）：人类的批判是对社会和文化现实的创造性建构。人是具有创造性的"能动者"（agent），创造了他们生活的世界，但是又受制于他们从先人那儿继承的条件，并且可能无法控制这些条件。

所以我提出了两个前提。第一，在理解遗产时，我们确实认识到它首先是一个文化产业，更重要的是，在这个产业里，制度性和团体性组织因为其"能动性"，致力于研究过去的遗存；个体和社群，作为文化的"能动者"，在形成与这些制度性和团体性组织的关系中，也致力于研究那些遗存。第二，意识形态批判使我们注意到这些丰富的、"可探究"的关系的本质。

因为这些关系涉及对过去的认识，所以我们确实需要考虑这种认识的历史。西方现代民族国家的发展与他们对传统的根本性重构息息相关，后者体现了过去与现在的基本关系。克里斯·威特莫尔和我在其他地方探讨了"风险社会"的概念与理解多样化的现代关系的变迁、我们对历史的感知以及我们可能扮演的角色（"能动者"）之间的相关性（Shanks and Witmore，2010）。"风险社会"一词源于乌尔里希·贝克（Beck，1992）和安东尼·吉登斯（Giddens，

1991）之前的开创性工作，其简略描述了围绕人为的风险和威胁及其与人们的关系产生的焦虑，现代性逐步升级变化。吉登斯强调与工业现代性结伴而来的是传统的终结所带来的变化，过去不再是当代安全的保证，在这个个人、家庭和社区承受着越来越多风险的世界里，个体越来越需要对自己的安全负责。我们不再简单受命运和自然的支配，某些行为、政策和价值观念的累积效应现在被认为会对人类文化生态的稳定性产生有害的影响。变化中的个人、机构和团体似乎威胁着人类的根本核心：比如基因工程、环境变化、全球货币经济的不稳定性、面对恐怖主义和核扩散的国际安全问题等。在历史本身被感知和体验的方式发生变化的背景下，我们比以往任何时候都更关注"存在于现在的过去"、可能消亡的过去以及对过去的保护。这种认识过去的谱系表明了考古想象的非凡视野。

意识形态的另一个关键主题是展示。我的意思是存档、记录、登记和展示过去的实践。那天早上我外出时看到了两个多世纪以来针对过去所做的工作：我所知道的历史与考古的文献和叙事，还有物理修复和保护。从更广泛的意义来说，我指的是政治表征——见证和维护。关于某些过去的展示案例是被用来反对其他案例的，这从原始信息和遗存的调用方面可以证明。那天早晨的诱惑是一个论点成功的结果，其认为一种关于"存在于现在的过去"的特定体验是有价值的。

为什么我要把针对过去的文化生产与意识形态批判联系起来呢？因为我觉得这很重要，也相信许多人也和我一样这么认为。我们都关心分析并促进对过去和对现在的体验的创造，它们能让生活更丰富。我们可以帮助更多人创造性地参与到制造他们自己的过去的活动中来。

批判性浪漫

让我在哈德良长城这个浪漫的美景中心再多待一会儿。但这种浪漫很容易被简化为一个"美学公式"，一个我刚刚所描述的美景意识形态化的算法。

降低对资产拥有者或者参观者的视觉吸引力，使其产生疏远感，感觉自己仅仅是一个依附。正如我所建议的，我们需要将当代遗产与其在 17、18 世纪的现代性本源联系起来，我们也需要认识到时间和空间的浪漫主义化具有一个漫长而复杂的谱系。

威廉·华兹华斯（William Wordsworth）是典型的北方浪漫主义诗人。他已经去世了，但他 1798 年关于丁登寺（Tintern Abbey）的诗——《一次旅行时重访怀河西岸，在丁登寺上数英里处吟得的诗行》（*Lines Composed a Few Miles above Tintern Anney*，*on Revisiting the Banks of the Wye during a Tour*），可能是这位著名英国诗人最广为人知的作品。这并不是因为坐落在怀河（River Wye）河畔的丁登寺院的废墟是多么风景如画，而是由于通感和建构出来的想象，尽管其在当时是著名的旅游胜地。

> 一切（从这绿色大地）能见到的东西，
>
> 一切凭眼和耳能感觉到的，
>
> 这个神奇的世界，既有感觉到的，
>
> 也有想象所创造的。

重游怀河是一个可以说明某个地点是如何对我们产生特定反应，尤其是通过记忆产生反应的例子。这种取决于我们创造性理解的反应构成了体验的本质。

> 我又一次
>
> 看到这些陡峭挺拔的山峰，
>
> 这里已经是幽静的野地，
>
> 它们却使人感到更加清幽，
>
> 把眼前景物一直挂上宁静的高天

且行且看，华兹华斯谈到了时间的拓扑，即时间的折叠，过去和现在如何在"风景中形象"的构成中相遇：

> 因为有你陪着我在这美丽的
>
> 河岸上：你呀，我最亲爱的朋友，

这些相遇最终是如何升华，变得高深莫测，促使我们不停地尝试去反应、表达与思考：

我无法描画

当年的自己。

我再也不为这些

沮丧，哀伤，诉怨，我得到了

别的能力，完全能抵偿①

华兹华斯认为，他不能代表过去，但持续的参与带来了"丰厚的报酬"。这种对于过往过程性的关注正是我在这里所探讨的（Pearson and Shanks，2001）。

善于描写英国北部边疆风景的沃尔特·斯科特，在19世纪初开创了浪漫主义历史小说，这可能与他苏格兰人的身份有关。但是，他的诗歌和小说不单呈现了单纯的浪漫情节，还有一系列历史形态、历史性以及我们参与的社会和文化变迁的调查。一战后英国的新浪漫主义作家和艺术家，包括我最喜欢的保罗·纳什（Paul Nash）和约翰·派珀（John Piper）在内，他们一直与一种精英、怀旧和保守的民族主义联系在一起，歌颂反工业化的英国风格乡村、村庄和教区教堂（图2-2至图2-4）。但在一段精彩的文化遗产评论中，拉斐尔·塞缪尔（Samuel，1994）指出了他们在10世纪二三十年代及之后对艺术政治上微妙的态度和批判意识（Harris，2010）。我这样总结这种批判性的浪漫主义态度：一种与普世系统相对的地方性自我肯定（提供确定的解决方案）；一种对普通和特殊的共同关注；对总是游离于理性体系主张外的阴暗面的兴趣；对既定事物的陌生化，揭露事物和经验模棱两可的本质；现实、系统地思考历史的过程；认为任何事物都不存在所谓的最终解释，因此持一种对正统观念批判与怀疑的态度。

我们对于过去和现在之间的紧张关系以及历史上创造性代理机构的研究工作有着悠久的传统。

浪漫主义的试验是一种倾向于重新审视既定当下与过去的话语。像斯科

---

① 王佐良：《英国诗选》，上海：上海译文出版社，2011，第222至228页。

（左）图 2-2　英国诺森伯兰郡，萨克拉岛，林迪斯法恩（Lindisfarne），18 世纪美学视角
下的中世纪后期修道院

（右）图 2-3　苏格兰边境，杰德堡修道院。约翰·派珀拍摄

图 2-4　英国诺森伯兰郡，哈德良长城，由约翰·克莱顿重建于 19 世纪，保罗·纳什拍摄

特那样书写文本、出版故事，为"存在于现在的过去"进行拜伦式的战斗。像土地所有者、实业家约翰·克莱顿那样去重建、介入土地管理、城市规划、博物馆建造和收集藏品，在历史情节以及过去与现在的日常生活的主题下接触普通观众。

在这里，艺术、文学以及文化作品是提供资料的实践，不仅仅是简单的说明和反思，而是旨在通过积极参与和基于过去的真实作品解释过去，挑战物化和异化。我们也许可以引用浪漫主义政治经济学家马克思和实业家恩格斯的话："哲学家们仅仅用不同的方式解释了世界，而重要的是改变世界。"

致力于遗存

考古学家为过去的遗存工作，这也是整个遗产产业的目的。二者更多的都是关于"存在于现在的过去"，为了未来保护过去，而不是关于过去本身。这是我的《体验过去》（Shanks，1992）这本书中的基本观点。关注连接过去与现在的过程与实践，可以发现有很多不同的文化领域都具有共同的考古学感悟力和观点。这些都是具体实践，这是我这本书取名"体验过去"的原因，它们是技能、认知和心理学、情感倾向、社会和文化背景的复合体，是身、心、思考在田野工作、写作、叙事、图像、藏品、展览中的实现。这种考古学技能（McGuire and Shanks，1996）随处可见，以至于可以说现代世界里人人都是考古学家，研究过去的遗存，这使得任何与过往的关系都变得值得怀疑。

这种对考古和遗产实践的基本看法使我想到了那些科学研究，特别是在托马斯·库恩（Thomas Kuhn）和米歇尔·福柯（Michel Foucault）之后，这些研究寻求对科学的理解，不再优先考虑论据的形式结构、科学的理论和哲学，而变成了普通的科学实践和过程、运营实验室、寻找资金、发表研究论文。科学成了一种生产性的工作，而知识是社会成就。

1993 年，我遇到了博思·高夫戏剧公司（Theatre Company Brith Gof）

的艺术总监迈克·皮尔逊（Mike Pearson）和克里夫·麦克卢卡斯（Cliff McLucas）。在一个借鉴了阿尔托（Artaud）、布莱希特（Brecht）和格洛托夫斯基（Grotowski）的欧洲表演传统中，他们（尽管克里夫在 2002 年去世）没有以剧本为开始，而是为特定场地专门设计表演作品，这可以称为特定场地剧场作品（Pearson, 2010）。迈克以一个名为 Pax TV 的视频来向我介绍自己（图 2–5）。这个

图 2-5 Pax：母亲、死亡、天使。博思·高夫戏剧公司作品，英国广播电视公司（BBC）于 1994 年播出

视频通过一个复杂的设定，包括垂直拍摄一间卧室的摄像机机位，从完全不同的环境浮动的场景框架，以及穿过整个屏幕滚动播放的独白，讲述一位母亲死在威尔士一所房子里的故事。这是一个对日常生活的感人召唤，并以这种方式提出了一个问题：媒体能够提供何种合适的记录方式，这种方式甚至要适合死亡和记忆这样的日常。

迈克和克里夫作品的核心问题是表演的过去、表演的对象和起源，以及表演的媒体的适当性。他们关心过去在当下是如何被积极调动起来的，记忆和文献如何表演、复兴、再现和重述。这样过去才得以保存而不是被丢失或遗忘。他们的作品创作于威尔士，这个地区在地理和文化方面与英格兰霸权有着紧张的关系，在我刚刚所说的意义上，他们的作品也被明确地作为意识形态批判，试图提出那些被忽视或压制的问题，具有深厚的人性。

而现在正在进行的表演总是处于消失的状态。表演开始就意味着结束，留下了时间上的空隙、然后、现在、后来。表演总是类似于考古学——都是事件发生之后的事情。克里夫和迈克也有一个问题：20 年来他们的表演作品几乎没有留下什么存档的余地。他们对如何连接表演和记录非常感兴趣，致力于表演遗存。

因此，我们开始探索表演是如何成为与考古学和遗产密切相关的某种文

化生产和实践的典范。

表演废墟——特定场地

克里夫、迈克和我相识于兰彼得（Lampeter），这是威尔士大学在西部乡村的一个小校区所在的小镇。当地曾经有一片高地景观，在 20 世纪下半叶被政府机构"森林企业"挪用并进行了大规模改造。农场被强制性征收，人们被迫迁出，这片土地被埋在了克莱维道格种植园（Clywedog Plantation）广袤的北美云杉之下。1992 年，到了伐木的时节，被埋藏的建筑重见天日。梧桐树篱已经长成，把埃斯盖尔·弗雷思（Esgair Fraith，原意为"斑点山脊"）农场变成了阴暗潮湿长着腐烂苔藓的树林（图 2–6）。朋友们把这个地方——一个风景如画的周末郊游目的地，一个被剥夺、遗失，遗忘了群体创伤的无声见证者介绍给了我们。

这个地方很偏僻，离一条通往森林小路的公路有几英里远。这个地方在历史上也无关紧要，自 19 世纪以来只有少数贫困家庭定居于此（这些高地不是肥沃的农业地区），这片废墟具有威尔士乡村的常规特征。许多社区都遭遇了这样的经历，人们被迫离开，以便为赚钱的种植园、服务于英国大都市的水库或工业设施腾出空间。这些废墟和人口稀少的高地虽然可以带来如画的景观，但这些景观无法掩盖其历史创伤，也不能转移人们的注意力，或重新组织或消除过往的事件。

埃斯盖尔·弗雷思农场成为一个我们不断回顾的参照物。你如何参观这样一个地方？你在那里做什么？你如何告诉别人？这些都是关于如何"表演"过去的问题。

在埃斯盖尔·弗雷思的老农场，主要的一项干预工作是《三段生活》（*Tri Bywyd*），这是博思·高夫戏剧公司在 1995 年 10 月用威尔士语和英语进行的持续了三个晚上的特定场地表演（图 2–7）。农场里建造了两座由克里夫[（继伯纳德·屈米（Bernard Tschumi）之后）]（Pearson,2000）设计的临时建筑：

图2-6　威尔士，兰韦尔克莱多，克莱维道格种植园，埃斯盖尔·弗雷思，被英国政府机构森林企业强制收购和拆迁的农场。被掩埋的生灵

16 米高，穿过废墟和树林的钢制脚手架立方体。这两座建筑仅由地板、楼梯、家具、灯光这些基本要素构成。包括遗址本身在内，这三座"房子"成为三个相互穿插的情节表演的舞台。每个表演都包含三个部分，内含 13 个时长两分钟的段落。演出包括肢体表演、旁白解说、口述材料（记录、警方陈述、报纸报道）和放大的音轨。五名现场表演者中有两名在 20 世纪三四十年代就知道埃斯盖尔·弗雷思的当地演员。还有一些其他道具：一只死羊、照明弹、书、几桶牛奶、床单和一把手枪。一百人坐在一个临近针叶林植物园由脚手架搭建的礼堂里。运载观众的大巴停在山脊上的一个采石场，发电机也设置在那个位置。

—— 三段当地生活 ——

一、1869 年：莱瑟诺亚德乌恰（Lletherneuadd Uchaf）是位于西威尔士彭卡德（Pencader）附近的亚兰安吉尔·阿尔斯村（Llanfihangel ar Arth）的一个农庄。萨拉·雅各布（Sarah Jacob）在这里去世，据说她在没有食物和水的情况下生存了两年一个月零一个星期。伦敦的圣盖伊医院的护士把她锁在卧室里，看着她饿死（她很有可能是以传统长屋①后的奶场产的牛奶为食，她每天夜里都会到那里）。

二、1965 年：埃斯盖尔·弗雷思是位于威尔士兰彼得兰韦尔克莱多的一个农场。在这里，一个当地农民自杀了。威尔士乡村地区经济上无法维持的小农场已经把许多人驱赶到了城里；少量报道提起那些留下的人难以谋生，很难找到伴侣或拥有家庭生活，常常陷入抑郁。

三、1988 年的情人节（2 月 14 日）：卡迪夫码头区布特镇詹姆斯街 7 号，莱内特·怀特（Lynette White）被谋杀的地点，和臭名昭著的"卡迪夫三人案"的错误判决导致的司法不公有关。

这些片段有什么意义？请允许我引用迈克和克里夫关于特定场地表演的观点与评论。它们被创造于传统剧场与礼堂之外，而在社会情境与建筑语境

---

① longhouse，英国旧式人畜共居的一种建筑。

图 2-7 《三段生活》，博思·高夫戏剧公司的特定场地表演，1995 年 10 月于西威尔士埃斯盖尔·弗雷思农场

之中，这些场地既有被使用也有被弃用的：它们是工业化的、娱乐性的，也是宗教的；既是平凡的也是特殊的；既是有人栖居的，也是遭人遗弃的。这种表演的特定性体现在历史、环境、建筑、空间、功能和组织上，它在一定程度上由场地的主题、戏剧结构和舞台安排这些特质构成。特定场地表演利用尺寸、形状、比例、氛围、空间的占据和历史感来激发创造性参与，从而突破传统剧院模式的束缚，共同为观众创造新的体验。

特定场地表演致力于探究建筑与叙事、历史与当代这两对基本概念之间复杂的共存、重叠和渗透的关系。一方面是场地，它的固定装置和配件；另一方面是被带到场地上的表演和布景。表演既存在于作品之前，也存在于作品之中：交织着过去与现在。这些表演行为与其所在的场地密不可分，因为这是它们唯一能够被理解的语境。在这里，表演只是对于这个场所最新的一次空间占据而已，与此同时，表演之外的建筑、物质痕迹与历史也依然占据着这里，而且明显活跃着。因此，意义是通过两者的摩擦产生的。在克里夫对特定场地遗址和布景的概念中，他将"寄主"（场地）和"灵魂"（被呈现的过去）连接起来，我认为可能还需要加上"观众"。

这种建筑构造的方法中，大部分布景与场地形成一个斜角，甚至看起来会延伸到场地之外。尽管它们的存在只是临时和视觉性的，但也可能会有不同的表面和微气候状况，这些条件每时每刻都在变化。值得一提的是，表演过程中场地总是非常明显，例如在两栋房子的临时脚手架内被毁坏的废农场（《三段生活》：寄主和灵魂）。"在地"既允许也有必要运用那些在礼堂中不同寻常、不被接受或者不合理的材料和现象——这些东西并非是传统剧院的技术、技巧、装置和设备，在传统剧院内可能会破坏观众的期待。然而特定场地的表演需要运用特殊场景和有形的技术来克服场地材料处理的困难，以及场面调度（mise-en-scène）① 的困难。比如《三段生活》的演出还限制了一些表演空间的进入，因为这里的布景涉及复杂的建筑设计，可能会带给表演者

---

① 译者注：原指在戏剧舞台上处理演员表演活动位置的一种技巧，后被引用到电影艺术创作中，其内容和性质与舞台不同，不仅关系到演员的调度，而且还涉及镜头调度。

一些人体工程的问题，因此表演者需要充分适应场地。

表演既是正在进行的事，也是完成的事——活动与事件。作为活动，表演是通过剧本、编排、策略、指示进行身体和声音的强化和修辞表达；作为事件，表演发生在预定的场合，涉及概念、人物、动作、文本、声音、地点和事物的集合，将没有自然关联的无关片段和现象并置与混合。在这种场景化与戏剧化的过程中，表演类似于项目设计。表演是一个复杂的概念，可以参考身份建构中的"操演性"（performativity）。在这个概念中，表演是一种积极的或传递的模式，涉及（身份）归属和迭代，在此过程中性别、身份和记忆的社会和文化形式，也处在实践与互动中，而不是发生在它们之前。

总的来说，表演是一种实践活动，它涉及呈现与表现的问题，包括一系列物理、人声、技术、布景的程序以及展示的技术。表演是某种参与和交流，主要存在于表演者和观众之间的契约安排与社交停顿中，也存在于布景师和编剧的工作中。表演可以体现、实施、解释和指示，却不需要任何一个观众：表演可以是主题演出的阶段，正如操演性的概念，也可以是演员表演的阶段。

表演的本质是修辞——通过各种各样成分的集合来呈现一个作品，对所有重要的东西表现、阐述或装饰，使之成为功能性或认知的工具。它的典型特征是省略，也就是选择、略去、以部分代整体，或是以动作或事件代表其他部分。在这点上，表演可能是极其示意性的、即兴的、偶然的，并且在日常生活中难以察觉。

表演作为一种相遇、介入和创新的论坛，作为文化生产的形式，也作为一种修辞，可能类似于一个被设计出来的世界，虽然它可能来源于寻常之事，但是其包含的要素如场地、环境、技术、空间组织、形式和内容、规则和程序，都要经过各类参与者的构思、组织、控制和最终体验。一旦表演是乌托邦和异托邦的，便有可能带来对于日常事情的超越。由此，表演从戏剧的根源中跳脱出来，成为一种透镜，既可以理解过去和现在之间潜在的积极接触，又可以成为表述这种融合的一系列实用语言。

表演总是正在消失。事件、文档或剧本之间只有行为和后果，以及无法解决的紧张关系。对于"表演从何而来"这个问题的答案只能是，表演是不断反复的呈现与重现的连锁，并没有最终的起源。因为没有一个剧本可以完全说明一个表演。

这就是为什么长期以来，表演一直是理解社会实践的有力途径。人类总是被理解为社会的表演者或代理人，在私人和公共机构的舞台上扮演角色。尽管社会规范或结构，以及文化价值和形式塑造着社会实践，但它们也仅仅存在于重现之中。此外，社会实践需要物质的道具和舞台来提示和设定场景及其可能性，从而吸引观众。我们是创造性的代理人，继承着价值观和期望、能力和局限，这些都嵌在我们之前存在的物质和社会结构中，并且将持续到我们死亡之后。

行为、事件、遗址、人工制品及其文本（剧本）之间的紧张是考古学的。当过去已经发生而无法挽回时，身为考古学家，我们只能研究遗留下来的东西，对痕迹与遗迹开展记录和存档。过去的已经过去了，只有通过一个关心它的项目它才能继续存在，也就是在废墟中展望过去的未来：考古学是关于未来的！表演和考古学共享着同样的事件和后果的关系。我们探寻并搜集过去，在参与和转移时也不可挽回地改变着过去，因为在发掘中没有回头路：我们跳向未来的同时摧毁了过去。

表演废墟旨在研究一种文化创造和生产模式遗留下了什么。表演与考古学之间存在的趋同性、同源性和相似性，使迈克和我提出了一个明确的混合词——剧场/考古学——也就是将过去的片段重新表达为当下真实发生的事件。正如上面提到的，我们在一系列实验作品和表演中探索了遭遇和探访时的主灵客之间——场地、记忆和痕迹的关联。在时光的重重折叠下，我们再次开展遗存记录、存档和文献的工作——表演废墟（Shanks and Pearson，2013）。

组合——面向设计

博思·高夫戏剧公司以及我在威尔士大学兰彼得校区的考古学系共同合作，将埃斯盖尔·弗雷思与两个案例作为研究成果的一部分，生成了表演的文本和材料，由演员大声朗读，并现场直播。在技术性的排练期间，我从现场和媒体，而不是从观众的角度拍摄了很多照片。这件事被收入尼克·凯（Kaye，2000）为特定场地艺术的书所做的平面美术作品中。克里夫将三个案例的文件（文本、照片、素描）组合并置在演出的时间轴上，其标题为"十英尺又四分之三英寸剧院"（McLucas，2000）（图2–8）。

《三段生活》中的三所房子并没有以不同的形式重复相同的信息，也不符合单一的叙事形式或模型；它们不是彼此的类比，这种并置不是任意设置的。这不是一般意义上的比较。这三所房子有着关于伤痛事件的考古学主题和一些持续存在的证据，虽然这些主题和证据可能会被误解或忽视。我们在关于西威尔士的个人经历中也遇到过这样的情况。并置技术包含了并列（parataxis）和模糊用词（katachresis）的修辞手法——强制不同的部分并置并激发出它们之间的摩擦（并列，也就是将甲、乙、丙同等并置；模糊用词，即混合的，强制的，可以被认为是不恰当的隐喻：如当萨拉·雅各布喝牛奶的时候，农民Dai开枪自杀了）。

与博思·高夫戏剧公司的其他作品一样，《三段生活》没有采取明确的解释策略，即拨开层次深入挖掘意义。相反，那部戏里通过邂逅、拜访、

图2-8 《三段生活》：克里夫在1998年做的特定场地表演记录，出版于2000年，由山克斯拍摄

表演和图形文件，累积了一个又一个层面，在此过程中催化剂（语言、主题、图像、比喻等）也起了效果，出现了本来可能根本不存在的融合或联系，积累的厚重使地层间相互挤压，产生变形或分解、断层与位移。这种模糊用词的目的不是建立起对这三个地点及相关人员和事件的认识。我们不是要描述农场、十九世纪的医学、卡迪夫的谋杀，或它们之间的事情，而更多的是一个本体论立场的目标，也就是去表现这些人、事物和事件聚集的特征。这是一种结合的、连接的组合方式，我曾将其描述为"块茎论"（rhizomatic）。

我们旨在解决的问题是，如何在和有争议的地区互动的时候，尽量避免出现单一与排他的叙事或解释方式。这个挑战在于保持不可简化的丰富性，这种丰富性指的是能够多方参与，与让地区能够保持自我，根据时间与观众的不同，能够有多样性的开放方式。

这种对本地的和特殊性的追求与对存在感的探索，促使人们开展实证研究，记录地点的具体情况。我们的注意力不是集中在说明一个地点上，而是放在我们如何参与和呈现实质、含义（whatness）、材料的质量、个体性（haecceity）和在地性（hereness）这些形成一种场所感的地方特质上。这涉及许多媒介，模拟和数字的多种实验。

让我再次借鉴迈克·皮尔逊的表演观点。表演在本质上是表达而不是解释的方式，它可以汇聚从私人传记到官方记录的来源不同的材料，并对其排序。在戏剧中，迈克选择了动态的表达、跳跃、断裂、省略、旁白、不对称、不合逻辑性、循环和重复等方式。表演可以让从趣闻轶事到信息性的各种材料具有相同的重要性，而且不需要引用或脚注。它的修辞手段有利于观点、态度和重点的转变。表演能很好地处理人与事件的关系。表演可以在单调的环境中建构出戏剧，并使各种地点能够适应表演。表演可以将叙事、资料集合和学科观念结合在一起。它们在一个特定的位置上并列、叠加和摩擦，这些手段揭示了表演的多时间性，并通过学科融合增强了它的观赏性。

这种戏剧可能性是另一个模糊用词的实验基础。在《三间房》（Shanks，2004）中我将一系列证据与三间房的考古遗迹并置：一个伦敦东端阁楼，住在这里的大卫·罗丁斯基（David Rodinsky）在20世纪60年代末突然神秘地离开了，再也没有回来；一间 19 世纪威尔士西部农村的农场卧室，萨拉·雅各布在里面躺了两年多都没有进食；公元前 7 世纪希腊科林斯的一个避难所餐厅，这是一个地中海正在发生涉及国家公民主体政治的重大社会变革时代。这些并列的片段是文本的场面调度：为读者或观众布置这些项目以审视这三个故事。

这种表演写作的体系结构（突出表演与文本的关系）明确提出了对当下人们所追求和建构的叙事方式的质疑，特别是考古学的时间主题、传统与现代社会的关系。每个房间都涉及神秘与发现。威尔士农场卧室的 19 世纪是城市与乡村、现代与传统区别的塑造时期。它强调了农村传统的神秘性和对科学权威的质疑（调查护士冷静地记录了萨拉·雅各布饥饿的阶段）。伦敦的房间是现代主义侦探小说的一个明显的比喻——密室的奥秘。它讲述了城市日常生活中"内在性"与自我的塑造。由考古学家发现的科林斯的房间关注的是以一种令人欣慰的形式来塑造司空见惯的过去，这种形式回答了城市起源和公民价值观等西方文明固有的问题（科林斯是地中海最早的城邦之一，也是希腊物质文化延伸的轴点）。在每个房间里，神秘感都被营造出来，然后在平凡的现代性中得到解决，就像它变得令人不安一样。即使承认了他者的内在力量，现代的区别也得到了证实。但是这种安排、细节和伴随的戏剧化的可能性破坏了这种倾向，并且旨在为其他阅读和感知开辟空间。

深度制图和地方志

《三间房》旨在打破某种叙事形式，使乡村传统与城市现代理性主义、上锁的房屋之谜和一群居民在此相遇。它们是时空观（chronotope）、利益关联、典型叙事、时空关系、地点—事件和房间—迹象—场景。在较早的一个实验作品《三处风景》（*Three Landscapes*）（2000 年）中，我们已经将这种相遇结合了三个区域性的景观：块——波利佐山（Monte Polizzo），西西里岛上一处正在考古发掘的一个史前遗址；面——哈福德区（Hafod），威尔士一个 18 世纪的遗产;线——加利福尼亚圣安德烈斯断层(San Andreas Fault)(图 2-9 至图 2-12)。这是斯坦福大学人文中心(Stanford University Humanities Center)的一个"深度制图"的合作项目,成员有克里夫·麦克卢卡斯(建筑家、设计师)、多里安·利列维林(Dorian Llywelyn,神学家、音乐家)和我自己(古典主义者、考古学家)。迈克·皮尔逊和我在埃斯盖尔·弗雷思周围的威尔士高地上开始自己的研究时,我们引用了威廉·里斯特·希穆恩(William Least Heat-Moon)在 1991年出版的《普拉耶斯(一幅深度地图)》(*Prairy Earth : A Deep Map*)一书中"深度地图"(deep maping)的概念。深度地图反映了 18 世纪文物学家研究地方的方法,包括历史、民俗、自然史和见闻,它通过历史与当代、政治与诗意、散漫与感官的并置与渗透,试图记录和表现地方的纹理和光泽,是口述史、文集、回忆录、传记、自然史和所有你能想到的关于某个地方的一切的集合。

《三处风景》"望文生义"地使用三角测量来描述景观。我们并没有将"景观"作为表达土地和乡下的另一个中性词,而是将其作为连接和表现居住地的方式,这与 17 世纪发展而来的审美传统有关,也是我做此次探讨的出发点:古色古香和拍案叫绝、精心布置的地产、农业发展、与文物的关联,以及与适合详尽研究的过去的关系。该项目聚焦于与土地关联的不同模式:行走、观看、劳作、感受、挖掘、与他人相逢、驾车驰骋、绘图与记录。我们持续研究了一整年,取得了多方面的成果,如对这三个地区的原始研究、地质断层的系统路线、西西里岛的田野作业和挖掘、参观重修的哈福德遗产、三次表演讲座、一件大型图片作品——墙上的地图、一本大开本期刊——一种自费出版的在房间里看的书、三段关于西西里岛的视频日记及地图和纸本日记、三篇关于哈福德的论文〔涉及地方和身份、灵性、凯尔特人的复兴,古香古色的概念、邓·斯科特(Duns Scotus)的特定性和个体性(haecceity)等〕、24 次与来宾的录音讨论、一份视觉入门书形式的有关项目报告;一个使用社交软件早期形式进行的协作式深度制图软件项目〔后来在斯坦福大学我的元媒体(Metamedia)实验室中发展为一个维基超文本系统,名为"梦工厂"(Traumwerk)〕[1]。

---

① 参见:http://www.mshanks.com/2003/08/02/media-and-archaeology.

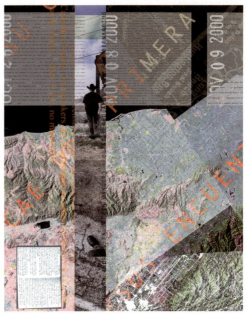

（上左）图 2-9　一间房间里的一本书，探访和相遇的记录中的一次日记实验。克里夫·麦克卢卡斯为《三处风景》而做，2000 年摄于斯坦福

（上右）图 2-10　墙上的地图。加利福尼亚深度制图实验。克里夫·麦克卢卡斯为《三处风景》而做，2000 年摄于斯坦福

（下左）图 2-11　日记页。探访和相遇记录的实验。克里夫·麦克卢卡斯为《三处风景》而做，2000 年摄于斯坦福

（下右）图 2-12　视频日记：西西里波利佐山的发掘。视频静物。迈克尔·山克斯为《三处风景》而做，2000 年摄于斯坦福

克里夫对这些深度地图有着独到见解。它们很大，分辨率和细节取决于尺寸。在复杂的图层中，自然要有各种不同的媒介或读数。同时，需要补充使用大量的模拟媒体形式和可替代、可互换的数字媒体形式。深度地图为当地、所在国和整个全球、圈内人和圈外人、业余爱好者和专家搭建不同的平台，它并非为传统制图标榜客观或树立权威。它们受政治、情感和派别因素的影响。它们是对表现什么以及如何表现的博弈和竞争。它们引发人地记录的争论。深度地图是不稳定、脆弱、暂时的对话而不是陈述。

克里夫·麦克卢卡斯在 2002 年去世，项目随之搁浅，前景堪忧。多里安则加入了耶稣会。这个项目戛然而止，成了档案和回忆。如何重新拾起这一切？目前一些档案存放在威尔士国家图书馆（National Library of Wales），还有一些电子数据存放在斯坦福大学，我的实验室里也还有好多箱令人心酸的档案，等着我慢慢消化。

深度制图的定义以及将哈福德作为三个景观之一再次溯源到 17、18 世纪。这不是无缘无故的，而是剧院/考古学的一个重要组成部分。对深度制图而言，提供定位、导览和建模是方志的一部分，也是一种地方文物综合研究的古老流派，可以追溯到 16 世纪晚期北欧文艺复兴时期（Shanks and Witmore，2010）。我重申，在欧洲中心论的敏感语境下，我特想唤起我们对与地方之间的历史谱系的批判意识。

记录的表演，图片的悖论

2003 年，在《三处风景》上映且与迈克·皮尔逊一起出版《剧院/考古学》（*Theatre/Archaeology*）（Pearson and Shanks，2001）一书之后，我回到了英格兰与苏格兰的边境，那里是我成长并开始成为考古学家的地方，但现在我想为它编方志（图 2-13）。如何能很好地呈现我熟知的地方？答案是：记录的表演。

图 2-13　英国诺森伯兰郡，林迪斯法恩，原主教官殿（遗址）。在这个遗址点上，过去曾经在这里发生。地方志系列的一部分，探索摄影作品中的"代码"：类型、惯例、图式、形式结构。策略：讽刺、夸张、模仿

前一年，我与同事、朋友比尔·拉什杰（Bill Rathje）主持一系列谈话，后来克里斯托弗·威特莫尔也参与进来（Rathje, et al, 2012）。我们采访来我们实验室的考古学家，录音并形成文本。我们无话不谈，从初入考古到著书立说，从遍寻金主到自立门户，从个人命运到人类往昔。对我而言，这些谈话是我刚刚分享的那种简单见解的一种扩展，考古学虽然表面上是关于过去的，但实际上并不等同于考古学家所做的工作。我们的谈话是科学研究的一个项目，旨在了解考古学的实践与表演。

为什么称之为表演而非实践，或者更确切地说，而非学科实践？我在前文提过，长期以来，表演一直是理解社会实践的根本隐喻。我认为表演非常

适用于像考古学这样成形的、中规中矩的、靠嘴巴说话的实践。作为一个古
典主义者，我也非常清楚（戏剧的）表演的谱系，其根源在于仪式、典礼、
身体政治和公共领域。西方戏剧与古希腊城邦的公民团体的集会紧密相关，
他们聚集在城市或圣地剧院一起观看由埃斯库罗斯或亚里士多芬从宗教、神
话、传统、历史和当代事件等改编而成的戏剧表演。我重申，与表演同源的
是修辞手法，是在法庭上唇枪舌剑的技术手段，以辅助听证、思考和判决。
考古学与这种庭前雄辩有相似之处，把历史遗存用于实践（表演），这通常被
认为是一种拟态的（mimetic），旨在表现或恢复的行为。作为表演的记录需要
将上文提到的注意力转移到我们如何理解某个地点或地区、如何处理我们的
经历、如何进行记录上来。这不是分享我参观的档案。我只是说在边界安排
了三条行程，连接了考古景观最丰富的人、事、地（行程通常是地方志的一
个特点）。现在我来解释一下我在书写地方志时使用的摄影方法（Shanks and
Svabo，2013）（图2-14至图2-16）。

（左）图2-14　苏格兰边界，德莱堡修道院，靠近沃尔特·斯科特爵士的墓。实质：是
什么，即物品的本质。地方志"北石"系列的一部分

（右）图2-15　英国诺森伯兰郡，林迪斯法恩，新西兰入侵的皮里-皮里（pirri-pirri）
殖民的沙丘中的中世纪农庄的遗迹。"普通"地方志系列的一部分，它探索了"血性"、
异端、地方感，是如何通过日常的环境纹理构成的

在我早期的考古生涯中，我负责给遗址和发掘品摄影。我的边界地方志里有摄影的实验，即摄影作品。摄影，在某种程度上延伸了"时空观的"（chronotopic）这个术语，形容借助某种工具安排时空。这种工具就是照相机，它本质上是一个暗箱（camera obscura），通过照相机的光圈，穿过聚焦透镜，将外部的世界投射在照相机的内壁上。摄影是一种集合的空间安排，体现了摄影师、暗箱、透镜与被摄对象之间的关系。照片上的图像是这种建筑的副产品，尽管图像通常是奔着眼球去的。

空间与布置，几何与人、事、物之间的联系：场面调度这个词用以形容上述内容。但我给出一个比平常稍

图 2-16 英国诺森伯兰郡，林迪斯法恩，一个渔民小屋的门，这是 793 年 6 月维京海盗大突袭的地点

微宽泛的定义，并且从建筑学角度讨论摄影作品，强调结构和布置。因此，场面调度就是选择位置和视角，在照相机前或在摄像师面前布置物品，给演员定点，设置要记录、拍摄或摄制的场景，得到静止或动态的具有特定设计的成片，提出要点，传递信息，融入故事，传达摄像师或电影制作人的意图。场面调度是关于舞台的：人、物、地、事之间的处理、安排和关系。

场面调度指出了摄影作品的表现特征，即舞台的管理。我们需要检查它的时间性（temporality）。摄像师面前各个要素的表达在一个决定性的、适当的时刻发生：当照片被拍摄时，一切都会聚集在一起。希腊语中用来描述这种结合时刻的术语是"时机"（kairos）[我们有时也使用术语"现实"（actuality）]。然后，照片、透明正片、底片和印刷品提供了一种物质形式，使得场面调度能够长久保存，比如被转移、从捕获的地点移出供以后观看。这种时间性是

持续的：照片从物质性方面来说可以长久保存，并且提供了与早已逝去的某一个时刻的清晰表达。照片还呈现了捕捉的决定性时刻和新的观看时刻之间的联系。

虽然时间的持续是物质性和管理性的一个方面（照片需要好好保管），但时机或现实是特定的且有具体位置的，正如我刚才所描述的，它是特定场地的时间方面，是建筑上的安排或组合。时机是表演的事件。一个永恒的瞬间，摄影作品的主题，物质影像，以一种令人难忘的形式重新呈现了拍摄的瞬间。一张照片反映的是：那时候一切都在这里，现在还跟我们在一起。在考古学中，我们认识到这两种时间模式的首要地位。现实：是现在与过去相关的时机，它被发现、被挖掘、被检查、被记录、被表演。时间的持续性：在遗存、遗迹、痕迹、灵魂中的物质史。

这种时间的持续性、照片的持久性、废墟和遗迹，都依赖于其自身的物质性，就像表演要有位置、特定场地，同时它是具象的、各个要素同时发生的。所以记录的表演需要对参与的物质有敏感性，这是一个物质和物理的过程，需要对一些属性进行重组，对现场的人与道具的组合、调配及思考，将相遇转化成记录、文字、描述的工具和过程。

那么，我的参观、经历与我之前的记录之间的关系如何？

这种对摄影作品的简短讨论仅仅表明了几种记录之间在物质性、工具性、建筑结构、代理性和时间性上的重要区别。约翰内斯·维米尔（Johannes Vermeer）很可能早已用他的暗箱将图像映射到底面玻璃上，或将投影转移到画布上。这种记述或转述被摄影委托给了"自然之笔"——光对光敏感化学物质的作用。涉及艺术家或自然化学的代理还有更多。虽然没有公认的惯例或定义，但我们可能还是要区分说明（illustration）和表现。如果术语"说明"用于指意图阐明陈述的描述，那"表现"则会引用额外的时间和政治形式。再现（re-presentation）可能包括在观众或人群面前自我呈现、个案呈现、关系呈现、描述呈现。政治或法律代表可以代表其所代表的选民或者委托人，以提出个案。

让我们来比较一下拟态（mimetic）和在文本展演的过程中产生的"遗觉"

（eidetic）这两个术语的含义（图 2–17）。"拟态"，即 mimos（古希腊演员）工作时的模仿行为，指的是一组关于真实和表现的问题。拟态常常与隐喻和明喻联系在一起：真实与表现之间是一种类比、比较、相似的关系——"它过去就像这样""就像这样发生"。在日常生活的关联中，表演既是共鸣（替代性），又是转喻（用部分代替整体）。理查德·谢克纳（Schechner，2004）就以强调表演的双重时间性组成而闻名。他提出了"恢复"（restored）或"二次表演"（twice-behaved）行为，即指这种行为由并非首次的身体、语言或虚拟动作组成——"这就是它过去的样子"。

图 2-17　遗觉存在：1850 年前后的达盖尔银版照片，镜子中的幽灵系列

"遗觉"将问题进一步引向深入，并且提出了我们如何看待表演本身以及所表演的物质性（现实性）问题。在某些心理学用法中，遗觉指的是生动而持久的心理意象。遗觉记忆是指对感觉事件的记忆，如同事件发生时，人就在现场看到或听到了原始对象一样准确。没有必要把自己局限于与"摄影记忆"的联系。我更喜欢强调遗觉这个词的词源，它起源于希腊语 eidō 及其同源词（知道、看到、体验，看到的那些形式、模型、类型、图像、幻影），并且我认为，表演是遗觉，因为它提出了什么是真实的，什么又是模仿的，什么是持续的，什么是体验的核心（知识、印象还是物理学上的物质？）等问题。作为遗觉的表演是具有讽刺意味的：在表演的再现行为中，表演总是混合的，它既是模拟的也是真实的。政府代表以民主的形式代表民众，表达他们的声音。借助戏剧性的隐喻，表演具有讽刺意味。因为，虽然我们可能会设想一个剧本，但是表演不是唯一的，而且在剧本和表演之间，以及在表演者和观众之间，在代表和选民之间总是存在着间隙。表演中演了什么？谁在发声，是代表还是选民？我们应该回答说，这是对于没有最终起点的复现之讽刺，拟态也同样如此。代表还是选民？最好的就是两者都有。但讽刺的是，在这种复现中，表演问题实际上就是我们如何描述和书写表演的问题。表演是关于重复再现、重新调解、重新工作、重新建构、重新呈现、重新扮演的过程。

对我来说，表演也是考古学和遗产实践，关注遗留下来的东西。我们徒劳地寻找一个能解释历史废墟的代表。在处理遗迹遗物时，我们所有的考古学家都在研究过去和现在的关系，这种关系围绕着修正动作、经验、物质形态和身体形态，使之成为一种表现。因此，拟态没有最终结果，只有不断的修改和恢复。因此，边境的表演是关于这些材料架构的不断回归和重新设计。

表演与物（pragmata）

保护风景的遗产管理者、研究当地历史的社区成员、为有关保护自家历史特征进行规则谈判的业主、发掘罗马城堡的考古学家、计划购买新藏品的收藏家，他们都在为过去的遗存工作。对我们来说，戏剧和考古学都是对这些问题的文化探索。为了观察和评估反应，我们分享了表演方面的经验，以此建立这个实践领域的特征，并遵循着考古学和遗产是具有表现力的这一命题。尽管受到各种限制，但这些工作的所有实例都旨在创造性地利用过去。当然，遗产管理人可用的资源与游说保护某一建筑物的社区团体或那些研究其家族历史的人非常不同。同样，考古学家的认识论目的可能与博物馆观众所见和体验真实过去的愿望相冲突。尽管如此，我还是希望能够表明，它们有一些基本的同源性和趋同点，我称之为考古学的想象力（Shanks，2012）。

过程、实践、表现：这些是过去、现在、未来的积极表达，它们优先于我上面提到的对立。例如，过去与现在、业余与专业、历史与遗产的这种分离真实存在，但它们是遗存工作过程的特定节点。我拍摄的关于哈德良城墙的照片是一次短暂的邂逅，一种动态的体验。正如照片被框定的瞬间一般，这种体验发生在表演参与（这种表演可以是当下/某刻或是持续一段时间的，其涉及地方/事件和不同时间段的地质叠加）的（考古学意义上的）暂时性消失的那一刻。这种捕捉或者冻结可以是思想性的（图2-18）。

批判，作为对知识条件的调查，可以揭示和表明某些更倾向于被隐藏的东西。我们可以增强意识，明确地将注意力集中在知识创造的过程而不是其对象上，目的是揭示相关语境、地点和位置、兴趣等方面。这也许是解释学的目的，即旨在揭示在特定条件下叙述和行为是如何产生的。

我概述了一些策略，可以帮助揭示和保持动态的创造力。表演，是一个修辞和戏剧的领域，也是一个辩论和讲故事的领域，可以使用讽刺、模仿和荒诞的方式，是突出特征的夸张。它可以引入简练有力的表演技术，如寓言、转喻、提喻，或反讽和反转，以便点明特征并有效地传达信息；也可以使用狂欢、嘲弄、幽默以及舞台、剧本和即兴辩论来应对不同的观众。

图 2-18 《波斯人（埃斯库罗斯）》，2010 年 8 月，由迈克·皮尔森执导的在威尔士国家剧院古希腊戏剧的特定场地演出。它位于威尔士森尼布里奇军事训练场模拟城市战斗的模型村（保罗·法罗创意 / 威尔士国家剧院）

　　所有这些修辞手法都可以通过舞台布景和戏剧表演发挥强大的作用，它们整合了人（即能动者）与人工制品，场地与事件、建筑与设计、传达"现在中的过去"的诗学。我已说明了模糊用词、（不合理）比较、移位、挑战布置场景（通过改变舞台前方拱门或取消这种舞台框架装置），以及剥离现实与表征。

　　然而，最重要的是，一个表演观点不仅需要评论，而且需要行动，创造新的过去与现在，正如重演社会的表演过程可能没有明确提及文本话语中包含的学术知识（他们可能会八卦并了解过去的生活方式！）。重制，再分期，复原，重塑：所有这些实践都将注意力集中在过去和现在之间的关系和联系上，提供模仿和我所谓的遗觉作品。一个典型的策略是，在知识建构的过程中，像布莱希特一样打断和干预表演，伴随着干扰或不协调的事件，打破戏剧的幻觉，从而精确地揭示为遗产工作的过程。这可以在舞台上发生。正如迈克讲述埃斯盖尔·弗雷思的故事一样，他还给我们提供了一段自己在林肯郡成长的经历以作参考。而当我问重演凯尔特人复合战弓的问题时，他告诉我这把弓是他在斯洛伐克买的。

然而，这些场地的特定表演和剧场及考古的策略，可以概括为聚散离合，但并不构成一种遗产实践的方法。事实上，他们引出了一个问题：遗产管理实践应该采取什么形式？这些策略是处理现在的过去、道德意识、责任感、民主包容理想的一种方式。在这方面，它们是一种物用学，即如何使用。我们可以把这个多样化的领域称为什么呢？我建议是"物用学"（Pragmatology）。物用学："物"（pragmata）的理论与实践。它具有古希腊语的丰富性，pragmata 是"事物"，也是"行动"（deeds）、"行为"（完成的事情）、"正在进行的行为"、"情境"（遭遇）、"有争议的事物"、"职责"或"义务"。Pragmata 的词根里的动词是 prattein，即在物质世界中行动，与事物接触。这与"诗学"一词（希腊词根是 poiein）有关，后者是一般实践的创造性部分。在此，我强调的是考古学家、文物管理者和许多其他为现在的过去工作的人们所具有的关怀，是对 ta archaia（"考古学"的词根），即对"老物件"的忠诚。遗迹、遗存、纪念碑和文物保存着我们用心拼凑的记忆，这通常是一种对忠诚和真实性的渴望。当然，考古学的"archaia"需要一种既实用又富有想象力的特定方向。把具有考古学和遗产意义的旧东西看作"物"，提醒我们参与到物的互动中去，许多人以不同的方式、不同的（表演）来吸引这些事物，因此它们甚至可能构成不同的事物，因为"物"并不独立存在——正是通过与人的关系，事物自身才被定义。当过去通过我们对过去的行动变成过去时，与过去特殊交往的这种本质重要性意味着过去没有确定的终结。过去与我们之间的关系是永恒的，因此我们总是有更多的话要说、要做。我们的挑战是在过去、现在和面向未来的考古项目中迎接挑战，把遗留下来的东西加以利用。

作为设计的物用学和遗产

我曾说过表演是项目设计——以场景和戏剧性的方式组合和安排中介、道具、体系结构和事件，与剧本、先例、风格、意识形态、技能和技术以及意图、影响和效果相关。物用学包括这样的设计过程。致力于遗产工作是一个设计领域。我回到我刚才提出的问题：遗产管理实践应采取什么形式？一种答案是：设计实践。这里没有必要详细阐述设计实践，因为我描述考古学和表演的方式，强调的是过程，这实际上是设计物用学。我只是根据它们是什么而称呼它们。尽管如此，我还是提供一些评论作为总结，并指出它们之间非常丰富的联系，并为解决遗产管理的问题提供了相当大的潜力。

在我任教的哈索·普拉特纳设计学院（Hasso Plattner Institute of Design），我们追求"设计思维"（Brown，2009）。这是我们对以人为中心的设计的升华，即从20世纪60年代开始的工业和产品设计的一种方法：不重视造型（产品的外观），而更注重人工制品与人们生理需求、经验、情感、梦想和愿望等之间的交互作用和体验设计的关系。"设计思维"是一种很好的物用学描述，它在建筑和产品设计中，是高度专业的、精致的，这一思维与我试图展示的当代艺术实践有着密切的联系。

首先让我们谈谈设计方面的难题。假设它是一座地方考古博物馆，采用民族志或其他合适的方法研究背景，同时采用一种折中的研究方法，深入并富有同情心地洞察观众、选区和社区的需求与愿望。定义问题、需求和愿望，或重新定义——建设博物馆可能并不是改变当地现状和观点的方法。为了使这个定义设计具有可操作性，并可以通过某种服务、产品、经验、创造或组合来解决，我们设想：针对难题或者概述产生想法，并提出切实可行的解决方案，加强对当地社会历史的支持可能正是我们所需的。从这些想法中选择一些用于原型设计：可以共享的材料模型或实物模型，展示可能的解决方案，而不指定明确的答案。展现出方案，而不是口头告诉人们应该怎么做。分享这些模型，与人们一起测试，看看它们是否有效，即进行评估。也许真正面临威胁的是群体特征——这显示了年轻人和老一辈在看待当地过去的态度之间的代沟。用其他原型进行重复或更替测试，同时考虑条件是否允许（根据技术和资源的可行性，现实条件和经济可行性）。值得注意的是，任何"解决方案"都是临时的。

在所有的过程中，行动、印记（inscription）和描述，研究和理论，制作和展示之间存在着丰富而灵活的相互作用，代理人、见证者和观众、专家和用户不断在协作共同创建团队或结构层次较少的社区中交换角色。这种设计思想与我概述的"灵活管理"（agile management）相关（Shanks，2007）。这种物用学是关于在策略性态度、混合表演和后学科下的干预，因为它可以自由地将科学研究与表演艺术结合起来，并且定位于过去与现在之间的特定情况。这既是创造不同的决心，以及为幸福做出贡献，同时也是一种在完成作品前认识到其暂时性的谦卑。

我认为，这是一种将表演艺术、意识形态批判、考古学理论和批判遗产研究所提供的见解实际地运用到遗产管理策略和结构中的方式，使这些关于过去的本体论观点具有可操作性。

本文结束于我开始的那种对诱惑的焦虑。没有绝对的正确与否。只需稍加留意。我们陷入了过去和现在的美妙混合之中。去听、去欣赏，并去说出你自己的反应——听我说："让我告诉你一些关于哈德良长城的事情……"

致谢

我非常感谢瑞华德学院给我这个机会，来分享对于我们与过去的关系这一重要问题的一些看法。里默尔·克诺普在引导和编辑方面非常灵敏、明智，因而促使这一切顺利实现。在讲座中，我永远无法充分地论述那些作为"巨人的肩膀"存在的研究。我从自己的研究出发，为那些有兴趣的人提供跟进和探索的方法，这些方法也同时启发着我。然而，必须特别提到克里夫·麦克卢卡斯和博思·高夫戏剧公司的成员们，他们的现场演出实践值得盛赞。最后感谢迈克·皮尔逊，他是我 20 多年考古研究中最重要的存在。希望我的遗产设计案例中的家庭和社区维度是非常明显的。在这方面，我非常幸运地与海伦、茉莉和本杰明·山克斯（Helen，Molly and Benjamin Shanks）等家人和朋友，以及几只拉布拉多犬一起探索了"存在于现在的过去"这一问题。这无疑是我们探索遗产的最终意义。

参考文献

［1］ Beck U. Risk society: towards a new modernity［M］. London: Sage, 1992.

［2］ Brown T. Change by design: how design thinking transforms organizations and inspires innovation［M］. New York: Harper Business, 2009.

［3］ Fairclough G, Harrison R, Jameson J H, et al. The heritage reader［M］. London: Routledge, 2008.

［4］ Giddens A. Modernity and self-identity: self and society in the late modern age［M］. Cambridge: Blackwell Polity, 1991.

［5］ Harris A. Romantic moderns: English writers, artists and the imagination from Virginia Woolf to John Piper［M］. London: Thames and Hudson, 2010.

［6］ Horkheimer M, Adorno T W. Dialektik der Aufklärung［M］. Amsterdam: Querido, 1944.

［7］ Kaye N. Site-specific art: performance, place and documentation［M］. London: Routledge, 2000.

［8］ Heat-Moon W L. Prairy Earth (A Deep Map). An epic history of the tallgrasss prairie country［M］. Boston: Houghton Mifflin Harcourt,1999.

［9］ McGuire R, Shanks M. The craft of archaeology［J］.［S. l.］: American Antiquity, 1996, 61: 75-88.

［10］ McLucas C. Ten feet and three quarters of an inch of theatre: a documentation of Tri Bywyd a site specific theatre work［M］// Kaye N. Site specifics: performance, place and documentation. London: Routledge, 2000.

［11］ Pearson M. Bubbling Tom［M］// Heathfield A. Small acts: performance, the millennium and the marking of time. London: Black Dog Publishing, 2000.

［12］ Pearson M. Site-specific performance［M］. Basingstoke: Palgrave, 2010.

［13］ Pearson M, Shanks M. Theatre/Archaeology［M］. London: Routledge, 2001.

［14］ Rathje W, Shanks M, Witmore C. Archaeology in the making: conversations through a discipline［M］. London: Routledge, 2012.

［15］Samuel R. Theatres of memory［M］. London: Verso, 1994.

［16］Schechner R. Performance theory (rev. edition)［M］. London: Routledge, 2004.

［17］Shanks M, Pearson M. Pearson|Shanks - theatre|archaeology - return and prospect ［M］// Cochrane A, Russell I. Art and archaeology. New York: Springer, 2013.

［18］Shanks M, Svabo C. Archaeology and photography: a pragmatology［M］// González-Ruibal A. Reclaiming archaeology: beyond the tropes of modernity. London: Routledge, 2013.

［19］Shanks M, Tilley C Y. Re-constructing archaeology: theory and practice［M］. Cambridge: Cambridge University Press,1987.

［20］Shanks M, Witmore C. Echoes of the past: chorography, topography, and antiquarian engagement with place［J］.［S. l.］: Performance Research, 2010, 15(4): 97-107.

［21］Shanks M, Witmore C. Memory practices and the archaeological imagination in risk society: design and long term community［M］// Koerner S, Russell I. The unquiet past: theoretical perspectives on archaeology and cultural heritage. Farnham: Ashgate, 2010.

［22］Shanks M. Digital media, agile design and the politics of archaeological authorship［J］// Clack T, Brittain M. Archaeology and the media.［S. l.］: Left Coast Press, 2007.

［23］Shanks M. Three rooms: archaeology and performance［J］.［S. l.］: Journal of Social Archaeology, 2004(4): 147-180.

［24］Shanks M. Experiencing the past: on the character of archaeology［M］. London: Routledge, 1992.

［25］Shanks M. The archaeological imagination［M］. Walnut Creek, CA: Left Coast Press, 2012.

［26］Smith L. All heritage is intangible-critical heritage studies and museums (Reinwardt Memorial Lecture 2011)［M］. Amsterdam: Reinwardt Academy, 2012

［27］王佐良. 英国诗选［M］. 上海：上海译文出版社, 2011.

名词解释

Chorography：地方志（希腊语："地方"加"书写"），这个术语来自古地理学家庞波尼乌斯·梅拉和托勒密的作品，意思是各地区的地理描述。但是对它的回应在不同时代有所变化。一些人声称"地方志以与编年史相对的方式来界定。地方志关注地方，而编年史关注时间"。其他人倾向于用"空间或地方的再现"来对其进行宽泛的定义。

Chronotope：时空观（来源于希腊语"时间"和"空间"），米哈伊尔·米哈伊罗维奇·巴赫汀在 1937 年提出的概念，用来指明语言描述时间和空间的方式，尤其是文学是如何呈现它们的。

Eidetic：遗觉（来自希腊语"图像"）常与记忆相关，通常被称为照相式记忆或全面回忆，是一个心理学或医学术语，普遍被定义为能够极端精确地回忆图像、声音或物品的能力。

Haecceity：个体性（拉丁语"此性"），来自中世纪哲学的术语。邓·斯科特首次提出，指示那些特别明确事物的不连续的品质、属性和特征。另一个意思是用一个已有的词来表示当前语言中没有名字的东西。

Heterotopia：异托邦，是哲学家米歇尔·福柯（1926—1984 年）详细叙述的人类地理学中的一个概念，描述非霸权状态中的地方和空间。此外还有他物的空间，与此性无关，它同时是生理和心理上的，比如一通电话或你在镜子中看到自己时的空间。

Kairos：时机（希腊语"时间"），最为正确、适当的时刻。古希腊人有两个说明时间的词——时间和时机。前者指编年或连续时间，而后者表示在模糊时间中发生特别事情的某个时刻。发生什么特别的事情取决于谁使用这个词。时间为量，时机为质。

Katachresis：模糊用词（希腊语"滥用"），用来指词语被经常性地有意误用，特别是在复杂的比喻中。另一个意思是指使用一个现成的词去表示那些语言中没有明确名称的事物。

Ludic：游戏的，特指界面。在人机交互中，游戏界面是一种新型学科，它关注具有可玩性的用户界面。其概念性的支柱是荷兰动物学家约翰·赫伊津哈引入的"游戏性"的概念。这些工具和概念不同于传统的技术系统，它们具有趣味性、用户生成性、灵活性、低成本和协作性。

Mnemonics：助记符（来自希腊语），这是一种有助于信息保留的学习技巧。它旨在将信息转换为人脑可以保留得比原始形式更好的形式。常见的助记符是短诗、首字母缩略词或难忘的短语。使用助记符是因为相比于抽象、非个人形式的信息，人类的大脑更容易记住空间的、个人的、惊讶的、身体的、性别的、幽默的或者其他"相关"的信息。

Ossian：奥西恩是传说中公元 3 世纪时爱尔兰的英雄、吟游诗人；被苏格兰诗人詹姆斯·马克弗森指为他在 1760 年出版的一部史诗集的叙述者和作者。马克弗森声称他收集了来源古老的凯尔特语的口述材料，这部作品是他对这些材料的翻译。奥西恩来自爱尔兰神话中芬恩巨人之子。当代批评家对于这部作品的真实性有不同看法，但比较一致的看法是马克弗森自己虚构了这部史诗。

Pragmatology：物用学（来源于斯坦福大学人文实验室），是揭示事物（人类和非人类）行为的一种方法，也是理解我们在这个世界中关系的一种标准，包括完成了什么活动和行为。它与实用主义相反，实用主义是通过效果或行为了解世界的一种方式。相反，要理解物用学，不是通过还原论，将现象或事件分解为成分，重新定义概念范畴（现代主义）并将因果关系置于"效应链"中来理解它，而是通过详述已获得的行为，了解群体完成过什么活动。

Quiddity：实质（拉丁语"物之为何"），这个术语见于研究物品本质的学术性哲学中，字面意思是"究竟是什么"。它描述某一个实物（比如一个人）与其同种类的共性。实质经常用来与一件物品的个性和"此性"进行对比，实质是个体的正面特征，决定了一个个体成为其本身，而不是其他个体。

Rizomatic：块茎论，在植物学中，块茎（来自希腊语"根块"）是植物地下根茎的一种变态，让根和嫩枝从茎节上生长出来。哲学中，这个术语用于描述数据呈现和阐释中的多重、非等级的进入与退出的理论和研究。它与双重分类和二元选择的知识概念相反。

Synecdoche：提喻法（希腊语"同步理解"）是一种修辞方法，以局部指涉全部，或以全部指涉局部。通常来说它是指小中见大或以大见小。

关于作者

迈克尔·山克斯，1959 年出生于英国纽卡斯尔市，是考古学领域最重要的创新者之一。他认为考古学家的工作与其说是发现过去，不如说是以呈现现在和未来的视角研究遗存。山克斯的工作将艺术、设计和遗产连接起来。他的研究专长是地中海和罗马行省的希腊罗马艺术和城市生活，以此为支点，他又对设计史、物质文化研究、区域考古学（英格兰—苏格兰边界）以及 18 世纪的传统文化和艺术鉴赏进行探索。他目前专注于数字媒体与人文学科的协作创新，实验性地尝试档案获取、视觉媒体和表演艺术的新方法。

山克斯现任斯坦福大学的教授，并在哈索·普拉特纳设计学院兼职，还是斯坦福汽车研究中心拉夫斯项目（Revs Programme）的联合主管（该项目旨在将汽车遗产与现代汽车设计联系起来）。

Critically Exploring Heritage and Museums

Voices from Reinwardt Academy Amsterdam

博物馆、遗产、文化：
进入冲突地带

卡维塔·辛格

博物馆是一种文化对另一种文化感兴趣的物质表现。因此，它通常被描述为一个在不同文化之间架起桥梁的地方。博物馆将本土知识传播到遥远的地方，并促进跨文化的包容和理解。

但请想想博物馆的历史，想想它们的藏品体系是怎样建立的，以及它们所追寻的目标。想想在大探索年代那些珍奇搜集背后的暴力事件；或者想想那些由传教士建造的博物馆所展示的从当地人身边带走的异教神灵。想想在殖民主义时代搜集的大量藏品，以及这些藏品搜集的方式，整个古迹漂洋过海后重新矗立在博物馆的画廊中。想想那些被革命改变的国家，它们教堂中的圣物被强行夺走，在博物馆中以世俗的化身展示。现在，再想想去殖民化这个概念，想想那些将内部特权和等级制度统一起来，旨在将某些文化元素崇尚为"主流"并将其余归为"小众"或"民间"概念的国家博物馆；想想那些在新成立国家为了竞争性民族主义服务的博物馆；想想战后的多元文化主义，面对文物归还的要求，纽约大都会艺术博物馆必须找到新的理由来保留殖民地收藏品。想想旅游业的发展，旅游地对景点和景观的需求；想想文化被商品化后其意义的空洞化；想想全球化、宗教复兴主义和身份政治，以及所有这些力量与博物馆相关联的方式。

基于这样的历史，我们不难发现博物馆是文化融合也是文化碰撞的场所。在本章中，我将讨论一些博物馆及其所代表的专业化遗产制度成为文化之间误解热点的例子。借鉴发生在我的邻国——印度及其南亚邻国的故事，我将讨论博物馆或博物馆文化所引发的紧张、焦虑、不信任、愤怒，以及不同社区、文化和国家之间的危机。可以很明显看到，在不同情况下，当地团体如何抵制将艺术品置于现代、世俗和国际框架内的博物馆化过程。我们可以从这些博物馆的误解故事中学到什么？我们应该从中吸取什么教训？也许我们从中学到的跟我们最初想的有所不同。

孟加拉国，达卡

　　我从一个欧洲博物馆向南亚博物馆借展文物以举办临时展览的故事开始。我们很熟悉当富裕国家通过非法贸易或殖民掠夺获得艺术珍品时，文物"来源国"中会出现的激烈民意。但是在 21 世纪，涉及两个主权国家的借展似乎是一个完全无害的项目。这将是一个国际合作的机会，展品的出借方和借展方能够达成双赢。然而，这次展览的计划引发了争议、抗议、诉讼、街头骚乱、经济损失，文化遗产也遭受损失，并导致了国际局势的紧张。它有损于博物馆事业，甚至让人付出了生命的代价。

　　在 2007 年末，孟加拉国当局正与吉美博物馆（Musée Guimet，法国国立亚洲艺术博物馆）合作筹办一个名为"恒河三角洲的艺术：来自孟加拉国的杰作"的雕像作品展，展品从孟加拉国的博物馆借

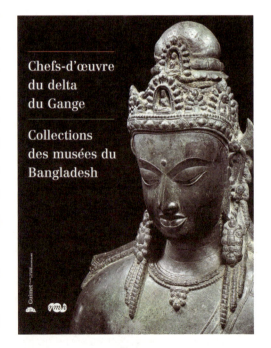

图 3-1　恒河三角洲的杰作：孟加拉国国家博物馆馆藏。由吉美博物馆出版的图录封面，2001 年。图片由吉美博物馆提供

展（图 3-1）。这个展览是吉美博物馆三个雄心勃勃的展览计划之一。这三个展览专注于南亚三国前伊斯兰时期的古典雕像，这个时期佛教和印度教曾在南亚蓬勃发展。吉美博物馆当时已经举办了这三个展览中的第一个，名为"古典印度的黄金时代"，这个展览汇聚了印度各地博物馆收藏的笈多时期创作的 100 多件雕像作品。笈多时期的名字来源于强大的笈多王朝，该王朝在公元 4 至 6 世纪之间统治着一个庞大的印度帝国，笈多时期在今天的印度被称为"黄金时代"。该时期雕像作品既有表现佛教的，也有表现印度教神灵的，雕像风格优雅克制。

3 年后的 2010 年，博物馆将组织第三次展览"巴基斯坦——文明相遇：犍陀罗艺术"。这是一个更大型的展览，共有 200 多件来自巴基斯坦博物馆的展品。这些展品汇集了从公元 1 世纪到 6 世纪犍陀罗地区的雕像作品，而这一地区现在分属于巴基斯坦和阿富汗（图 3-2）。犍陀罗地区曾在亚历山大大帝远征后被希腊人统治，之后被中亚人、大夏人、波斯人占领。该地区民众主要信奉佛教，其艺术风格受到希腊和波斯的巨大影响。它的希腊式佛像吸引了西方学者和观众，但巴基斯坦对前伊斯兰时期的艺术的兴趣近年来逐渐减少。展览组织者表示，他们希望"巴基斯坦能很快成为曾经的文明相遇之地"①，以此提醒观众，现在的这片以信仰伊斯兰教而闻名的

图 3-2　金刚萨埵（Vajrasattva）青铜，9 或 10 世纪，140 厘米 x120 厘米 x72 厘米。位于迈尼玛蒂遗址，现为库米拉孟加拉国迈尼玛蒂考古博物馆馆藏，图片由吉美博物馆提供

①参见：www.artaujourdhui.info/a05860-pakistan-where-civilizations-meetgandharan-arts-ist-vith-centuries._html, seen April 13, 2015.

地区曾经是亚洲大都会的十字路口。

在两个展览之间安排的展览是"恒河三角洲的艺术：来自孟加拉国的杰作"。虽然犍陀罗艺术长期以来一直受到西方博物馆和收藏家的青睐，那些熟悉印度艺术史的人也知道笈多艺术的重要性，但孟加拉国的古典艺术从未成为大型国际展览的主题。尽管这些佛教和印度教雕像与邻近地区的同时代艺术一样精致且具有历史意义。在孟加拉的帕拉王朝（Pala，8—10世纪）和塞纳王朝（Sena，11—12世纪），石像、陶俑和青铜雕像发展出了复杂精致的图像风格。那些到访帕拉鼎盛时期佛寺的僧侣和朝圣者将佛教图像和手稿带到了尼泊尔、中国、泰国和印度尼西亚，使之成为这些地区佛教艺术的基础。以孟加拉国古典艺术为主题的展览不仅可以让更多公众了解这些展品的美，更可以讲述它们对亚洲艺术的深远影响。

因此，当吉美博物馆的典藏人员列出了从孟加拉国五个博物馆借来的189件展品清单时，展览组织者有理由认为自己开创了一个新的领域。作为自1971年孟加拉国建国以来唯一的国际展览，该展览被认为是一项有利于孟加拉国的重大文化推广活动，它将展现出一片土地丰饶的文明，而这些地区通常只在政治动荡或经历例如饥荒和飓风这样的自然灾害时才会被国外注意到[1]（Sand，2012）。

但许多孟加拉人并没有这样看待这个展览。虽然一些公众赞成这个展览的举办，但大多数艺术家、艺术评论家、艺术史学家、考古学家，退休博物馆工作人员和记者都对计划中的展览表达了焦虑甚至愤怒。报纸和博客网站充斥着争议，并且很快就蔓延成为街头抗议活动。明明是为了美好的愿望，为什么这个展览变得如此有争议？

虽然一小部分抗议者反对孟加拉国的文化而不是现今主流的伊斯兰文化通过印度教和佛教艺术在国外传播（Selim，2011：186），但大多数抗议者都

---

[1] 用策展人文森特·勒菲弗（Vincent Lefevre）的话来说，其目标之一是"强调一直与自然灾害有关的孟加拉国实际上拥有非常丰富多样的遗产"。参见:http://asianartnewspaper.com/article/masterpieces-ganges-delta.

迫切地表示，他们为孟加拉国前伊斯兰教时代的遗产感到自豪。事实上，伊斯兰教在孟加拉国的文化认同中处于一个复杂的地位。当英国的统治在1947年结束时，由于占人口多数的穆斯林需要建立自己的国家，这个地区从印度分裂出来。东孟加拉邦成为穆斯林占多数的巴基斯坦的东翼。然而，东巴基斯坦与西巴基斯坦的关系从一开始就十分紧张，最终导致了一场有三百万人死亡的解放战争，1971年孟加拉国因此建立。从那时起，孟加拉国一直试图通过以孟加拉语和民俗文化为核心的区域文化来界定自己的身份，甚至是孟加拉国的伊斯兰教也与当地信仰有所融合。孟加拉国的前伊斯兰教时代被认为是该国多元文化遗产的重要组成部分。

在这种情况下，那些抵制展览的人说他们这样做不是因为他们蔑视那些雕像，而是因为尊重，并希望保护它们免受可能的伤害。其中一些提出反对意见的人认为这些展品太过珍贵，应该避免长途运输带来损害的可能。但大多数活动家则是对法国人深表怀疑。他们为什么对这些雕像感兴趣？他们有别的动机吗？活动家们开始仔细审查项目的各个方面。当他们检查法国和孟加拉国之间的协议时，发现了侮辱性条款。孟加拉国将把一批最古老和最有价值的文物借给法国，却只收到20份展览图册作为回报。有人指出，当印度向吉美博物馆出借类似展品时，印度至少获得了一个毕加索版画展作为互惠条件。孟加拉国难道不配获得任何互惠的条款吗？

孟加拉国的活动家们密切关注着整个项目过程。展品清单是怎样起草的？各清单之间是否存在差异？如何确认展品的状况？采取了哪些措施来确保展品的安全？活动家们显然得到了展品出借机构的支持，例如库房清单和展品状况报告等技术文件被泄露给了媒体，媒体公布了审查发现的协议中的失误。据活动家们发现，许多展品仅仅作为单个项目列入清单，例如93个硬币，尽管这很大程度上是因为孟加拉国的博物馆糟糕的工作，但一位媒体作者指出，根据这样的文件，即使是最勤勉的博物馆工作人员也无法证实最后展品是否被归还（Alam, 2007）。同时，他们还发现展品的保险价格远远低于市场价格。随着对合同和程序的审查，在孟加拉国国内散布的流言也令人惊讶。例如，当发现吉美博物馆低估了展品价值时，孟加拉国没有人认为这是吉美博物馆为了降低成本加快进程而放宽保险条件。相反，有人认为这些展品是故意不上充足的保险的，因为吉美博物馆从一开始就计划"丢失"货物并支付小额保险金，然后通过在市场上出售这些展品来赚取可观的利润。[①]

在这些文章中，被选中的雕像的照片被添加上了例如"法国的收获，孟加拉国的损失？"这样的标题。抗议者们似乎确信临时展览只是一个借口：一旦孟加拉国的展品运往法国，它们就永远不会被归还了。流言和怀疑也集中在展品展出前在巴黎的保存情况。有学者回忆说，1958 年一个送往法国修复的圣骨匣就再也没有被归还。似乎没有人知道这个圣骨匣在哪里：是在法国，在孟加拉国，还是在巴基斯坦，因为当时这个地区属于东巴基斯坦（Karim，2007）[②]。但现在有人说，保护程序的真正目的是要将展品送到实验室制作完美的仿品。然后，法国将发回假货，并保留原件。[③] 这种怀疑甚至在媒体上也有表达，在一幅漫画中，一名孟加拉国官员试图收回借出的雕像，但他被相同的雕像所包围，无法分辨哪一个是应该归还的原件（图 3–3）。一些政党诉诸法院试图阻止这个展览项目。一群公民递交了上诉状反对 5 家博物馆中的一家出借展品（Selim，2011：183），但被法庭驳回。另一份上诉指控文化部忽视了适当的程序，这一指控还有一些价值，法院要求保证展品的保险价值。借展双方拟定了一份更好的协议，保险价值增加了四倍。法国人

---

① 2007 年 10 月 18 日，名为 Otithi 的网友在博客网站 "In the Middle of Nowhere: All About Bangladesh, What Else!" 发表了名为 "FAQ on Musée Guimet Controversy" 的博文。在这篇文章中，一位支持展览的博主反驳了反对展览的各种反对意见和谣言。参见：https://rumiahmed.wordpress.com/2007/10/18/museeguimet/.

② 这篇文章引用了文物行家和前文化事务部长 AKM Zakaria 关于遗失的文物的言论，并坚持认为文物的复制是有极高可能性的。参见：http://archive.thedailystar.net/magazine/2008/03/03/cover.htm.

③ 许多方面表达了这种假设，与 MA Kamal Yuree 博士的言论相呼应，他是出庭组织展览的诉讼当事者之一。他的原话是："法国是艺术之都，如果这些文物在那里被复制，复制品被送回，我们永远无法区分它们。"参见：http://shafur.i-edit.net/?p=718,seen on April 13, 2015. Rezwan 撰写了的吉美博物馆的争议（*The Musée Guimet Controversy*），参见：http://rezwanul.blogspot.in/2007/12/museeguimet-controversy.html. 在 "HC Freezes Export of Antiquities to Paris for Exhibition" 一文中，Yuree 的律师称这个展览是 "一个阴谋的一部分，是为了获取珍贵的文物"。参见：http://bdnews24.com/bangladesh/2007/09/17/hc-freezesexport-of-antiquities-to-paris-forexhibition.

图 3-3　雪旭·巴塔查尔吉（Shishir Bhattacharjee）的漫画。图片由艺术家提供

承诺提供 50 本展览图册给每一个参与的博物馆。

　　一旦法院处理好了上诉，展品就开始被运往法国。为了避开公众的目光，博物馆在清晨装载了第一批货物，货车上标注这是最近由于飓风引发洪水的救援物资。这种安排引起了更大的民愤，公民团体聚集在博物馆外试图阻止卡车将货物运往机场（图 3-4）。当警察突破封锁并且将卡车开往机场时，抗议者袭击了属于文化部的车辆，随后遭到警方的反击（图 3-5）。

（左）图 3-4　孟加拉国国家博物馆外的抗议者，反对将展品运往法国。图片由 Shahidul Alam / Drik / Majority World 提供

（右）图 3-5　在警察的护送下，运载孟加拉国国家博物馆展品的卡车。图片由 Shahidul Alam / Drik / Majority World 提供

第二批展品是在夜色的掩护下发送的。整个事件却发生了翻天覆地的变化。当这批展品被装上飞机时，一共 13 个箱子中丢了最小的一个，这个箱子包含两个公元 6 世纪的陶俑。箱子的遗失触发了警报，孟加拉人感到他们对展品会被盗的担忧已经成了现实（图 3–6、图 3–7）。他们指责法国当局没有照看好这些无价的文物。反过来，法国大使馆则指控当地的物流商、机场安检人员和孟加拉人偷走了箱子。到第二天上午，法国大使馆宣布"法国认为这个箱子的消失是非常可疑的，可能是一个为了使法国难堪而实施的阴谋"①。简而言之，法国当局指责孟加拉国的抗议者偷走了孟加拉国的展品而使法国难堪。

（左）图 3–6　拿着象征神格特征武器的毗湿奴，陶俑，公元 6 世纪到 7 世纪。曾收藏于孟加拉国国家博物馆，现已被毁。图片由吉美博物馆提供
（右）图 3–7　毗湿奴的胸像，陶俑，公元 6 世纪到 7 世纪。曾收藏于孟加拉国国家博物馆，现已被毁。图片由吉美博物馆提供

对于发生在达卡的一系列猜疑、指控和反指控，警方在调查后发现情况远比预期的要糟糕得多。在刑讯逼供下，警察发现被偷走展品的空箱子漂在

---

① 参见：https://globalvoicesonline.org/2008/01/03/the-musee-guimetaffair-part-deux.

机场附近的一个池塘里，机场的两个货物处理员损毁了雕像。这些人是文盲，他们听到的关于展品是无价之宝的消息激发了他们的想象力。他们偷走了能搬走的那个最小的货箱。在打开箱子后，他们失望地发现，这些雕像不是由贵的金属做成的，而只是普通的黏土。

图 3-8　考古学家和警方在达卡阿明巴扎尔的垃圾场搜寻破碎的雕塑碎片。图片由《每日星报》（*The Daily Star*）提供

偷窃者猜想，"宝藏"可能是在雕像里面，他们砸碎雕像，期待会在里面找到一堆宝石。[①] 孟加拉国警察和考古学家不得不花几天时间在达卡最大的垃圾场翻检，以尽可能多地找回雕像碎片（图 3-8），尽管它们已经被损坏到无法修复的程度了。[②]

孟加拉国取消了这个展览，文化部部长辞职，之后另一个流言传遍了整个城市：因为孟加拉国没有履行合同义务，法国人现在要保留已经被运出的文物作为"惩罚"。[③] 但事实上，巴黎正在进行的谈判是关于谁应该承担将展品运回孟加拉国的费用。吉美博物馆在筹备展览时已经花费了 40 万欧元，他们并不愿意支付退回未展文物的费用（Mohaiemen，2010：131-142）。就在这些讨论开展之际，年轻且广受欢迎的孟加拉国驻法国大使在出席吉美博物馆的一次会议后，因为脑溢血而倒在他的车里。[④] 在用生命维持设施支撑了几天

---

① 参见："Ancient statues stolen for precious stones that weren't there." *Nerve.in*，Tuesday，01 January_ 2008，accessed 13 April 2015. www.nerve.in/news:253500121060.

② 从垃圾堆中取出的碎片大约构成雕像的 20 % ～ 25 %。参见："Retrieved Some Broken Pieces of Stolen Artefacts"，*Independent Bangladesh*，29 December 2007. www.independent-bangladesh. com/20071228101/country/retrievedsome-broken-pieces-of-stolenartifacts.html.

③ 吉美策展人称孟加拉国未能履行职责。参见：https://globalvoicesonline. org/2008/01/03/the-musee-guimetaffair-part-deux/.

④ 参见：《永别了，人民的大使》（*Fare thee Well People's Ambassador!*），http://archivethedailystar.net/ newDesign/news-details.php?nid=17817.

后，他去世了。

可以看出，这场发生在孟加拉国的闹剧迅速陷入了悲剧的境地。我在对这些事件的描述中，不仅仅关注事实，还关注围绕着事实的流言。这些流言是事件的重要组成部分，正是这些流言导致了恐惧，造成了人们的反应，甚至吸引人们的注意并产生了最终导致展品损坏且人命牺牲的压力。对这些流言的推理毫无意义，我们没必要检视这些流言是否有任何事实基础。值得深思的是，这些流言和焦虑告诉了西方博物馆，尤其是那些对全世界艺术感兴趣的世界性博物馆，它们在西方之外是如何被看待的。

从达卡的视角来看，吉美博物馆似乎是一个可怕的地方——一个对展品有着无法解释且永不满足的欲望的地方。这个机构是一个博物馆黑洞，任何在其磁场内的展品，即使只是短期的展览，都将被永远困住，再也无法离开。在那些流言的描述中，向西方博物馆借出或捐赠其珍贵文物的国家无法发出对抗它们的声音和力量，也无法诉诸法律和正义。因为无论是昔日的殖民地国家还是新的新殖民主义国家，这类博物馆不仅仅是一个文化机构，还被看作是强大国家的左臂右膀。它能够操纵档案，会雇用聪明的律师来制定单方面交易，能通过近似于黑魔法的技术实力制造出完美的仿制品。尽管展览的策展人文森特·勒菲弗认为当代的借展不应被认为是殖民主义式的收藏行为，但在孟加拉国的活动家们看来，这似乎就是这么一回事，像孟加拉国这样的国家与像法国这样的国家之间只能是殖民与被殖民的关系。

吉美博物馆的争议事件似乎成了贫穷对抗富裕、东方对抗西方、来源国对抗收藏国、殖民国对抗殖民者或殖民主义，充满了报复、怀疑和敌对的战场。但是，正如艺术家和评论家纳伊姆·默罕缅（Naeem Mohaiemen）指出的那样，孟加拉国"历史上没有特殊的反法国情绪，甚至连对法国表示冷漠的理由都没有"（Mohaiemen，2010：133）。该地区的殖民历史主要是英国，法国在这个地区一直是中立的。事实上，法国应该被友善对待。法国文化中心仍然是达卡艺术家的热门聚会场所，在展览举办之前的几年里，法国考古学家一直在孟加拉国联合当地专家开展发掘工作，法国政府还为策展人和文保人员组织了工作坊。恒河三角洲艺术展项目正是源于这些合作。作为一个临时展览，它不应该引起殖民掠夺大国带来的恐惧。那么，为什么会有这样对展览的焦虑和歇斯底里？

比较纳伊姆·默罕缅在吉美博物馆事件期间和之后撰写的文章是有价值的。默罕缅早期的文章"孟加拉的丁丁"是在第一批展品到达法国而第二批尚未离开孟加拉国时写成的。[①]在文中，作者首先承认他对抗议者丝毫不同情。但当他们开始披露事实——不一致的库存清单，缺失的入藏号码，严重低估的保险价值，作者也觉得展览管理不善且过于轻率。除此之外，在尼日利亚籍律师和改革者夸·奥波库（Kwame Opoku）博士的一篇关于将文物送回来源国的文章中，他断言，吉美博物馆里充斥着"成千上万的偷来的非法展品"[②]，而后默罕缅也开始对展览可能产生的后果感到焦虑。

四年后，默罕缅写了另一篇文章，在过了一段时间之后反思这些事件（Mohaiemen，2010：131-142）。他新的观点是，吉美博物馆事件似乎是一场"代理权斗争"。默罕缅现在意识到，人们真正关注的是孟加拉国的政治局势。从2001年到2006年，孟加拉国由一个民主但却极其腐败的政府统治。这个政府从美国人手中花1亿美元购买过时的军舰，从中获取巨额贿赂；从俄罗斯人那里购买了昂贵但不合格的军用飞机；向一家不称职的加拿大公司提供了石油钻探合同，却最终在一场巨大的爆炸中燃烧了价值数百万美元的天然气，这场大火五周仍未熄灭。2006年，吉美博物馆事件的前一年，这届政府被解散了，但是应该执政六个月来监督新选举的临时政府竟然成为一个希望长期掌权的军政府的傀儡。最后，这个临时政府持续执政两年。针对吉美博物馆的抗议活动恰好发生在临时政府通过压制记者和人权活动家来巩固其权力的时候，其中一人被折磨致死。默罕缅说："随着恐惧的降临，民主运动力

---

① 参见 Mohaiemen《孟加拉的丁丁》（*Tintin in Bengal*）或《吉美博物馆的争议》（*Musee Guimet Controversy*），参见：http://chottala. blogspot.in/2007/12/chottalacomtintin-in-bengal-or-musee.html.

② Opoku K,《从贝宁到布朗利河岸博物馆：博物馆是为了别人的艺术还是别人被盗窃的艺术？》（*Benin to Quai Branly: A Museum for the Arts of the Others or for the Stolen Arts of the Others?*），参见：www.museum-security.org/2007/08/benin-to-quai-branly-amuseum-for-the-arts-of-the-others-orfor-the-stolen-arts-of-the-others.

量的聚集需要一个安全空间。"他继续说道："我们对抗法国博物馆显示了一种更巨大、更危险的对抗国家的动员策略。法国博物馆和大使馆的霸道是其推定的目标……（但是）我记得在谈话节目中看到一个愤怒的嘉宾，说'法国人怎么可以把我们的雕像像盒子里的囚犯这样拿走'。这就是在电视上针对假想敌的评论，他间接的主要目标其实是临时政府本身。"（Mohaiemen，2010：139）。

那个由艺术历史学家、人类学家、活动家、作家和年轻艺术家组成，共同抗议吉美博物馆的同盟，目前正积极关注油气勘探、法外处决、服装厂工人的情况。根据默罕缅的说法，即使这些雕像不得不返回他们在当地博物馆尘土飞扬、光线昏暗的环境，那里维护不足并且藏品可能最终会被走私者偷走，但取消这个展览对孟加拉国来说仍然有一些好处（Mohaiemen，2010：139）。从这个角度来看，最初看起来是东西方、文物所有者和收藏家、民族主义者和世界主义者之间的直接冲突，后来被证明是一个更为复杂微妙的情况，包含着局外人很难理解的地方性意义。通常理解的东方与西方的关系被用来构建成一个道德战场，即"向权力说出真相"，其中的道德高尚者处于弱势位置。但是，在这场斗争中反对不道德权力身份是故意被混淆的。殖民主义或新殖民主义只是掩盖真正利害关系的外皮：东方内部更复杂、更直接的危险关系，可能导致骚乱、逮捕、酷刑甚至监禁至死亡。

如果在最初，孟加拉国抗议者与吉美博物馆的对抗是文化之间的冲突，一种跨文化（intercultural）冲突，更深入的思考使我们再次审视"文化"在"跨文化"一词中的含义。在这里，支持民主的活动家也代表了孟加拉国内部的一种文化凝聚力，反对专制权力和特权文化。这个例子提醒我们，在任何地方都没有坚实、有凝聚力、单一的文化体。没有单一的"孟加拉国"，尽管孟加拉国身份是一种间接性的，让一个人不敢真实说出自己想法的时候可以进行表达的策略。向西方寻求帮助有时候是有用的，这是东方自身难以承受的一方面的外化。

阿富汗，巴米扬山谷（Afghanistan， Bamiyan Valley）

我现在介绍另一个最终也导致两件雕像无法修复的损毁事件。这一事件的肇事者不像孟加拉国的"窃贼"那样因为不理解那些陶俑的文物价值以及它们在艺术上的地位，而打碎雕像希望找到隐藏的"珍宝"。这一事件中毁掉雕像的人很清楚国际社会对这些文物的重视。他们知道，蓄意破坏这些文物会震惊世界。孟加拉国的陶俑在晚上被偷走，并被偷偷地打破，"窃贼"试图通过将雕像碎片丢弃在垃圾箱中来隐藏自己的罪行。相比之下，这个事件中对雕像的破坏是提前预告的，在白天实施，并且有意希望被人们看到。事实上，这场破坏就像一场奇观般的演出，视频录像被故意传播到世界各地。这个事件中被摧毁的是巨型灰粉装饰的石头佛像，这些雕像曾在阿富汗的巴米扬山谷中矗立1400年，直到2001年3月宿命的那一周，在炮火和炸药中，它们碎成了一堆瓦砾。

　　媒体的报道使全球观众都关注到巴米扬山谷（图3-9），并清楚地意识到在那个地方失去了什么。被炸毁的175英尺高的雕像（图3-10、图3-11）曾是世界上最大的佛像。另一尊较小的佛像高120英尺。两尊佛像都矗立在山谷中，被雕刻在山脉的岩石上。在雕像的岩石核心上，长袍和装饰物由灰泥进行制作，佛像的面孔则可能是用金属和木头制成的。

图3-9　巴米扬石窟保护区。　摄影：沃尔特·斯平克（Walter Spink）。图片由美国印第安人研究所提供

（左）图 3-10　两尊巴米扬佛像中的较高者（摄于 1963 年）。图片来自维基百科 http://
commons.wikimedia.org/wiki/File:Taller_ Buddha_of_Bamiyan_before_and_after_
destruction.jpg

（右）图 3-11　巴米扬较高佛壁龛中的壁画碎片。摄影：沃尔特·斯平克。图片由美国印
第安人研究所提供

　　虽然两尊佛像非常宏大，但它们只是巴米扬佛教文物中的一小部分。在
佛教兴盛的时代，宽阔的山谷里有一座巨大的佛寺和佛塔，它们曾像佛陀一
样引人注目。山坡上也曾有其他几个坐着和卧着的佛像，这些佛像的壁龛上
都绘有壁画（图 3-11）。岩石中还被人挖出数百个洞穴，为僧侣提供冥想和祈
祷的空间。

　　巴米扬大部分的佛教古迹都建于公元 6 世纪和 7 世纪，当时巴米扬是古
丝绸之路上的重要枢纽。在这个世界的十字路口，来自印度、中国、希腊和
波斯的影响混杂在艺术中。从公元 8 世纪开始，伊斯兰教开始取代该地区的
佛教。佛教物品从崇拜中消失，佛塔崩塌，巨大的佛寺也不见了。但除了在

12 世纪征服者的攻击中失去了面孔，总体来说，两尊佛像保持了相对完整。

2001 年 3 月，当塔利班政权宣布打算炸毁两尊佛像以及其范围内所有的活物时（这导致喀布尔博物馆藏品也遭到破坏），国际社会恳求塔利班最高领导人毛拉·奥马尔（Mullah Omar）放过巴米扬大佛。虽然联合国拒绝承认塔利班政府，但教科文组织主任向该政权提出了个人呼吁，联合国秘书长会见了塔利班官员，试图避免这场灾难。包括埃及和卡塔尔在内的伊斯兰国家领导人试图与阿富汗当局进行协商，并派遣一个由开罗爱资哈尔大学神学院领导的神职人员代表团前往坎大哈劝阻奥马尔摧毁巴米扬大佛，该代表团来自开罗最负盛名的逊尼派伊斯兰法研究中心。

然而奥马尔坚持要炸毁佛像。据报道，塔利班花了数周时间从其他省份收集武器和爆炸物，并将它们集中在巴米扬。佛像首先遭到枪支、防空导弹和坦克的攻击。当发现这还不足以摧毁佛像时，塔利班从沙特阿拉伯和巴基斯坦找来了爆破专家。[①]在他们的建议下，工人们带着冲击钻从悬崖上降下来，在雕像上打洞后，在洞里放入定时炸药。来自半岛电视台的一名记者被允许拍摄炸毁佛像的最后阶段。在爆破实施后不久，一支由二十名国际记者组成的队伍被带来观看无一物的壁龛。

为什么炸毁巴米扬大佛成为一项"不惜一切代价"的行动（Elias，2007）？[②]为什么面对全球领导人呼吁保障佛像安全的压力，塔利班却仍投入了大量的时间、劳动力和费用来实施这个困难的行动，并确保在炸毁它们时能向全世界广播？

奥马尔将炸毁佛像视为一种宗教行为。他援引传统伊斯兰教对偶像崇拜的谴责："这些佛像一直是非伊斯兰教信徒的神龛。"此外，奥马尔还宣称，"全能的真主是唯一真正的神，所有的假偶像都必须被摧毁"。（Morgan，

---

① 参见：Tully A，"Afghanistan: Film Revisits Destruction of Bamiyan Buddhas"，Radio Free Europe/Radio Liberty，March 29, 2015. www.rferl.org/content/article/1067101.html，accessed 27 March 2015.

② 在毛拉·奥马尔下令塔利班摧毁其控制地区的所有雕像后，塔利班驻巴基斯坦大使发表声明，宣布"法特瓦……将不惜一切代价实施这个行动"。大使清楚地知道，这一行为将对塔利班政权产生不利影响，并将延长对阿富汗的制裁；在行动实施前大家就很清楚这一点。

2012：15）（图 3-12）

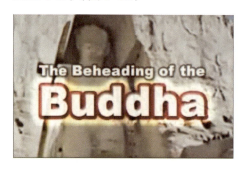

图 3-12 由英国伊斯兰组织 Ahlus Sunnah wal Jamaa'ah 上传到 Youtube 的视频的截图。视频片段显示了佛像的炸毁，屏幕标题给出了他们炸毁佛像的神学理由，配乐中有古兰经背诵（参见：https://www.youtube.com/watch?v=xYYB1PWYb7Y）

贾马尔·埃利亚斯（Jamal Elias）指出，拆除的指令是在每年一度的朝觐、朝圣之前发布的，这个时段是"伊斯兰世界对宗教敏感度最高的时期"（Elias，2007）。[①]在这个信仰高涨的时刻拆除偶像的象征意义可以取悦各地虔诚的穆斯林。佛像的爆破时间选择在开斋节，这是一个纪念先知亚伯拉罕按照上帝的指令牺牲自己儿子艾萨克的节日。因为反对偶像崇拜和自己的雕像家父亲，亚伯拉罕在伊斯兰教传统中备受尊敬。佛像拆除后，一些巴基斯坦神职人员祝贺塔利班"重振亚伯拉罕的传统"（Elias，2007）。第二年，白沙瓦的一家媒体通过印刷和发行日历来庆祝这一事件，该日历包括佛像爆破之前、爆破期间和爆破后的图像。日历的标题是偶像破坏者（But-shikan），这个词具有强烈的宗教历史意义。在某些方面，炸毁巴米扬大佛确实可以被理解为虔诚的伊斯兰行为。

然而就在两年前的 1999 年，毛拉·奥马尔曾承诺保护这些佛像。他认为，佛像并不属于偶像崇拜，也没有宗教理由来攻击它们。奥马尔说："政府认为巴米扬大佛是阿富汗主要的潜在国际游客收入来源。"塔利班声明巴米扬不应该被摧毁而是应受到保护（Harding，2001）。是什么原因导致了塔利班翻脸，让先前被认为无关紧要的宗教动机现在被用来证明这次袭击是正当的？

---

① 贾马尔·埃利亚斯解释了宣布和炸毁的时机在穆斯林宗教日历中的重要性。

在芬巴尔·巴里·佛拉德（Flood，2002：641-659）关于巴米扬事件的文章中，他指出巴米扬大佛的炸毁并不是中世纪宗教冲动的回潮。相反，塔利班很清楚他们摧毁的并不是宗教偶像。这些佛像本来就已破损，在一千多年前就已经脱离了宗教崇拜的功能。佛拉德推测塔利班摧毁佛像有其他的原因。塔利班政权在世界上仅得到三个国家的承认，并受到严厉的经济制裁，该政权一直在努力与国际社会建立联系。如他们自愿终止了阿富汗的鸦片种植，希望这能缓解对阿富汗的制裁。然而，塔利班一直拒绝交出当时在阿富汗避难的奥萨马·本·拉登（Osama Bin Laden），导致谈判破裂。联合国拒绝承认塔利班政权，并邀请被驱逐的流亡政府代表阿富汗。在联合国对阿富汗实施新的制裁之后，塔利班放弃了与联合国的协商。他们选择了一种戏剧化的行为来表明他们拒绝国际社会对他们的拒绝。

在题为《毛拉·奥马尔和博物馆》的文章中，佛拉德告诉我们，当塔利班宣布打算摧毁佛像时，纽约大都会艺术博物馆馆长菲利普·德·蒙特贝罗（Phillipe de Montebello）向塔利班恳求，让大都会艺术博物馆想办法将这些佛像带离阿富汗。他请求道："请让我们把佛像转移到艺术博物馆的背景下，在那里它们是文物，是艺术品而不是异教图像。"（Flood，2002：651）有人建议，如果佛像的存在冒犯了当前的统治者，可以把它们遮盖起来。面对当时国际社会的呼吁，塔利班拒绝任何妥协，其顽固态度表明他们打算摧毁这些佛像正是因为他们在阿富汗境外受到的重视。

塔利班还利用这个机会嘲笑了国际社会对这些佛像进行价值评估的价值观。事件发生后，毛拉·奥马尔颇为不真诚地表示："我们不明白为什么大家都这么担心……我们不过是打破了一些石头。"（Moore，2001）如果塔利班真的把这些视为石头，那么它们就不值得去破坏；正是因为知道这些佛像的价值，塔利班才花费巨大的代价摧毁它们。塔利班反驳了世界各地民众对佛像破坏表示的惊讶，他们声称对这个可以花费数百万美元用于拯救艺术品却同时又加强制裁以阻止必要的医疗供应并威胁人类生命的世界表示震惊。据报道，一名塔利班代表说："当你的孩子将要死在你面前时，你并不会去关心一件艺术品。"（Crossette，2001）

通过以宗教义务的名义来摧毁佛像，塔利班拒绝了偶像可以抹除其原始意义并被重新定义为艺术品的概念框架。正如佛拉德所说，"这里所涉及的不是字面上对宗教偶像的崇拜，而是作为文化偶像的崇拜"（Flood，2002：651）；不是对东方宗教的偶像崇拜，而是对西方的艺术崇拜。

从历史上看，这种艺术崇拜起源于西方的特殊时期，这是后启蒙运动对宗教危机的反应；曾经由宗教提供的精神升华后来转变为由艺术世俗化的提升来提供（Gell，1998：97）。而世俗艺术崇拜的圣地正是博物馆。博物馆是物品摆脱其早期宗教功能并成为现代公众纯粹审美对象的场所。随着博物馆在西方以外地区的激增，它们将在重新认识过去的艺术方面发挥关键作用。在主要居民是印度教徒、基督教徒或穆斯林的国家，博物馆淡化了佛教、异教徒或前伊斯兰教时代遗物的宗教意味，使其有可能成为被其他宗教接受的文化遗产。

遗产的博物馆化使其从特定的宗教背景中抽离出来，成为全民的遗产。这种博物馆化的逻辑终点就是"世界遗产"的概念，过去的艺术被视为全人类的遗产。虽然普适性的遗产概念早在 18 世纪就已经阐明了 [1]，但这在第二次世界大战后随着联合国的建立才制度化。1972 年联合国教科文组织提出《保护世界文化和自然遗产公约》，签署国受到世界遗产法律的约束。该公约为值得列入《世界遗产名录》的地点制定了标准。一旦一个纪念地或遗址被列入名单，国际社会对其不仅负有责任，也有管理义务。这些遗产地必须由经过批准的专家以授权方式保护，否则将面临称号被剥夺的风险。

但如果一个主权国家的想法不符合国际社会适度关怀的理念呢？ 国家愿景和其对遗产的规划之间可能出现矛盾，这些矛盾在该公约范围内已经被预料但未得到解决。世界遗产地的保护"……是整个国际社会的责任"，该公约中这样表述，"……同时充分尊重在其领土上（世界遗产地）的国家主权"（第 6.1 条）。

---

[1] 这一想法最早出现在 Quatremère de Quincy 的著作中，Quatremère de Quincy 是法国启蒙艺术评论家，他批评拿破仑掠夺艺术珍品。最新的翻译，请参见：Antoine Quatremère de Quincy（由 Chris Miller 和 David Gilks 翻译），*Letters to Miranda and Canova on the Abduction of Antiquities from Rome and Athens*. Los Angeles: Getty Research Institute，2012.

在巴米扬大佛被炸毁后不久，达里奥·甘博尼（Gamboni，2011）撰文指出，塔利班对佛像的毁灭"是对他们主权的挑衅性肯定"；通过打破佛像，塔利班"在它们身上行使了所有者最激进的权利"。但是，塔利班对主权的宣示不仅在领土和人民身上，还在阿富汗的价值观上占据主导地位。虽然毛拉·奥马尔明白这些佛像可能对未来的旅游经济有用，但他选择拒绝那种价值体系。因为佛像的遗产地位和潜在的旅游价值取决于拒绝承认塔利班与国际社会日益增长的互动，"……将某些物体与某些价值观联系在一起的行为……吸引了拒绝他们的人的侵略行为或被他们拒绝的人"。在这种情况下，甘博尼（Gamboni，2011）认为，"作为保护屏障的世界遗产概念可能会成为一个被攻击的目标"。事实上，正是国际社会保护佛像的意图催生了塔利班摧毁它们的想法。①

甘博尼的话是有先见之明的。在随后的几年里，世界遗产纪念地、考古遗址和博物馆中的藏品已经成为那些希望在国际社会制造轰动、表达拒绝态度的团体的目标。就在我写作时，伊斯兰国（ISIS）的武装力量正在剪辑毁坏摩苏尔博物馆以及赫达（Hattra）和尼姆鲁兹（Nimrud）遗址的视频。几年前，基地组织在马里（Mali）的分支摧毁了廷巴克图（Timbuktu）非凡的砖结构清真寺，并烧毁了一个藏有无价手稿的图书馆。马里伊斯兰组织的发言人安萨尔·戴（Ansar Dine）甚至警告说："从现在开始，一旦外国人谈及廷巴克图，他们就会攻击任何被称为世界遗产的地方。""根本没有所谓的世界遗产，"发言人说道，"它不存在，异教徒不能掺和到我们自己的事情里。"②

讽刺的是，正是在毁灭的那一刻，位于偏远阿富汗山谷的两尊佛像彻底成了"世界遗产"，成千上万以前不知道它们的存在的人发现自己有一种失落感。巴米扬出名了，在2001年底塔利班被驱逐后不久，"巴米扬山谷的风貌和考古遗迹"被列入联合国教科文组织世界遗产名录以及濒危世界遗产名录。

---

① 卢克·哈丁（Luke Harding）的文章告诉我们，在欧洲保护阿富汗遗产协会代表团与塔利班在坎大哈的外交部部长会晤后数小时，塔利班宣布将摧毁阿富汗的古代雕像。

② 《安萨尔·戴在摧毁更多的马里神殿》（*Ansar Dine Destroy More Shrines in Mali*），参见：*Al Jazeera News*，2012年7月10日。www.aljazeera.com/news/africa/2012/07/201271012301347496.html.

从那时起，阿富汗、法国、德国、奥地利、日本和美国的遗产保护者和考古学家就一直在巴米扬工作，不断发现，并试图保存和记录遗存。

佛像被炸毁的图像和信息在全球传播，事件发生后引起了全球性抗议，人们都在为保存在山谷里的遗存而努力，所有这些都让巴米扬事件看起来是两个二元对立面之间的斗争。将佛像视为世界艺术和世界遗产的一部分与（假设的）只能将它们看作偶像之类的东西成为现代与中世纪、文化与野蛮、世俗与狂热之间的分界线。但塔利班与国际社会的对抗实际上掩盖了第三个至关重要却经常被忽视的群体，他们正是塔利班这场行动的主要受众。这些生活在巴米扬的内部观众，他们是阿富汗人但不属于塔利班，他们珍视佛像但不是因为"艺术"或"世界遗产"，这让巴米扬大佛的毁灭具有了另一种意义。

巴米扬山谷是阿富汗少数民族哈扎拉人（Hazaras）生活的地方。哈扎拉的字面意思是"成千上万"，是为了纪念他们的先祖——12 世纪成吉思汗席卷该地区时留下的成千上万名士兵。最近的 DNA 测试证实，哈扎拉人确实是蒙古人的后裔（图 3–13）。不仅种族不同，哈扎拉人在文化和宗教上与大多数阿富汗人也截然不同。他们讲的是波斯语方言哈扎拉吉语（Hazargi），信奉什叶派伊斯兰教，被正统的逊尼派塔利班视为异端。作为一个宗教、种族和语言上的少数群体，哈扎拉人在阿富汗的现代历史中饱受歧视，在 1996 年至 2001 年塔利班统治期间遭受的迫害尤其严重。

哈扎拉人在巴米扬山谷生活了几个世纪，取代了早期的佛教居民，最终遗忘了佛像的原始意义。他们将巴米扬大佛作为自己遗产的一部分，并赋予它们新的含义。在山谷中发展起来的哈扎拉民间传说中，这些佛像与一位出身低微、名叫萨尔萨尔（Salsal）的英雄的爱情故事有关。他爱上了一位名为沙赫玛玛（Shahmama）的公主。当沙赫玛玛的父亲，即巴米扬的统治者知道他们的感情时，他为萨尔萨尔设置了两个挑战：让巴米扬山谷免受频繁的洪灾，击败困扰大地的龙。哈扎拉人认为附近的班达米尔湖（Band-e-Amir Lake）（图 3–14）上的大坝就是萨尔萨尔为了应对国王的第一个挑战而建造的。附近一个名为达亚阿甲儿（Darya Ajdaha），又名为龙岩（Dragon Rock）的岩石就是萨尔萨尔杀死的龙留下的石化残骸（图 3–15）。

（左）图 3-13　巴米扬山谷的哈扎拉农民。阿富汗的面孔系列。图片由史蒂夫·迈凯伦
（Steve McCurry）提供

（右）图 3-14　巴米扬附近的班达米尔湖，照片由亚当·瓦伦·莱文森提供

图 3-15　巴米扬附近的龙岩。图片由亚当·瓦伦·莱文森（Adam Valen Levinson）提供

得胜归来的萨尔萨尔要迎娶他的新娘。为了准备他们的婚礼，新娘和新郎住到了山上凿出来的两个石窟里。新郎的石窟挂着绿色的门帘，新娘的是红色。但是当婚礼之日来到，门帘被掀开时，萨尔萨尔已经死了，龙身上的毒由他的伤口进入，并在一夜之间杀死了他，萨尔萨尔僵硬的身体融入了山腰。看到他死了，沙赫玛玛发出一声惨叫，然后也死了。根据哈扎拉的传说，两尊佛像中较大的一个实际上是英雄萨尔萨尔的石化身体；小的那个是他的新娘沙赫玛玛。两人固化在山体上，陷入了永恒的分离。

这个故事将两尊佛像与环境元素——龙岩和湖上的大坝编织在一起，使它们成为巴米扬景观的一部分。在这个故事中，佛像不是由人创造的，它们就在那里，作为巴米扬山谷自然遗产的一部分（Reza，2012：24）。岩石、水、佛像，所有都充满了哈扎拉的意义。

也有一些哈扎拉人并不认为这些雕像是萨尔萨尔和沙赫玛玛的石化遗骸，他们认为是自己的祖先制作了这些雕像。当 12 世纪的入侵者破坏了雕像并摧毁了它们的面孔时，他们相信这是因为雕像的脸是哈扎拉人的面孔。几个世纪以来，哈扎拉人一直认为这些雕像与哈扎拉人共同承担着被征服的苦难，并保佑着他们。在俄罗斯占领期间，哈扎拉军阀阿卜杜勒·阿里·马扎里（Abdul Ali Mazari）甚至派士兵保护佛像。在马扎里于 1995 年被邀请他参加和平谈判的塔利班杀害后，哈扎拉战士抵抗塔利班，并将他们赶出了巴米扬。

在塔利班控制巴米扬山谷之后不久，佛像就被毁了。这一破坏旨在通过宣称塔利班的统治地位，摧毁哈扎拉的文化象征，破坏巴米扬未来经济发展的潜在资源，并让哈扎拉人心生恐惧。[①] 但摧毁佛像只是塔利班在巴米扬所做的一个方面，被搬上电视屏幕的炸毁行动是一场为了吸引公众目光的公关活动。在其阴影下的另一个方面，是对阿富汗少数民族的内部仇恨。在占领山谷后，塔利班立即开始屠杀哈扎拉人，以惩罚他们的长期抵抗，巴米扬周围

---

① 可悲的是，哈扎拉人被征召来帮助摧毁雕像。在最初的炮弹袭击未能炸毁佛像之后，塔利班迫使当地的哈扎拉人从悬崖上降下来并在雕像中钻孔以在其中放置炸药。见纪录片：*The Giant Buddhas*, a film by Christian Frei, Switzerland 2005, www.giant-buddhas.com.

的村庄被全面扫荡。[1]

随着哈扎拉人尝试在阿富汗的后塔利班时代重新发展，这些已经消失的雕像对于他们意味着什么，也许可以从雕像被回忆的方式来看。为支持哈扎拉而组建的非政府组织以沙赫玛玛和萨尔萨尔命名。[2] 2014年，当哈扎拉社区想要建造一座雕像以纪念他们的被杀领导人阿卜杜勒·阿里·马扎里时，他们把地点选在了佛像前，或许我们应该说是萨尔萨尔和沙赫玛玛曾经站立过的地方。这可以很容易看出纪念马扎里的雕像和悬崖上空龛之间的同源性。

在佛像被毁后的几年中，哈扎拉的艺术家、作家、诗人和电影制作人都沉溺于佛像的损毁，悲痛欲绝，同时批评塔利班，并希望佛像将来能回归到空龛中。[3] 其中值得注意的是扎尔梅·巴巴科希（Zalmay Babakohi）创作的名为"偶像的尘埃（Khak-e-Bot）"的超现实主义短篇小说，这篇小说最初用达里语（Dari，一种与哈扎拉吉语密切相关的波斯语）写成。在这个故事中，摧毁佛像的塔利班人被雕像上的灰尘覆盖，他们开玩笑说自己看起来就像他们毁掉的佛像，但当他们在河里洗澡时发现灰尘无法被冲走。不久这些人变得僵硬，最终，他们成了雕像。其他塔利班分子急于摧毁他们，但他们也一样被灰尘覆盖并开始石化。地面上堆满这些雕像，每一块鹅卵石都变成佛像，连云层也开始像佛像一样（Babakohi，2011）。

如果巴巴科希将佛像想象成一种通过接触感染的病毒，那么出生于巴米扬的超现实主义艺术家哈菲兹·帕克扎德（Hafiz Pakzad）提出了一个更简单的建议。他希望画一个巨大的佛像以填补空龛。尽管全尺寸的绘画没有被真

---

[1] 见人权观察关于阿富汗大屠杀的报告："Massacre in Yakaolang, January 2001"，www.hrw.org/reports/2001/afghanistan/afghan101-03.htm.

[2] 例如瑞典的沙赫玛玛和萨尔萨尔全国协会，致力于阿富汗、巴基斯坦和伊朗的少数民族权利；巴米扬的萨尔萨尔民事法律基金会（Salsal Civil Legal Foundation）经营一家名为 Salsal Weekly 的在线杂志。

[3] 参见 Syed Reza 的 Husseini。关于哈扎拉方面，包括有关萨尔萨尔和沙赫玛玛传奇的歌曲以及几位当代哈扎拉艺术家的作品。在同一卷中，Ankita Haldar 的论文 "Echoes from the Empty Niche: Bamiyan Buddha Speaks Back"（第 53–91 页）提供了其他人（大部分是非哈扎拉人）对佛像被毁的反应，包括短篇小说、电影、戏剧作品甚至史诗。

正实施，但他的大型画作现在正悬挂在吉美博物馆，作为对过去的回忆。

用哈扎拉吉语制作的第一部动画电影《山羊》（*Buz-e-Chini*）（图 3–16）想象了在巴米扬大佛被摧毁前发生的事件。它描绘了一个关于狼和山羊家族的哈扎拉寓言，展现了生活在巴米扬山谷中的动物。电影中的佛像完好无损，甚至它们的脸也没有被破坏。

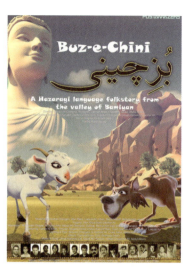

图 3–16　电影《山羊》（2011 年）的海报，这是一部关于巴米扬山谷的哈扎拉吉语动画电影

哈扎拉艺术家中最突出的是哈迪姆·阿里（Khadim Ali），一位来自巴基斯坦的哈扎拉艺术家，其精致的微缩画和编织地毯主题总是痴迷于巴米扬的空龛。在一个有恶魔居住的图像中，空龛赫然耸立在散落在山谷中的佛像碎片中；有些图像中，被击倒的佛像像是安然入睡一般；另一些图像中，空龛被重新安置了佛像或被绷带缠绕；还有一些图像中，空龛和克尔白（Ka'aba）① 融合为一体（图 3–17）。

图 3–17　哈蒂姆·阿里，《闹鬼的莲花》（*The Haunted Lotus*），2013 年。用水粉、墨水和黄金叶绘制在瓦斯里纸上，70 厘米 x 54 厘米。图片由艺术家和布里斯班的米兰尼画廊提供

---

① 译者注：克尔白或称卡巴天房、天房等，是一座立方体的建筑物，意即"立方体"，位于伊斯兰教圣城麦加的禁寺内（根据维基百科修改）。

　　作家、诗人和电影制作人只是提供了佛像的"回归"的隐喻，居住在巴米扬的哈扎拉人则表达了重建实际雕像的愿望。他们希望消除塔利班对其遗产的损毁，治愈创伤，展望未来旅游业可以带来更美好的日子。然而，雕像的未来仍然不确定。今天，在两座佛像的脚下，考古学家们搭起的棚子中存放着收集来的佛像碎片（图 3-18），但是大部分碎片已经找不到了。据估计，有可能将较小的那尊佛像的一半拼凑起来，但较大的那尊佛像的所有重要部分都不可能重建了。联合国教科文组织和世界文化遗产基金会等国际专业机构建议不要进行任何重建。由于原始雕像只剩余了很小一部分，任何的建造行为都不会是修复而是新建，这将导致该遗址"失去原真性"。①如果发生这种情况，巴米扬可能面临失去其"世界文化遗产地"称号的风险。专家们只赞成保留剩下的东西，稳定住空龛摇摇欲坠的壁面（图 3-19）。

（左）图 3-18　佛像的碎片，巴米扬。照片由亚当·瓦伦·莱文森提供

（右）图 3-19　2008 年，在巴米扬为了稳定较大佛像的空龛而搭建了脚手架。由来自阿富汗喀布尔的特雷西·亨特（Tracy Hunter）摄影，图片来自 Wikimedia Commons

---

① 世界纪念地基金会观察到：阿富汗官员表示有兴趣重建佛像雕像，从而恢复该地点的旅游潜力。虽然有些人认为有可能从幸存的碎片中重新组装两尊佛像中较小的一个，但是仓促重建两尊佛像不仅可能导致遗产地的真实性丧失，还会造成进一步的损害。详见：www.sacredland.org/bamiyanvalley/#sthash.qtoM4NPn.dpuf.

如果说佛像被塔利班以"行使最激进主权的权利"所摧毁（Gamboni，2001），那么今天国际社会的专家们似乎正在通过制定"全球"和"专业"监管标准来实行超级所有权。评估历史遗迹，并以严格的物质条件界定原真性，世界文化遗产官方成了"文化全球化的新正统"（Lanchet，2015），这将再次把巴米扬的未来从哈扎拉人手中夺走。塔利班摧毁了佛像，留下空洞。菲利普·德·蒙特贝罗希望让纽约大都会艺术博物馆救出佛像并将它们带到纽约，留下空洞。现在，遗产专家和保护者不鼓励重建佛像，同样只留下空洞。

印度，昌迪加尔

哈扎拉人重建巴米扬佛像的期盼可能被视为回归传奇历史的感伤愿望。在专业的遗产领域伦理中，这种历史回归是不允许的。但是，今天在许多博物馆和档案馆这些遗产专业监管的典范机构中，有可能看到专业人员因为尊重传统社区而退出。这些社区定义了应该处理、查看和保存与之相关的对象。这种情况发生在何处、何时？为什么会发生这种情况？

今天，许多西方博物馆邀请故事讲述者、仪式表演者和音乐家来到它们的展厅，重新复活展品，向观众传达这些事物曾经被使用的情境。这样做是为了体现多元文化主义。这样的表演可能会引起普通观众的兴趣，但博物馆更希望通过尊重博物馆所收藏的与移民或土著民族有特殊关系的展品来吸引特定观众。这种姿态是斯坦利·费什（Fish，1997：378-395）所谓的"精品多元文化主义"的一部分，它通过肤浅、丰富和易于消费的方面来凸显另一种文化的差异，因而并不威胁到收藏文化自身权威或信仰的深层结构。但多元文化主义已经对博物馆产生了更深刻的影响。在后殖民主义和多元文化主义兴起后，对一种文化收集和阐释的权利受到了质疑。有时，各种文化群体将"不同但平等"作为最终追求，在更深层次的结构层面上渗透到制度中，我们现在拥有的博物馆不再依赖自己的权威，而是以适当的方式咨询来源地社区，以便在展厅中展示和描述展品，或者在保存时充分尊重它们。有时，对仪式用途的尊重决定了博物馆的一些展品不再向外人展示。有时社区被允许在库房甚至展厅中进行仪式，以维持展品的灵魂。甚至有些博物馆放弃了拥有某些文物的权利，承认收藏它们是一种暴力行为，这些物品应该归还来源地。有时社区要求归还用于仪式用的物品，不论是否有展品物理损毁风险；有时社区会声明物品将按照传统习俗销毁。在博物馆的伦理中，展品的物理形态保存至关重要，这样的做法是将展品投入了新的生命或新的死亡中。

针对美洲原住民、澳大利亚土著居民和毛利人，这样的方案已在美国、加拿大、澳大利亚和新西兰实施。几个世纪以来，这些土著社区一直是严重的内部殖民统治受害者。随着人口的减少，土地和资源权利的丧失，这些原住民被迫转变生活方式，儿童与家庭以及社区分离，语言、信仰和文化萎缩，社区对自己的物品失去控制权，这甚至包括了先人的遗体，因为他们的坟墓被视为"考古"遗址，坟墓内的遗物被带走并被放在博物馆进行科学研究。在北美，据估计仅史密森学会就拥有超过 20 万件来自墓葬的文物以及超过33000 具美洲原住民的遗体。①

随着政治环境的改变和新获得的公民权利，土著群体最终在 20 世纪末开始有能力干预这种情况。1990 年，美国原住民墓葬保护与归还法案（NAGPRA）在法律上界定了美洲原住民群体关于其祖先遗骸以及仪式中使用的重要物品的权利。根据这项法律的规定，如果美洲原住民群体可以证实博物馆藏品中的遗骸或仪式物品属其祖先的主张，博物馆有义务将其归还给主张人。②

这些文物或人类遗骸被送回社区时发生了什么？人类遗骸总是在葬礼后被埋葬，这标志着它们从"标本"变回成"人"。另一方面，文物可能具有以下任何一种生命的延续：在社区建造的博物馆中展示，或者被保存在神社中并根据制造它的初始意图应用在仪式中，或者在经历某个仪式之后被销毁。社区可能会销毁物件的物质外壳，但在这种情况下，物件的意义已经远远超越了其物质外壳本身。2007 年，当美国印第安人国家博物馆向亚利桑那州的

---

① 这个领域的文献现在很多，参见：McKeown, 2012。
② 关于 NAGPRA 实践的困难，参见 Weaver, 1997。

一个阿帕奇（Apache）社区归还了包括面具和其他文物在内的 38 件物品时，人们特意在运输包装箱上留了呼吸孔，因为面具和其他物件被认为是有灵魂且活着的（Fletcher，2008）。从回归开始的那一刻起，这些藏品就离开了人工制品的世俗框架，具备了神奇的魔法力量。这种归还是一种深刻的多元文化主义行动，博物馆西方的、科学的、启蒙主义的框架不再是强加于物作为唯一有效的方法，而是退回到有利于原社区自己的实践和信仰中。

博物馆这一自我批判行动的良好意图不应该被忽视，并且有必要鼓励，使这些归还促进可能的大政治环境的变化，因为它们标志着一段可耻的历史的结束。然而，随着原住民的返还权利成为一种既定的范式，并在其他地方被实施，有必要暂停并重新评估其影响。我想这不是一个适用于所有地方的公式，每次通过让原住民社区在他们自己的意愿下重新建构物品以试图表达尊重并不总是一件好事。

对这种归还模式首先产生的不满可能是这样的：人们可以争辩说，这种资本对原住民的象征性归还掩盖了那些没有被归还和赔偿的东西。人类遗骸、摇铃和面具的归还，让我们充满了当地人做了"正确"事情的感觉。但不得不问，文化领域的这种象征性行动是如何成为一个舒适区，从而豁免我们从其他重要经济方面所采取行动的道德问题，例如恢复矿权或土地本身。

第二个不满是，博物馆开始向作为本国公民的原住民社区归还物品时，却持续无视将同样神圣或重要的物品归还给其他国家的团体的呼吁。那些关注文物归还争论的人知道，希腊人、尼日利亚人和贝宁人是在这个问题上呼声最大的几个团体，但没有哪个收藏大量争议文物的西方博物馆，接受将这些东西返还其他国家的呼吁，即便他们认为将藏品返还给自己国家的少数民族在道德上是必要的。

但更重要的是，我相信这些行为是博物馆保持自我安全感时才会表现的姿态；例如当提出要求并且要求得到满足的社区是一个相对较小的社区时，对权力结构不会产生什么影响。为了清楚地看到这一点，让我们考虑一下当提出归还要求的原住民社区不是一个在权力结构中的少数人，而是一个可以对外部产生真实伤害的强大群体，又会发生什么。有鉴于此，分析返还原则如何使用是有必要的。

像印度这样的国家为研究这种"深层多元文化主义"的含义提供了良好的基础。其复杂的社会与不同的利益集团混杂在一起，少数群体和主流人群都使用身份政治的语言和受害者的表现来争夺关注度、权力或政治基础。在这里，人们可以更多地看到在宗教复兴主义和情感创伤在公共领域的冒犯行为中以愤世嫉俗的方式被滥用。本章的第三个也是最后一个故事，是一个与我自己的社区——锡克教徒社区有关的故事。

锡克教被公认为印度第四大宗教，占印度人口的2%。它也是最年轻的宗教之一，创始于16世纪，是一个遵循古鲁（可以理解为上师）指引的宗派。在18世纪早期，当锡克教徒的第十位和最后一位古鲁临死时，他的追随者会问谁将接替他。古鲁·戈宾德·辛格（Guru Gobind Singh）说："让这本书成为你的古鲁。"他可能是希望让锡克教徒（字面意思是"学生"）受到历任编纂这部著作的古鲁的指导。但是锡克教徒从形象和字面两个角度听从了他的话。大多数锡克教徒都读过这本书，他们称之为《古鲁·格兰特·萨希卜》（ *Guru Granth Sahib* ），其中古鲁（Guru）的意思是精神领袖，格兰特（Granth）的意思是书，萨希卜（Sahib）的意思是主。锡克教徒将这本书视为一个活生生的存在，并发展出了一套行为准则来应对古鲁的物理需求，其方式类似于印度教徒对待他们神龛中的神像。这本书被小心地保存在谒师所——一种锡克教寺庙，任何人不能坐在比格兰特更高的座位上（图3–20）。所有进入存放格兰特空间的人必须赤脚并且遮住他们的头。当格兰特被打开时，侍从应该在它上面挥动拂尘，就像古代统治者所受的待遇那样。在分发给会众之前，祭祀食物首先要供奉给格兰特。在日常仪式中，早晨要以仪式化的方式打开格兰特以唤醒它并为它披上干净的衣服，晚上则要关上它并将它置于襁褓中让它安息。在一些谒师所中，这本书晚上会在一个单独的卧室里。格兰特的衣服非常精美。在家庭神龛里，例如我家的格兰特会在夏天穿薄薄的平纹细布，冬天则穿我母亲为它编织的厚厚的羊毛衣服。当这本书变得陈旧破烂时，它会得到一个隆重的葬礼，其中包括为期七天的第一次沐浴仪式，然后穿衣、火化，最后挥洒其灰烬。

由于这种对待《古鲁·格兰特·萨希卜》的传统方式，人们很难找到旧书或早期版本。昌迪加尔的一位学者通过说服锡克教寺庙保存而不是销毁这些圣典以更好地服务锡克教徒，从而搜集到了一批罕见的格兰特。1999 年，他将他的藏品赠送给昌迪加尔博物馆，我们的故事将在那里展开。

图 3-20　德里的 Sisganj Sahib 谒师所，展示了保存圣书"格兰特"的宝座平台。图片来自 Wikimedia Creative Commons 英国埃塞克斯郡伊尔福德的哈利·辛格（Hari Singh）

昌迪加尔博物馆在其手稿展厅中自豪地展示了格兰特系列，几年中一直相安无事（图 3-21）。直到 2003 年，一位准备参选锡克教委员会的当地政客与新闻界的随行人员一起突然进入博物馆，坚称博物馆亵渎了锡克教的圣书。该名政客说，这些书在谒师所穿着衣服并受到敬畏对待，只在宗教上适当的时候开放。而在博物馆中，它们被完全打开，裸露在任何人的眼前。博物馆对参观者没有着装要求，而谒师所遵循严格行为准则来处理这些书。

这一事件发生在锡克教徒占人口多数的旁遮普省，当时执政的是锡克教的右翼政党。此外，在 20 世纪 80 年代和 90 年代，该地区曾遭到哈利斯坦运动的破坏，该运动试图建立一个独立的锡克教国家。哈利斯坦运动是一场暴乱，最后被暴力镇压，但这一动荡记忆在每个人心中仍然鲜活。因此，当抗议政客带领支持者前往博物馆时，博物馆管理层决定谨慎对待。他们请来一位神职人员，让他举行将书关闭并包裹起来的仪式，并将这些展品放置在与其他谒师所中沉睡的《古鲁·格兰特·萨希卜》相同的位置。

图 3-21　昌迪加尔博物馆，手稿展厅。　照片由图利·阿塔克（Tulay Atak）提供

毫不意外地，几个星期后，当地穆斯林社区的代表来到博物馆表达了他们的反对意见。穆斯林社区认为，当他们的圣书"古兰经"在博物馆的玻璃柜里打开陈列时，为什么锡克教的书享有特权？博物馆随后也合上了古兰经并用布包起来。现在，当参观者进入昌迪加尔博物馆的手稿展厅之前，有一块告示牌要求他们脱鞋并盖住头部，就像进入寺庙或清真寺之前一样。一旦进入展厅，他们就会走过一个展柜，却看不见任何展品（图 3-22）。

我们在昌迪加尔博物馆的手稿展厅中看到的并不是真正地将文物从博物馆归还到社区手中。相反，我们从博物馆与原住民的碰撞中看到了另一个我们熟悉的现象。当原住民遗产无法从博物馆中脱离，而博物馆仍然希望尊重社区对物件的信念时，博物馆会向社区长者咨询处理和对待这些文物的合适方法。当一个平原印第安人群体要求渥太华的加拿大文明博物馆确保处在经期的女性不得接触某些文物时，这生动地说明了这种结合两种不同参与模式的尝试所导致的矛盾。对于博物馆来说，按照当代性别平等和隐私保护的要求，几乎不可能满足这种要求（Phillips and Berlo，1995：6-10）。实际上，人们不得不考虑在这种情况下应该做什么，谁的权利受到了威胁。

图3-22 《古鲁·格兰特·萨希卜》和古兰经手抄本被包裹起来后被陈列在昌迪加尔博物馆手稿展厅，照片由图利·阿塔克提供

当圣典在非信徒的视线中消失时，昌迪加尔博物馆发生了什么？锡克教社区的成员要求博物馆里的圣典应该像神庙里的圣典一样被对待。由于其圣洁的身份，这些手稿在展厅中不能被观看但也不能完全隐形。对这些神圣的书来说，任何不符合神圣要求的观看都是不恰当的。附着在物件上的神圣性永远不会脱落。

在印度出现了许多宗教物品作为艺术品陈列在博物馆里的争议，学者们向抗议者指出，对于大多数传统宗教而言，神圣性是一种必须维持在物件内部的属性，当物件不再被崇拜、物件被破坏或不完整时，其神圣性将不复存在（Jain，2011：53）；大多数宗教传统都有自己的对物件去神圣化的规则，以宣告物件仪式生涯的结束，但这样的说法并不足以令人信服。因为在政治化宗教信仰的新形式中，传统只是被用来制造基于情感创伤骚乱的工具，而不是用来遵循的。

在一篇名为"受害者的欢乐与危险"的文章中，伊恩·布鲁玛（Ian Buruma）对我们这个时代政治中的求助感进行了深刻的分析。他说：

"历史编纂慢慢变得不再寻找事情的真相，或试图解释事情是如何发生的。不仅因为历史真相无关紧要，根本没有这样的事情已经成了一种普遍的假设。一切都是主观的，或是社会政治建构。因此，我们研究记忆，历史是一种感受，尤其是受害者的感受。通过分享他人的痛苦，我们学会了解他们的感受，并与自己的感受相联系。"（Buruma，1999：4-8）

布鲁玛让我们检视这种感觉优先于事实的后果：它将把我们导向哪里？对我而言，玻璃展柜中的置于襁褓中圣典的形象是两种政治制度之间争斗的产物。玻璃外壳的构造允许视觉上无阻碍的观看，但又禁止了参观者触摸展品；包裹物品的襁褓，其柔软的面料却又引诱着手指与其触碰。这是客观与主观、科学与信仰、分析与奉献之间的对抗。

博物馆、玻璃展柜和历史研究构成的世界将圣像变成雕像，将圣典变为历史手稿。这一祛魅的过程被一群锡克教徒拒绝了。但是，我认为祛魅本身会编织起自己的魔力。当它使圣像成为雕像，或者使圣典成为手稿时，它将它们从特定的宗教背景中提取出来并使它们可供所有人所用。它允许一个印度教的文物，或一个伊斯兰教的文物，变成我的遗产，即使我是一个锡克教徒。因为它通过艺术、技能和历史兴趣的共同点让我能够欣赏这件文物，使我和我的印度教邻居拥有平等的利益。它使我们处于一个以共同的人道主义且人人平等为框架的基础上。这是我们的人权观念所依据的基本假设。

相反，物的重新结界，重新成为其原生社区具有特殊的、魔法的、精神上的和宗教上的力量的物体，是一个阻止他人与之产生联系的过程。通常情况下，博物馆里那本格兰特象征性的关闭会导致圣典真正的关闭。在过去的十年里，随着锡克教身份政治的加剧，研究锡克教和锡克教历史的学者们受到了社区希望监管他们研究的巨大压力。哈约特·辛格·奥贝罗伊（Harjot Singh Oberoi）曾担任温哥华不列颠哥伦比亚大学锡克教研究的领头人，他的著作《宗教边界的建构》中记录了某些社区领袖如何在 20 世纪初塑造独特的锡克教身份。因为奥贝罗伊的书证明锡克教的身份认同在 20 世纪才开始发展，并且在过去并不纯粹，他面临来自锡克教社区的巨大压力，最终不得不辞去主席职位。另一位学者，来自密歇根大学安娜堡分校的帕肖拉·辛格（Pashaura

Singh，2000）出版了一本关于格兰特历史的书，研究了圣典不同的校订，并展示了权威版本是如何演变的。结果他被称为异教徒并被大祭司逐出教会，他和他的家人受到死亡威胁。2008 年，当他被加州大学河滨分校聘用时，大量的锡克教徒前往校园抗议对他的任命（McLeod，2004）（图 3–24）。

图 3-24　2008 年 9 月 28 日，锡克教团体在加州大学河滨分校抗议对帕肖拉·辛格的任命。照片来自 NRIPress.com

　　从这些案例中可以清楚地看出，即便是社区成员也会被社区当作外来者。当锡克教学者采用学术和历史的方法研究时，他们变成了外来者，他们研究宗教物品的权利受到质疑。对于抗议者来说，宗教物品只能用于信仰，而不能用于历史探索。

　　我用了锡克教的例子，但其实在当代印度，印度教徒、穆斯林、锡克教徒、上层种姓、低级种姓——似乎所有人都陷入一场竞争性的紧张局面中。在这场比赛中，最大限度地抗议伤害他或她的感情的人可以实现最强烈的主张或成为其社区的领导。在英国，多元文化主义是在满足更加包容的社会需求的基础上发展起来的。然而锡克教群体对多元文化主义的规范和修辞的利用，把它变成了排斥和分裂的工具。关于原生社区有权管理和论断关于所有来自其传统对象的话语的说法是一种原教旨主义。尽管它表现为一种传统的行为，但必须意识到，它实际上是一种彻底的当代行为。它求助于传统，以便在身份政治时代支撑其政治权力。它拒绝服从于博物馆的分类法，以证明社区有权要求特殊地位。如果博物馆的展品因此从观众的视野中消失，不要忘记，抗议的行为是为了吸引媒体注意而进行的，这让展品的"消失"本身变成一个过于有存在感的事件。

结语

我在本章中提到的每个故事都表明，两个不同的阵营在历史文物的正确处理方面存在争议。在孟加拉国，抗议者将自己视为爱国者，保护国家财富免受法国博物馆的破坏。在阿富汗，塔利班将佛像解读为偶像崇拜，拒绝将它们视为世界遗产的艺术品，并以宗教义务的名义进行破坏，以应对西方强加的国际孤立。在印度，一个宗教少数群体的代表质疑博物馆将他们的圣典作为历史手稿，并坚持认为它只能存在于宗教仪式的框架内。

起初，这些事件似乎是熟悉的敌人之间的冲突彩排：爱国者与国际主义者，传统主义者与现代主义者，少数民族社区与多数派国家之间的冲突。但是，当我们检查每个案例的微观政治时，每个案例都能看出更多东西，而不是我们原来理解的刻板印象。就孟加拉国而言，我们发现抗议者抨击西方博物馆，是因为在他们艰难的政治环境中，这是他们可以安全攻击的唯一目标。在阿富汗事件中，我们所听到的咆哮，巴米扬大佛的毁灭，旨在向国际社会掩盖哈扎拉的种族灭绝。在印度，来自少数群体的领导人确保他们抗议对圣典去神圣化时媒体在场，他们的真正目的是营造舆论，以获得宣传和政治利益。

我讲述这些故事是为了警醒我们因善意而为我们所认为的少数群体和被剥夺权利的人说话。我们为少数民族对抗强大的多数民族呼吁，为对抗强大国家的宗教团体呼吁，为传统价值观对抗去神圣化的国家或国际遗产制度呼吁。但是，我们的良好愿望不应让我们忽视这样一个事实，许多传统社区传统上是父权制、种族主义、仇外或充斥着歧视的；许多后殖民主义政体是残酷和腐败的。他们是历史的受害者，也有可能迫害别人。在这些故事中，东西方之间、强者与弱者之间、神圣与世俗之间的一系列争论都被嵌入复杂的地方政治中。经过仔细研究，这些冲突的每一次开始都不仅仅是东西方之间关系的一个插曲，也是东方和西方阵营在东方内部动员的结果。

在所有这些情况下，博物馆和"世界遗产"的领域成了一个将文化从其传统和所在社区中拔除的目标。但从历史上看，这种脱离并不是一种诅咒；相反，它一直是博物馆激进力量的源泉。毕竟，博物馆诞生于乌托邦式的再分配中，在这个乌托邦中，少数人拥有的珍宝变为全民所有。这种再分配只有通过物件从源生地的脱离，通过改变可以看到珍贵文物的方式，或者改变它们的合法所有权来实现。

在普遍主义不再流行的今天，博物馆代表着多元文化主义的觉醒。但那些偏爱多元文化主义的人陷入了两难境地，先前被剥夺权利的少数民族利用其不断增长的权力公开宣称他们有权实践其文化中不被广泛接受的那一面。当我们在这个道德的雷区中摸索时，我们发现我们的普遍主义本身是相对的：相比普遍性，普遍主义其实是特别的，它是一个由跨国社区支持的文化形式和信条，它以自己的方式追求人权、平等主义和民主。

反对如今复兴的部落主义，我们除了并不新鲜且受到重创的普遍主义之外还有什么？是什么让我们认为人人在阳光下是平等的？博物馆是否仅仅是一个小而脆弱、四面楚歌的飞地，表面上支撑表达我们的现世主义、平等权利的获取和法律面前人人平等？在一个观点转变和相对价值观的多元文化世界中，让我们争取一个可以掌握我们共同启蒙精神的一席之地。

参考文献

［1］ Alam S. The price of priceless objects［EB/OL］. (2007-11-29)［2015-4-14］.https://
shahidul.wordpress.com/2007/11/29/the-price-of-priceless-objects/.

［2］ Babakohi Z. The idol's dust［EB/OL］. Words Without Borders, (2011-05-01)
［2015-06-05］. https://www.wordswithoutborders.org/article/the-idols-dust.

［3］ Buruma I. The joys and perils of victimhood［J］. New York: The New York Review
of Books, 1999, 46(6): 4-8.

［4］ Crossette B. Taliban explains Buddha Demolition［J/OL］. New York: The New
York Times, (2001-03-19)［2015-06-02］. http://www.nytimes.com/2001/03/19/
world/19TALI.html.

［5］ Elias J J. (Un) making Idolatry: From Mecca to Bamiyan［J］.［S. l.］: Future
Anterior, 2007, 4: 12-29.

［6］ Fish S. Boutique multiculturalism, or why Liberals are incapable of thinking about
hate speech［J］.［S. l.］: Critical Inquiry, 1997, 23(2): 378-395.

［7］ Fletcher K R. The road to repatriation［EB/OL］. Smithsonian Magazine, (2008-11-
25)［2015-05-04］. www.smithsonianmag.com/heritage/the-road-to-repatriation-
98420522/#ssXWHzpZ54e2WeC3.99.

［8］ Flood F B. Between cult and culture: Bamiyan, Islamic iconoclasm, and the
museum［J］.［S. l.］: The Art Bulletin, 2002, 84(4): 641-659.

［9］ Gamboni D. World heritage: shield or target?［EB/OL］. Conservation: The Getty
Conservation Institute Newsletter, (2011-02-16)［2015-03-29］. www.getty.edu/
conservation/publications_resources/newsletters/16_2/feature.html.

［10］ Gell A. Art and agency, an anthropological theory［M］. 1st edition. Delhi: Oxford
University Press, 1998.

［11］ Harding L. How the Buddha got his wounds［EB/OL］. The Guardian, (2001-03-03)
［2015-03-27］. www.guardian.co.uk/Archive/Article/0,4273,4145138,00.html.

［12］ Jain J. Museum and museum-like structures: the politics of exhibition and nationalism in India[C]. name-aam.org/resources/exhibitionist/back-issues-and-online-archive, 2011.

[13] Karim E. Safeguarding our history[EB/OL]. The Daily Star, (2007-03-21) [2008-03-03].http://archive.thedailystar.net/magazine/2008/03/03/cover.htm.

[14] Lanchet W. World heritage[C].[2015-04-01]. www.ucl.ac.uk/dpu-projects/drivers_urb_change/urb_society/pdf_cult_ident/ESF_NAERUS_lanchet_world_heritage.pdf.

[15] McKeown C T. In the smaller scope of conscience: the struggle for national repatriation legislation, 1986-1990[M]. Tuscon: University of Arizona Press, 2012.

[16] McLeod H. Discovering the sikhs: autobiography of a historian[M]. Delhi: Orient Blackswan, 2004.

[17] Mohaiemen N. Asterix and the big fight[M]// Rand S, Kouris H. Playing by the rules: alternative thinking / alternative spaces. New York: Apexart, 2010: 131-142.

[18] Moore M. Afghanistan's antiquities under assault[J]. [S. l.]: Washington Post Foreign Service, 2001, 3.

[19] Morgan L. The Buddhas of Bamiyan: the wonders of the world[M]. London: Profile Books, 2012:15.

[20] Phillips R B, Berlo J C. Our museum world turned upside-down: re-presenting native American Arts[J].[S. l.]: The Art Bulletin, 1995, 77(1): G-10.

[21] Reza H S. Destruction of Bamiyan buddhas: Taliban iconoclasm and Hazara response[J].[S. l.]: Himalayan and Central Asian Studies, 2012, 16(2): 15-50.

[22] Sand O. Masterpieces from the Ganges Delta[EB/OL]. Asian Art. (2012-04-08) [2015-4-10]. http://asianartnewspaper.com/article/masterpieces-ganges-delta.

[23] Selim L R. On the possibility of cultural property: the Musée Guimet controversy and case study of events in Bangladesh[J]. [S. l.]: Journal of the Royal Anthropological Institute, 2011, 17: 176-191.

[24] Singh P. The Guru Granth Sahib: canon, meaning and authority[M]. Delhi: Oxford University Press, 2000.

［25］Rezwan. The Musee Guimet Controversy［EB/OL］. (2007-12-01)［2015-4-13］.
http://rezwanul.blogspot.com/2007/12/musee-guimet-controversy.html.

［26］Weaver J. Indian Presence with No Indians Present: NAGPRA and its discontents
［J］.［S. l.］: Wicazo Sa Review, 1997, 12(2): 13-30.

关于作者

卡维塔·辛格，1964 年生于加尔各答，曾在印度和美国研究艺术史。于 2002 年在新德里贾瓦哈拉尔·尼赫鲁大学艺术与美学学院任副教授，于 2015 年晋升为教授。她的研究领域是印度的微型画、博物馆及艺术机构的理论，侧重于全球化、民族主义、少数民族以及遗产返还等主题。辛格教授对全球主义与普遍主义、地方文化之间的紧张关系特别感兴趣，广泛发表了关于这一主题的文章。同时亚洲、锡克教和印度艺术，包括历史和现代艺术也在她的研究领域之内。她还在印度和美国（圣地亚哥、纽约）担任客座典藏研究员，并在世界各地（欧洲、亚洲、北美、中东）讲学。自 2009 年以来，她一直是意大利佛罗伦萨马克斯·普朗克学会艺术史研究所的合作伙伴。

Critically Exploring Heritage and Museums

Voices from Reinwardt Academy Amsterdam

垃圾理论

有毒废弃物与文化遗产

马科斯·布塞尔

我们所说的"遗产"，不管是有形的还是无形的，无论是理念也好还是记忆、事物或实践也罢，都反映着人类希冀保存或回溯的愿望。从这一角度来看，保存这一行为通常被视为将遗产传递至下一代。因此，一种积极且跨越世代的连续性应运而生。但是，世代传递间也需要符合自然的变化与发展；这便是赫拉克利特所说的"万物流转"的例证之———一切事物都处在变化之中。

但有些东西是我们断然不愿保存的，另外还有那些恼人的不快体验，从不好的记忆到大屠杀的噩梦——其中主要有两种短暂的体验，一种是生物性质上的变质，另一种是如包装、废弃物及垃圾这些转瞬即逝之物。除非升华至道德训诫，如纪念大屠杀或其他战争的纪念碑，而除此之外的所有东西便归入遗忘的范畴，即一种非遗产的状态。只有极少数的情况下，一些物能够重新被发现而成为珍品，这可以说是一种意料之外的重获价值。这种机制首先由迈克尔·汤普森（Michael Thompson，1979）研究并在其著作《垃圾理论：价值的生产与毁灭》（*Rubbish Theory：The Creation and Destruction of Value*）中提出，它反映了"博物馆化"（musealisation）的过程。这说明在世代传递的过程中，现实会随着我们的意愿不断地改变，这的确是一个棘手的问题。这也是 20 世纪工业化生产模式下导致垃圾与废弃物造成消极后果的根源所在。化学制品和放射性废弃物能够存在上百万年，这从侧面反映了进退维谷的道德责任裹挟下的非遗产形式。2015 年的春天，罗马教皇弗朗西斯一世为此颁布了一份特殊的教皇通谕《愿你受赞颂》（*Laudato si'*）来共同关心我们的家园。

瑞士地理学家马科斯·布塞尔作为研究者已在废弃物管理领域活跃了40余年。他向政府、实业家以及整个社会提出了发人深思的问题：我们如何向后代警示当今的高危废弃物？这个问题并不仅仅牵涉到政策制定者或是工业技术人才。我们面对的是，在这一问题之下隐藏着的道德挑战，这需要更多领域的共同努力；而其中擅于积聚并传递物之意义的文化遗产专家应成为先驱。

而关于文化遗产和危险废弃物的反向关系已见诸以往的讨论与研究。如在荷兰，杰拉德·鲁贾克斯（Gerard Rooijakkers）教授便在2003年的卡特拉讲座上强调了这一关系[1]。他提到了两座荷兰核电站所在地——鲍塞尔（Borssele）的未来，他使用了"危险场域"（hazardscape）这一词语，这和最近用来形容大屠杀的词条"恐怖场域"（terrorscapes）遥相呼应。在对不受欢迎的遗产的处理及沟通上，国外的文化遗产界开始逐渐转向，如英裔瑞典考古学家科尼利厄斯·霍尔托夫（Holtorf and Högberg，2014：315-330）。但是，对于他们的疑虑，无论是鲁贾克斯还是霍尔托夫都只能说是旁观者，不同的是，布塞尔作为资深的核资源决策小组成员，绝对称得上是"第一人称"的行动者。

这不是个甜蜜的故事。前景似乎是暗淡的，而破坏的力量却一直不断。在2015年瑞华德学院举办的纪念讲座的讨论环节上，一位观众对布塞尔表现出来的明显乐观的展望产生了质疑，在面对如此沮丧的问题时，为什么他会有这样的态度呢？布塞尔回答道："作为一名地理学家，我的确花了很长一段时间来思索，因此，几百万年似乎不太能吓唬我。同时，我还是个音乐家。"最后一句话让我们注意到讲座当晚他播放的背景音乐，那是一首茱莉亚·塞沃娃（Julia Schiwowa）唱的法文歌《遗忘》（L'Oubli），而歌词和吉他伴奏都是由布塞尔本人完成的。

里默尔·克诺普

瑞华德学院文化遗产学教授

2015年7月，于阿姆斯特丹

---

[1] Rooijakkers G W J, *Rituele depots. De droesem van het leven*, Gravenhage: Nationaal Archief 2004.

首先让我来解释一下今天的主题——作为文化遗产的有毒废弃物。你们来到的是纳沙泰尔湖（Lake Neuchâtel），它位于瑞士汝拉山（Jura Mountain）山脉南部，是瑞士境内最大的湖。在马格德林文化（Magdalenian）晚期，即最后一个冰河世纪晚期——也被称为乌鲁姆冰川期（Würm Glacial Stage），捕猎野马和驯鹿的猎人在他们露营的火堆边留下了祈祷用的骨头遗迹。这些营地，包括那些骨头都被保留至今（图 4-1），它们在约 15000 年之后被发现。这是一个反映人类处理垃圾状况的极好案例，或者可以说成是缺乏垃圾处理能力的例子：废弃的早期形式，当时不可回收的物品被随意抛弃；而并不夸张地说，这样的行为模式一直持续至今。

图 4-1　瑞士纳沙泰尔 Laténium 石器时代遗址的垃圾。图片来自 Rosmarie Zurbuchen

　　可以说垃圾成了人类跨越年龄与文化的一个忠实而具有挑战性的"伙伴"。考古学家们已经发现了携带处理垃圾信息的无数遗存，从新石器时代、特洛伊以及罗马城的发掘到中世纪直至现代的发掘，我们都能看到上述随意抛弃垃圾的缩影。文字上也有相关记载，印象最为深刻的描述来自哲学家塞涅卡（Seneca，公元 1 世纪），他在《自然问题》（*Naturales Questiones*）中对普遍的地下水污染问题进行了思考[①]。在艺术领域，这一主题被索苏斯（Sosus，公元前 2 世纪）精致的镶嵌永久地保留下来，同时在古代地中海世界作为插画广为复制与传播（图 4-2）。索苏斯一开始是想描绘出覆盖着野兽遗存的房间地板。这一行为——随意丢弃垃

图 4-2　宴会中的残羹冷炙，罗马镶嵌，梵蒂冈（公元 2 世纪初）。图片来自 https://commons. wikimedia.org/wiki/File: Restes_du_banquet,_mosa%C3%AFque.jpg

---

① L. Annaeus Seneca, *Naturales Questiones* iii 26 (5~8): 在卡里安 Chersonessos 中有一个喷泉⋯⋯偶尔从其深处排出污秽排泄物。在一些地方，水井中排出的不只是泥，还有叶子、陶器的碎屑以及其他肮脏的东西累积其中。海里也同样如此。在麦散那和米拉的区域，当海水在风暴中翻滚时，在海滩上便会出现某些类似排泄物并带有恶臭气味的东西。

圾——通过无数世代的复制而流传至今。但是，一种对垃圾在认知与观念上的转变在如今悄然而生，虽然垃圾还始终被认为是令人不悦的、肮脏和不受欢迎的。在我今天的展示中，垃圾的社会属性将从另一个侧面展现。我不会将重点放在有毒废弃物或是技术遗产对于未来社会的重要性等方面，而是聚焦至垃圾本身。它作为一种展现人类起源性质的产品，必须被视为文化遗产的一种类型，即使现在看来，这样的遗存本身带有消极的特性，且实际上反映了一类恼人的遗产，它与人类历史上伟大的成就相比形成了惊人的反差，这是因为世界上几乎所有的艺术作品均是反映伟大的人物和文化活动的，而这些伟大的创造让我们深表自豪地去颂扬。

感知的转变

近几十年来，工业化国家的人们越来越意识到废弃物所造成的问题。在涉及的众多因素中，我认为有四个原因值得注意：技术、规模、政治和文化乐观主义。

过去 200 年的技术发展和相关的废弃物特性变化是第一个也是最重要的原因。纵观人类历史，直到工业化初期，大多数废弃物都是"自然"产品，通常在分解时重回"自然"状态，与近年来的工业废弃物相比，其性能与之前大不相同。值得注意的是，随着 19 世纪初化学的出现，特别是有机化学的传播，之前从未在自然界中出现过的材料开始被合成。这些材料具有特殊的固有性质，如耐火性、生物有效性或溶解性，包括：用在工业产品、日常生活用品和农业产品中的材料以及用作军用武器的产品；用作杀虫剂的 DDT 或林丹（Lindane）[①]；用于战争中的有毒喷雾剂——"橙剂"（Agent Orange）/二噁英（Dioxin）或芥子气（Mustard Gas）、液压流体或油漆中的多氯联苯（Polychlorinated Biphenyls），或已用作溶剂数十年的氯化烃类（Chlorinated

---

[①] 丙体－六六六，一种强效的致癌杀虫剂，在世界范围内的化学垃圾场较为常见。

Hydrocarbons）。这些物质不胜枚举。此外，我们不应忘记核技术所发挥的"关键"作用，同时，危险物质的定义，与倾倒或储存这些有毒残留物的场所一样广泛（图4-3）。

图4-3 瑞士汝拉省邦福勒垃圾场（Bonfol Dumpsite）的化工废弃物。
图片来自 Republic and Canton of Jura, Switzerland

因此，我们到了第二个原因：那就是这一问题的普遍性。废弃物，特别是有毒废弃物，不是一个边缘性问题，它经常出现在我们的生活中。它是一种普遍的、完全可见的或可检测的现象，无论我们的感知如何，这都发生在工业化国家、新兴国家或发展中国家中。用于制造基础设施、建筑物和产品的大量材料和能源也普遍出现在废物流和垃圾处理场中。虽然我们中的大多数人可能没有意识到或者不愿察觉，但我们所在的城市和乡村中的确都设有废弃物处置场所①。

这就把我们带到了第三个原因，即工业社会的生产逻辑以及由此产生的环境和社会危害管理。熟悉工业和技术史的人都清楚，从工业化开始以来，生产逻辑方面几乎没有变化。这可以归因于工业生产方法的固有属性，而不论是资本主义还是共产主义或其他，都不能归咎于政治制度。技术史并不是科学技术史，而是资本利用科学技术以整合的方式服务于其利益的一段历史（Strasser and Traube，1982：242-334）。因此，环境污染的历史也可以算是这种整合的结果。近几十年来对环境的巨大破坏刺激了创新思维，如从雷切尔·卡森（Rachel Carson）的开创性著作《寂静的春天》（*Silent Spring*，1962）开始（图4-4），到立法修正案，以及发展中国家制定的具体预防措施。

图4-4　雷切尔·卡森的著作《寂静的春天》封面。图片来自http://www.rarebooksfirst.com/silent-spring-first-edition-rachelcarson-first-printing-1962/

污染预防和"污染者付费"原则现已得到各国议会和国际组织的充分认可，被致力于作为可持续发展的原则。然而，事实仍然是价格决定市场。废弃物，作为不希望被生产的残留物，应该尽可能少

---

① 参见：2014 NEA/RWM report *Preservation of Records*, *Knowledge and Memory across Generations (RK&M). Loss of Information*, *Records*, *Knowledge and Memory –Key Factors in the History of Conventional Waste Disposal*, Nuclear Energy Agency, March 2014, http://www.oecd-nea.org/rwm/docs/2014/rwm-r2014-3.pdf.

地或最好不产生任何花费。废弃物，从最现实的意义上来说，就是一种浪费。这适用于通过碳氢化合物燃烧或通过集约化畜牧业排放到大气中的气态废弃物[1]，还适用于通过下水道或由于强化施肥排入河流和地下水的液体废弃物，以及各种生产和消费过程产生的固体残留物。在这方面，我们与祖先几乎没什么不同，因为我们目前的社会系统也仅能勉强地去处理这些残留物。我们稍后会回到这个问题，这个问题将对子孙后代产生巨大的经济影响，并最终揭示出基于短期利益的经济之不合理性。

缺乏意识的第四个原因与进步的想法有关，其自启蒙时代以来一直盛行，特别是蔓延到技术和科学领域中（Bury，1920）。自欧洲工业化以来，奥古斯特·孔德（Auguste Comte，1798—1857年）的实证主义科学理论在所有领域，包括科学、技术和社会领域和各个层面都得到了普及和发展。人们认为，一切都只是为了取得进步，而马克思主义思想家对该信念提出了怀疑，但这些怀疑仍然是小众的，同时并没有产生什么影响（Sorel，1911）。对于美好未来的憧憬一直占主导地位，包括在废弃物处理的问题上。例如，英国核燃料有限公司的前首席执行官在瑞士电影制片人埃德加·哈根（Edgar Hagen）的纪录片《前往世上最安全的地方》（*Journey to the Safest Place on Earth*）[2]中宣称，在核能利用的早期，废弃物问题并不重要。他说，那时的重点放在电力生产上，废弃物问题则放在之后再考虑，因为废弃物问题被认为是可以解决的。这种认为技术进步可以解决所有技术问题的持久信念也在瑞士联邦能源部前主任的声明中再次引起共鸣，他在1979年的一次研讨会上宣称："今天，瑞士的废弃物问题肯定尚未解决，但是我们相信——瑞士可以解决废弃物问题。"（Kiener，1979：88）

---

[1] 如温室气体、沼气的排放。

[2] *Journey to the Safest Place on Earth*, Production: Mira Film GmbH, Director: Edgar Hagen. 100 min. documentary 2013.

从随意丢弃到送入太空

在过去几十年里，专家、商界领袖和政策制定者们一次又一次地表达了他们对解决废弃物问题的信心。而它与实际执行的废弃物管理办法形成了奇怪的反差（图4–5）[1]：将废弃物倒入废水池和垃圾场中，在矿山上掩埋，或将其排入水中。如果你认为这种办法只用于家庭或建筑废弃料时，那么你就想错了。几十年来，人类文明所带来的大量最危险的废弃物都是这样处置的，甚至是核电废弃物，尤其是核电站和核武器生产所产生的废弃物。几百平方英里或更大的地区就是这样被污染的——只要想想美国华盛顿州汉福德（Hanford）或苏联乌拉尔马雅克车里雅宾斯克城（Mayak Chelyabinsk）的核电厂就知道了[2]。举个例子，在田纳西州橡树岭（Oak Ridge）三大美国原子弹工厂中的第二大工厂，放射性废弃物被"有条不紊"地排至环境中，包括掩埋沟（Alley and Alley，2013：52，62，133ff）或集水池等（de Laguna，et al，1958：23-51）。

随着问题的增多，处理放射性废弃物的概念变得更加可笑。各有关方面终于充分意识到从这种废弃物中产生的严重辐射风险。显而易见的是，将这种废弃物倒入废水池、专用集水池或排至海洋（图4–6）并非长久之计。大概从30多年前，也就是20世纪80年代，针对不良废弃物，人们提出了诸多古怪而荒谬的废弃物处置概念，包括：在海洋中稀释放射性物质[3]；在由原子

---

[1] 参见：2014 NEA/RWM report *Preservation of Records*，*Knowledge and Memory across Generations (RK&M).*
Loss of Information，*Records*，*Knowledge and Memory –Key Factors in the History of Conventional Waste*
Disposal，Nuclear Energy Agency，March 2014，http://www.oecd-nea.org/rwm/docs/2014/rwm-r2014-3.pdf.

[2] 在1943至1970年间持续的对于美国加利福尼亚的汉福德反应堆的潜在泄漏清理项目，在2013年被估算共花费了150亿美元（参见：http://en.wikipedia.org/wiki/Hanford_Site）。苏联马雅克钚生产基地于1957年发生的克什特姆灾难可以说是有记录以来人类核历史上第三大严重的核事故（参见：http://en.wikipedia.org/wiki/Kyshtym_disaster）。

[3] 对于海洋稀释，可参见：Glueckauf E,Le problème à longue échéance de l'élimination des déchetsradioactifs, in Nations-Unies，*Actes de la Conférence internationale sur l'utilisation de l'énergie atomique à des fins pacifiques* (Genève 1955)，1956.

（左）图 4-5　瑞士侏罗圣毓勒桑 Fours a Chaux 旧矿山上的有毒废弃料桶。图片来自 Republic and Canton of Jura, Switzerland

（右）图 4-6　大西洋北部放射性废弃物的倾倒。图片来自 Pierre Gleizes (Greenpeace)

弹造成的空洞中熔化热废弃料和岩石 [DUMP 项目（Milnes，1985：46-48，Fig16）][1]；在南极冰中处理高放射性废弃物（Philbert，1961：263-284），将废弃物送入太空[2]（Ford，et al，1974）。尽管提出了各种奇怪的概念，但最终执行的仍是简单的废弃物倾倒法，即废弃处理和掩埋。

　　"临时储存"是逐渐被认可的第二种战略。但是，它意味着废弃物处置问题并不迫切，因此也向广大公众传达出了一种虚假的安全感。在过去 60 年间，30 多万吨因高级燃料而产生的重金属被存储在"临时储存库"中，而且这种做法离最终解决仍遥遥无期。这更加令人不安，因为大多数有具体规划的储存库项目需要几十年甚至更长的时间才能得到落实。

① 垃圾处置方法综述详见：Buser M，*Hüte-Konzept versus Endlagerung radioaktiver Abfälle: Argumente，Diskurse und Ausblick*，Expert report for the Swiss Federal Nuclear Safety Inspectorate 1998，ensi. ch/1411388694/huete-konzept-98-scn.pdf.

② 由于太空飞船挑战者号（1986 年）和哥伦比亚号（2003 年）的事故，空间回收已经渐渐不再纳入考虑范畴。

脏乱的地球

由于放射性废弃物和化学毒性废弃物的存在，人类确实面临着前所未有的挑战。关键的并不是废弃物的量，而是所谓的高等有机体带来的危害或其毒性，以及危害的持续时间。这同时适用于有害废弃物和核废弃料，虽然放射性废弃物的处置更复杂。这两种废弃物的毒性都很大，且还有两个很棘手的特性。

首先，随着时间的推移，它们的成分会发生转变。举个例子，持久性有机污染物通过化学或细菌分解，或通过暴露于光线下被转换成所谓的"代谢物"。这些转换产物的毒性有时要比源物质大得多。同样的原理适用于严格遵守物质衰变定律的核废弃料衰变链。但是，尽管物质与工序有所不同，结果却是类似的。垃圾混合物的成分会随着时间而改变，因而解决方案的实施变得特别具有挑战性。高放射性废弃料的毒性曲线显示了各种有害物质随着时间的变化——如图 4–7 中的"锕化物"（锕系元素）（actinides），也包括众所周知的钚同位素（plutonium isotopes）。

其次是危害的长期性。有机危险废弃物的危害可持续长达千年，放射性废弃料的危害可持续长达几十万或几百万年，稳定的重金属危害则是永久的（图 4–8）。通过在时间上从后向前的测量，我们会慢慢意识到这种废弃料在何时会造成严重的危害。关于放射性废弃料，它们的寿命至少是人类的 5 倍。人类就好像古希腊萨莫撒塔（Samosata）的卢西安（Lucian）（公元 2 世纪）小说中的"魔术师的学徒"（sorcerer's apprentice）——他能在几个世纪内将我们的星球变成肮脏的猪圈。① 基于这种认识，人类活动的社会后果得以衡量——对此我想展开深入解释，让我们先从思考人类的行为道德和责任开始吧。

---

① Lucian，*Philopseudes* 34-36，参见：http://de.wikisource.org/wiki/Der_Lügenfreund_oder_der_Ungläubige。
歌德在他的诗歌《魔法师的学徒》（1797）中使用了这一主题，同时华特·迪士尼也在其动画电影《幻想曲》（*Fantasia*）（1940 年）中有所反映。

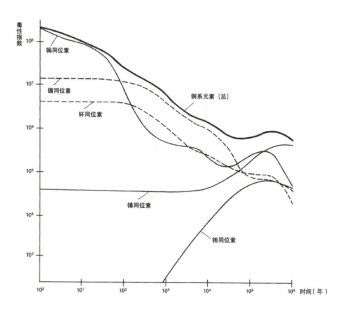

图4-7 高放射性废弃物中锕化物随着时间的毒性变化（对数）。超铀元素中不同长寿同位素的衰变非常慢：100万年内，锕化物的毒性指数只下降了1000。图片来自 Verband Schweizerischer Elektrizitätswerke (VSE), Gruppe der Kernkraftwerkbetreiber und –projektanten (GKBP), Konferenz der Überlandwerke (UeW), Nationale Genossenschaft für die Lagerung radioaktiver Abfälle (1978): Die nukleare Entsorgung in der Schweiz, 9. Februar 1978. Copyright Nagra 1978

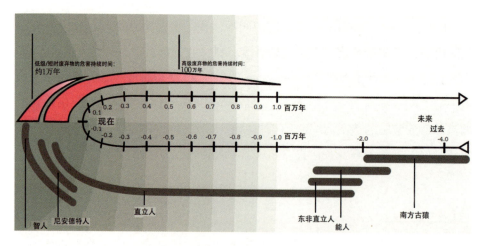

图4-8 放射性废弃料处置的时间跨度，图片来自马科斯·布塞尔

责任感和"超越认知范畴"

现代伦理学或旧伦理学所反映的对善良的追求均与社会进程共同发展。我们的文化，常常受到犹太－波斯（琐罗亚斯德教）价值观的影响，而后来主要受到希腊哲学思想的熏陶。对于正确行为的追寻在历史的每一个时期均有出现，同时它仍然在我们现代社会流行。而 1945 年 8 月在日本上空抛落的两颗原子弹震惊了世界，其动摇了当时人们内心的观念（图 4–9）。很多在研发一线的核物理学家十分震惊，这可以反映在被捕的德国核能科学家在剑桥田庄中秘密获取的对话（von Schirach，2013），他们不敢相信竟然会用到这一"武器"。首位追溯原子弹发展历史的记者罗伯特·朱克（Robert Jungk）提到，原子弹的戏剧化冲击以及接下来由它导致的严重伤害，如随着遭受原子弹袭击的日本相关图片资料陆续披露而出，其反常地导致了"公民责任感的持续走低"。在他 1963 年出版的书中（Jungk，1963），朱克引用了 1947 年爱因斯坦发表的演讲，其最后沮丧地提到"公众要意识到核战争的危机"，而我们并不能阻止它或尝试着去全面抑制这样的警告。这样的经历深深地影响着两位德国哲学家，一位从纳粹德国逃离，而另一位则将人类的责任放进了研发的第一线，他们是汉斯·约纳斯（Hans Jonas）和京特·安德斯（Günther Anders）。

汉斯·约纳斯和京特·斯坦恩（Günther Stern，后来他自称为京特·安德斯）在弗莱堡从学生时代开始就认识彼此，当时胡塞尔和海德格尔是他们的老师。作为犹太人，他们和汉娜·阿伦特（Hannah Arendt）（她是这两位哲学家的好朋友，也许和他们都有着一段浪漫的故事）一样思索着大屠杀的严重后果。这个濒死的国家机器由邪恶、细碎的权力以及具有毁灭性的体制所驱动，这样的分析坚定了这两位哲学家的观点，这种长期的毁灭性后果源于体制的固有性质。虽然他们有着不同的哲学分析方法，如安德斯的《落后的人类》（*The Outdatedness of Human Beings*，1956）和约纳斯的《责任原理》（*The Imperative of Responsibility*，1979），这些思想家辨别出技术发展的核心元素

图 4-9　1945 年 8 月 9 日在长崎上空爆炸的原子弹——"胖子"。图片来自 https://de.
wikipedia.org/wiki/Atombombenabwürfe_auf_Hiroshima_und_Nagasaki

与有权和无权之间的关系。原子弹、极端暴力和全能已经从根本上改变了我
们对于"现代技术本质"（海德格尔的一个理论）的理解。未来不再是开放的；
核武器的全球威胁变得普遍而长久（Anders，1984 : 108ff）。约纳斯因此重拾
了进步的内在观点，这最早见诸启蒙运动时期的文献，同时揭示了进步的观
点与发展原则的相互关系，这一直对如今的"自由市场经济"发展起到作用。
另外一个重要的方面是约纳斯对于科技行动作用的感知，他认为未来的道德
标准将与这些行动的程度相挂钩（Jonas，1984 : 64，199ff）。他期待一个"长
期责任标准"的出现，于是强调了任何带有长期影响的技术问题之重要性。
但是，约纳斯也认为认识是前进在这条道路上的第一步，他写道："一旦风险

未知，你不知道需要保护什么以及为何保护……"那么，"我们只能在危急关头才反应过来什么是危险的"（Jonas，1984：63）。

京特·安德斯支持更为激进的观点。原子弹及其影响逐渐成为他的研究主题，其两本出版物深刻而简明地直指该主题，他的第一本书《核威胁：激进的考量》（*Die atomare Drohung. Radikale Überlegungen*）出版于 1972 年，其中提出了核时代的理论，并通过揭露人类技术生产量与评估技术影响局限之间的巨大矛盾，公开抨击了社会对于灾难的漠视。他写道："我们实际上颠倒了乌托邦的含义：当乌托邦不能生产想象时，我们同样不能想象我们生产了什么。"他称这样的矛盾为"普罗米修斯差距"[①]（Promethean Gap），同时将造成这种漠视的原因归于"超越认知范畴"，即"超出引发行动的范畴，如禁止机制"（Anders，1984：96ff）。这一"超越认知范畴"的概念极好地与内在的人类行为以及环境状态（包括气候、微污染物、塑料工厂、滥用水资源以及生物灭绝和废弃物污染等）相契合。我们面对的是相同的问题产生机制和人类的防御策略，而安德斯用"漠视灾难"（blindness to the apocalypse）（Anders，2011）来形容这一体制。和约纳斯一样，在 1962 年核装备竞赛和古巴导弹危机下，他用了担惊受怕（fear）来形容并评论道："关于核危机，一个恼人的事实是实际上导致这一危机产生的原因在于我们并没有或很少将其看作是危机，同时我们当然也不能将其与 19 世纪无产阶级受到的压榨与剥削相提并论从而感同身受。"因此，安德斯强调了极为基本的事情，即我们很难洞悉将来行动的影响。"超越认知范畴"实际上指的是：人类的大脑一开始便不是被设计来处理如此复杂的体系，我们的情感和共情系统在一定的临界点会自动失去作用。从我们的经验中便能窥之一二：我们能切实地想象 735.2 欧元，因为这些钱的概念深深地植根于日常生活中。但是人类的大脑如何能想象 1.4 万亿美元（在 2008 年金融危机时这笔钱瞬间蒸发）？或换句话说，1400 个十亿或者 1.4 个百万的百万美元。这样的范围远超我们的认知。如果我们不能正确地

[①] "普罗米修斯差距"缘起于普罗米修斯，在希腊神话中，他从上帝那里盗取火种到人间，而在人类科技发展的语境下，其被用来形容生产和想象之间的差距。

评估财政价值，那么，我们怎么能够期望去正确认知有毒材料和核危机给我们带来的影响呢？

令人沮丧的一面

这一讨论使我们认识到现实和梦想的世界之间存在着巨大的差异。真理和现实仍然是极具挑战性的话题。20 世纪许多思想家对现实的建构和解构进行了分析和印证，他们发现人类轻易接受超出理解范畴的事物，而将这一观念应用到环境，尤其是废弃物世界，我们首先会发现有能力且负责任的机构和政治经济决策者存在着一种极其普遍的天真。金融世界和环境问题之间的比较很惊人。一个有趣的事实是，两者最严重的后果尤其显示出惊人的相似之处。专家和政客们总是低估现实，认为"环境灾难永远不会导致重大损失"或者"环境从来没有真正受到影响"。如果发生一场灾难，比如福岛核事故，其后果被减轻、淡化或掩盖。就像在金融领域一样，没有人为痛苦买单，如果仍要有人承担责任的话，罪魁祸首自然出现在较低级别中。例如，在过去 10 年里，尽管造成数十亿美元的损失和数十亿美元的罚款，瑞士大型银行的管理人员并没有正式公开和汇报。根据这种模式，当今时代高科技所造成的损害以及其应承担的责任早已和经济主导型社会达成和解并讳莫如深。

现在，我想凭着 40 多年的专业经验让大家对垃圾世界有个大致的了解。我几乎从未遇到过为自己的误判和错误承担责任的领导人。没有人会为瑞士邦佛或克林肯的大型危险废弃物场的灾害承担责任，这些场地目前正在以数亿欧元的成本进行修复（图 4–10）①。在核领域，尽管科学家甚至安全部门发出警告，但自 1969 年以来开发的所有瑞士核废弃料库选址计划都被放弃了。1979 年，地质学家汉斯 – 海尔格·尤尔根斯（Hans–Helge Jürgens）和他的团

---

① 参见：http://www.swissinfo.ch/eng/dumping-grounds_communitiescope-with-serious-contamination/38134858 (14 March 2013).

队预测了汉诺威附近的 Asse 盐矿（现已废弃）实验储存库的不稳定性，但这被当时的负责人尽可能快地抛到了一边。这一担忧现在已得到证实，因为水已经渗入受损的矿井，因而必须修复该矿场，这将耗费数十亿欧元的公共资金。然而，那些警告过这种情况的人受到了惩罚，而那些该负起责任的人却得到了奖励。

图 4-10　瑞士邦佛大型危险废弃物场的清理和重建。图片来自 Jean-Louis Walther

　　这样的例子不胜枚举：由于垃圾填埋场的地下土是可渗透的，几十年后，土地开始向环境和地下水排放污染物，并将持续排放数百年甚至数千年。老盐矿含有剧毒的化学废弃物，而我们却错误地认为从长远来看，进水是可以控制的。一旦实施了这种策略，大众关注的兴趣就会减弱，这些废弃物很快就会被遗忘。公众并不特别关心这些程序背后的实践操作和原因。如果必须得出结论，生产机器背后的逻辑将被戏剧性地打乱。然而，真正发生的是，这些问题并没有被解决而是被传递了下去。这对我们的后代来说是猝不及防的，他们最终不得不收拾我们留下的烂摊子。

希望之光：作为回收者的人类

对任何可再利用的材料来说，人类可以说是一个出乎意料的优秀回收者。因此，我们期待在废弃物管理的道路上同样也能发挥作用。从最早期开始，正如考古学证据揭示的一样，人类利用了几乎所有先辈们留下的东西（图 4-11）。在描述北非突尼斯凯鲁万城的大清真寺时（图 4-12），作家居伊·德·莫泊桑（Guy de Maupassant）描绘了一幅令人印象深刻的人类回收和重新设计的图景："在整个世界中，除了这座原始而迷人的建筑，我只知道三座给我留下惊奇而震撼印象的宗教建筑（圣米歇尔山、威尼斯的圣马可大教堂以及巴勒莫的帕拉丁教堂）……而这里完全不同：一群游

图 4-11　意大利比萨大教堂的重新利用的罗马建筑一角。图片来自马科斯·布塞尔

荡的信徒，他们没有能力拔地新建，后来他们到了祖先所在之地，使用祖先留下的遗迹以及任何美丽的事物，从碎石与废墟中建造出一座为上帝而建的房子——一座由摇摇欲坠的城市碎片建造而成的房子，但它完整而华丽，像是最伟大工匠的极致创造。"（de Maupassant，1957：56）

没有一个地方能对这伟大的回收再利用能力置之不理，就连非物质文化遗产也不例外，从简单的文字和字母到观点、理念和智慧的财产，几乎任何事物的重新利用都能作为例证。至少近几十年来的"罪恶"将会被补救，正如第一次环保清洁运动建议的那样。当然这些都不是免费的，所有的花费仿佛给我们当头一棒，诸多补救项目的费用比当初废弃物处理的费用要多百倍。而将我们的问题留给未来意味着阻碍后代的发展并留下螺旋式上升的花费——从这个方面来说，我们不得不遗憾地承认"超越认知范畴"是最恰当的形容。

图 4-12　突尼斯凯鲁万城清真寺主街道，摄于约 1899 年。图片来自 https://commons.wikimedia.org/wiki/File:Mosque_in_the_main_street_-_Kairouan_-_Tunisia_-_1895.jpg.

负面影响：长期的坟墓

　　除建筑材料外，废弃物种类的管理将更加困难。对于大气、土壤和地下水中的微粒物质，或在我们的"塑料星球"海洋中漂浮的千万亿种塑料以及所谓的"海洋塑料进入海洋垃圾带的途径"，大自然需要长达数百年甚至数千年才能完成清理。核能和原子弹，制造并产生出了最危险的人为废弃物，对于它们的清理前景更加黯淡。迄今为止，尚无已认证的技术可以消除这些物质，从技术、风险、时间和成本来看，核工业声称的放射性核素转化的保证并不乐观。从目前来看，无论是受污染的场所还是特别关注和保护的场所，高放射性废弃物将永远伴随人类的未来。今天，普遍一致的意见是将这些废弃物储存在 500 至 1000 米不同深度类型的地质基岩中（图 4-13）。当然，这个概念与相应的挑战并存，几十年前，这些挑战已经在广泛的科学研究中得

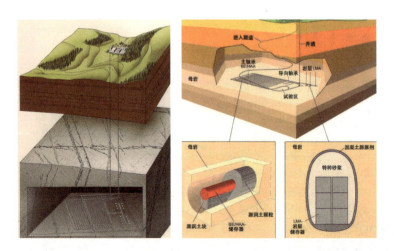

图 4-13 瑞士处置方案中放射性废弃物的处理概念。左图为水晶岩中高级废弃料的储存库。图片来自 Nagra，1985年。右图为奥帕林纳斯（Opalinus）黏土中乏燃料、高级废弃料和长期存在的中级废弃料的储存库。图片来自 Nagra，2008 年

到认识和探索（Kaplan，1982；Trauth，et al，1993；Posner，1990）。

　　未来极有可能面临着深层储存库被侵入的危险，这恰恰暴露了欧洲大陆处置方式的致命弱点，这种做法无情而迅速地导致了保护议题在表面上得到解决和处理。大家可以参考路易斯安那州佩尼奥尔湖深坑灾难的短纪录片中这些事件的力量和影响。1980 年，由于石油钻探失误，一个深盐矿排入了一整座湖中，摧毁了周边 26 公顷的土地，耗资 4500 万美元（由德士古公司庭外解决）。这场灾难记录下了矿山对约 200 毫米直径的单孔穿透的脆弱性。[1] 这些事件在根本上令负责储存规划的科学家和机构感到不安。20 世纪 80 年代初，美国科学家开始着手解决保护储存库免受入侵的问题，并发表了大量论文，其中涉及了几千年来诸如信息传输和警示等问题[2]。这是一个艰巨的挑战。石器时代的巨石纪念碑（图 4–14）和其他古代的纪念性建筑如金字塔或寺庙，

[1] 参见：http://www.youtube.com/watch?v=ddlrGkeOzsI. 故事详见：http://en.wikipedia.org/wiki/ Lake_Peigneur.

[2] Buser M, *Literature survey on Markers and Memory Preservation for Deep Geological Repositories*, Nuclear Energy Agency，OECD，17 December 2013，R (2013) 5，23 ff. 详见：http://www.iaea.org/inis/collection/NCLCollectionStore/_Public/45/107/45107594.pdf.

被用作指引规划的地面警示信息。美国的"标记研究"中有使用约 1 米高的花岗岩钉对储存库表面进行加固的方案（图 4-15）。

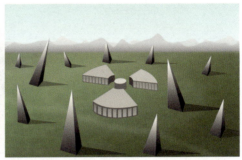

（左）图 4-14　葡萄牙埃武拉地区安塔·格兰德·德·扎布吉罗（Anta Grande do Zambujeiro）巨石时代纪念碑。图片来自 Rosmarie Zurbuchen
（右）图 4-15　美国自 20 世纪 80 年代早期开始为放射性废弃料储存库设计标记概念

　　带有警示性内容或保护性标志的象形图（图 4-16）和表意文字被分散并大量放置在储存库中，用来阻止并防止未来的人们钻取或打开储存库。视觉艺术家们也被这个任务所吸引。维也纳美术学院（Academy of Fine Arts）教授安东·莱姆登（Anton Lehmden）是最早提出这一草案的专家之一。他指出，放射性废弃料应该储存在直径几十米的巨大钢球中，也就是所谓的"原子蛋"（atomic eggs）中，周围是厚厚的混凝土墙（图 4-17）。但钢或塑料能"存活"下来吗？我们已经提到了回收的可能性，但这将主要适用于有价值的材料。意识形态方面也可能危及这些遗址，例如阿富汗巴米扬的佛像、马里廷巴克图的坟墓以及最近在伊拉克北部的宁录和尼尼微的亚述人遗址。对上述事件的评估显示，意识形态和象征性的建筑物尤其岌岌可危。然而，人们对古迹的兴趣减退和对古迹的废弃将很快导致这些遗址被遗忘，并导致警示系统的中断。

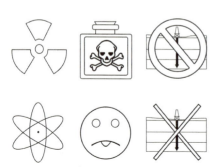 

（左）图 4-16 警示符号。图片来自 Daniel Schmider
（右）图 4-17 20 世纪 90 年代早期放射性废弃料储藏模型——"原子蛋"。图片来自
Nagra Bulletin No. 30, August 1997

保留记忆和长期管理

当今社会，我们日渐意识到保存跨代知识的需求。因此，多种可选择的信息传递方式被进一步审视。在此，1990 年出版的《对遥远未来的警告》（*Warnings to the Distant Future*）一书成为第一个思考原子符号学相关问题的尝试（Posner，1990；Buser，2010），这也在《孤独一万年》（*Ten Thousand Years of Solitude*）（Cfr.Benford，et al，1991）中被提到，其不仅从一个全局整体的视角而且也从一个有争议的论点出发。

上述思考与探讨所得出的关键收获对我们当今的生活产生了重要影响。对于未来的机构来说，一种选择是将信息传递给下一代，同时保证其在未来的较长一段时间内起到保护人类的作用。几十年来，对于"废弃物的监护"逐渐被"知识的监护"所替代。核能的时代潮流发展唤醒了越来越多的"信徒与支持者"群体，原核联盟深信核能可以一直扮演知识承载者的角色。核社区的"浮士德式交易"[①]（The Faustian Bargain）导致了对"原子能神化"

---

① 译者注："浮士德式交易"指的是浮士德与魔鬼进行了一项交易。魔鬼将满足浮士德生前的所有要求，但是将在浮士德死后拿走他的灵魂作为交换。后来引申指牺牲或放弃道德、精神或长远价值来换取财富、权力或眼前利益。

（Weinberg，1972：27-35）的辩护，而这样的神化被严重质疑。另外还强调长期储存库的信息传递责任——该提议遭到了核能反对者的强烈批评，同时甚至被符号学者质疑（Sebeok，1984：3；Blonsky，1990：169-186）。但是，一个恼人的问题随即产生并始终被热议：我们怎样才能向后世警示高危废弃物的存在？新的模型和术语体系保证了跨代的安全以及记忆过程。一些学者提议"新的保护"，同时也提到了被关闭储存库"极少"的知识承载角色（Voigt，1984：265-267）。即使出现了一系列的千禧年主义[1]（Weinberg，1999：531-539），相比之下，其他人则提倡每百年左右实行一套可靠的体系。在最近的 15 年间，科学界倾向于一种可靠的系统，它被称为"长期管理结构"（long-term stewardship，图 4–18）（Tonn，2001：255-273）。

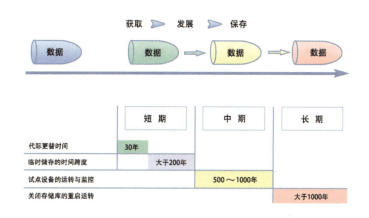

图 4-18　长期管理结构，数据传输案例。图片来自 Daniel Schmider

　　但是知识与记忆真的能从一代传递给下一代吗？我们从过去持续的结构体系中吸取了什么教训又获得了什么知识？我们从过往经验中吸取并采用的方法

---

[1] 关于千禧年主义和乌托邦，详见 Minois G, *Die Geschichte der Prophezeiungen*, Düsseldorf: Patmos/
　　Albatros，2002。译者注：千禧年主义是某些基督教教派正式的或民间的信仰，这种信仰相信将来
　　会有一个黄金时代：全球和平来临，地球将变为天堂。人类将繁荣，大一统的时代来临以及"基督
　　统治世界"。千禧年的到来并非意味着"世界末日"，可以认为千禧年是人类倒数第二个世代，是世
　　界末日来临前的最后一个世代。

和手段能否保证可持续的管理以及长期安全稳定的结构？我们是否可以形成自己的理论？可靠体系的挑战和危机何在？我们真能在极长的时间跨度中将长期记忆与管理联系起来吗？这一任务是庞大的，并且仍然缺乏基础架构。

科学家和核社区之间的争论反复提出：像梵蒂冈修道院这样的机构应承担起提供结构性时间跨度和连续性的证据。然而，这些例子是一个糟糕的选择，尤其是在确保连续性方面很容易被证实是错误的。社区，尤其是那些有意识形态内容的群体，很容易发生变化，正如许多先例说明的那样。建立稳固的社会结构需要制定和实施规范的规则和文化守则。随着时间的推移，执行这些规范准则的特定机构需要将信息规范化，因此需要将语言、形式和内容规范化。而这正是教会长期存在的问题，因为当教会和法典被转移到一个新的价值体系时，它们可能会过时。因此，通过上千年来传递信息的行为注定会失败。

另一方面，技术基础设施可提供一种更可靠、更成功的方式执行任务，因为它们专门从事水坝、桥梁、渡槽的归档、供应、维护与森林管理。良好的历史例证证明了在艰难环境中行动的连续性和技术设施的寿命。最引人注目的例子如至少有 2500 年历史且至今仍在运行的罗马马克西姆以及萨摩斯的尤帕利诺斯供水系统与所有希腊、罗马和阿拉伯的渡槽，它们证明了这样一个事实：至少某些基础设施可以长期持续维护和保存（图 4-19）。因此，这些例子很好地表明文化遗产可以与保护后代免受这些废弃料污染的任务相联系。

图 4-19　法国加德桥的罗马渡槽。图片来自 Daniel Schmider

此外，我们已经讨论了一些模型，这些模型可以用来说服当地社区执行向后代传递信息的任务。目前，美国能源部和经济合作与发展组织（OECD）核能机构的指导委员会正在制定策略，建立一个积极的、社会支持的、涉及当地社区的中继系统。[①] 但是任何需要定期重新编码信息的方法都存在错误编码和信息丢失的风险。此外，程序上的方式也强调了哪些信息可通过仪式、传说、神话和民俗来进行传递。

展望

这些思考将我们重新带回了汉斯·约纳斯和京特·安德斯简明扼要的反思上，他们认为我们的社会应该重新审视自己，同时为行动负起责任。但是，当把工业社会排放的数以万计的有毒废弃物考虑在内时，对于我们以及百年后世而言，实则任重而道远。这一任务无可非议地组成了文化与智能发展的一部分，该过程会逐渐出现，同时对于社会行动而言并没有绝对的"免费入场券"。当考虑到后世需承担我们制造的长期危机与障碍的社会责任时，我们只能可持续地使用工业资源。

对于放射性废弃物来说，这样的平衡似乎并不能达到。基于目前的科技状态，除了将这些长期危害排放至环境中，我们几乎没有第二条路可寻。但一个切实存在的两难困境出现了，我们不仅需要保护人们免受储存区域的危害，同时我们也需要保护储存区域免受人们的破坏。除了发展出一套最优、可行的管理系统来保护未来的人类，我们似乎别无选择。这一计划至少可以安抚我们的良知。虽然如此，项目的偶然性长期存在。当下毫无疑问地掌握

---

① 参见：Pastina B，Implementing Long-Term Stewardship: a National Challenge，pdf paper for the Board on Radioactive Waste Management，The National Academies，Washington，DC，16 March 2004. (http://www.cistems.fsu.edu/PDF/pastina.pdf)；Pescatore C and Mays C，Geological Disposal of Radio-active Waste: Records, Markers, and People. An Integration Challenge to Be Met over Millennia，*NEA News* 26，2008，26-30，https://www.oecdnea.org/pub/newsletter/2008/Geological%20Disposal.pdf.

着未来，但是没有一个人能确定未来的图景将如何展开。

致谢

感谢瑞华德学院的邀请与欢迎，并有机会让我提出一个备受争议的课题。特别感谢里默尔·克诺普教授，约 3 年前，他在哥德堡听取了关于这个话题的介绍后邀请了我。当一位成为社会学家的地质学家宣布废弃物（特别是高危废弃物）也是我们文化遗产的一部分时，随即引发了许多讨论。我也非常感谢 van ' t Slot-Koolman 女士对我重要的后勤支持。

参考文献

［1］ Alley W, Alley R. Too hot to touch, the problem of high-level nuclear waste［M］. Cambridge: Cambridge University Press, 2013.

［2］ Anders G. Die atomare Drohung : Radikale Überlegungen zum atomaren Zeitalter［M］. München: Beck, 1984.

［3］ Anders G. Die Zerstörung unserer Zukunft［M］. Zürich: Diogenes, 2011.

［4］ Blonsky M. Wes Geistes Kind ist die Atomsemiotik?［M］//Posner R. Warnungen an die Zukunft. Atommüll als Kommunikationsproblem. München: Raben-Verlag, 1990: 169-186.

［5］ Buser M. Literaturstudie zum Stand der Markierung von geologischen Tiefenlagern［M］.［S. l.］: Bundesamt für Energie, 2010.

［6］ Bury J B. The idea of progress, an inquiry into its origin and growth［M］. London: McMillan, 1920.

［7］ Carson R. Silent spring［M］. Boston: Houghton Mifflin Harcourt, 1962.

［8］ Cfr. Benford G , et al. Ten thousand years of solitude? On inadvertent intrusion into the waste isolation pilot project repository 1991［R］. Los Alamos, LA-12048-MS.

［9］ de Laguna W, et al. Evacuation des déchets liquids de haute activité dans des bassins d'infiltration; données nouvelles［M］. Actes de la deuxième Conférence internationale de l'énergie atomique à des fins pacifiques: tenue à Genève du 1 au 13 septembre 1958.

［10］ de Maupassant G. Unterwegs nach Kairouan. Nordafrikanische Impressionen. Aus dem Reisebuch "La vie errante ", ausgewählt und übertragen von Erik Maschat［M］. Munich: Piper, 1957.

［11］ Kiener E. Atomgesetz-Revision durchleuchtet-ein hearing［M］.［S. l.］: Schweizerische Energie-Stiftung, 1979.

［12］ Ford D , Hollocher T C, Kendall H W. The nuclear fuel cycle［M］. Cambridge,

Mass: Union of Concerned Scientists, 1974.

[13] Holtorf C, Högberg A. Communicating with future generations: what are the benefits of preserving for future generations? Nuclear power and beyond [J]. [S. l.]: The European Journal of Post-Classical Archaeologies, 2014, 4: 315-330.

[14] Jonas H. Das Prinzip Verantwortung. Versuch einer Ethik für die technologische Zivilisation [M]. Berlin: Suhrkamp, 1984.

[15] Jungk R. Heller als tausend Sonnen, das Schicksal der Atomforscher [M]. Stuttgart: Scherz & Goverts Verlag, 1963.

[16] Kaplan M. Archeological data as a basis for repository marker design, prepared for Office of Nuclear Waste Isolation, Battelle Memorial Institute: ONWI-354 [R]. [S. l. : s. n.] , 1982.

[17] Milnes A G. Geology and radwaste [M]. Academic Press, 1985.

[18] Philbert B. Beseitigung radioaktiver Abfallsubstanzen in den Eiskappen der Erde [J].[S. l.] : Schweiz. Zeitschrift für Hydrologie, 1961, 23: 263-284.

[19] Posner R. Warnungen an die Zukunft. Atommüll als Kommunikationsproblem [M]. München: Raben-Verlag, 1990.

[20] Sebeok T A. Die Büchse der Pandora und ihre Sicherung: ein Relaissystem in der Obhut einer Atompriesterschaft [J].[S. l.] : Zeitschrift für Semiotik, 1984: 3.

[21] Sorel G. Les illusions du progress [M]. Parise: Rivière, 1911.

[22] Strasser J, Traube K. Technik und herrschaft [M]// Jokisch R. Techniksoziologiein. Frankfurt: Suhrkamp, 1982: 242-334.

[23] Thompson M. Rubbish theory: the creation and destruction of value [M].[S. l.] : Pluto Press, 1979.

[24] Tonn B E. Institutional design for long-term stewardship of nuclear and hazardous waste sites [J].[S. l.] : Technological Forecasting and Social Change, 2001, 68: 255-273.

[25] Trauth K, et al. Expert judgment on markers to deter inadvertent human intrusion into the waste isolation plant, Sandia Report, SAND92-1382, UC-721 [R].[S. l. :

s. n.], 1993.

[26] Voigt V. Konzentrisch angeordnete Warntafeln in zunehmend neueren Sprachformen[J].[S. l.]: Zeitschrift für Semiotik, 1984, 6: 265-267.

[27] von Schirach R. Die Nacht der physiker[M]. Berlin: Berenberg Verlag, 2013.

[28] Weinberg A. Social institutions and nuclear energy[J].[S. l.]: Science, 1972, 177(7): 27-35.

[29] Weinberg A. Scientific millenarism[J].[S. l.]: Proceedings of the American Philosophical Society, 1999, 4(143): 531-539.

关于作者

马科斯·布塞尔（1949—，巴塞尔），地质学家和社会学家。他在欧洲从事核废弃料和化学毒性废弃物处理已达 40 多年，他既是一名科学家又是几个政府专家委员会的成员。自 1997 年以来，布塞尔一直致力于研究原盐矿中危险废弃物的地下储存。作为研究的一部分，他提出了商业利益影响环境立法和规范设计的问题。2012 年，他公开批评瑞士能源部不严格执行核废弃料处理计划，并因此辞去了政府监察委员会联邦核安全委员会的职务。目前他在苏黎世管理着一家独立的研究咨询公司——可持续废物管理研究所（Nachhaltige Abfallwirtschaft 研究所）。

Critically Exploring Heritage and Museums

Voices from Reinwardt Academy Amsterdam

白盒忆往

当代艺术博物馆鉴知录

玛格丽特·斯加芙玛可儿

我和阿姆斯特丹市立博物馆（Stedelijk Museum Amsterdam）是 30 年的老邻居了。那里的所有展览、演出我都一场不落，可谓是其兴衰荣辱的见证者。我爱现当代艺术，但我又是普罗大众的一员，并不是每次都能欣赏得来艺术世界的细微部分。尤其是有一阵子，博物馆老是在回顾 1960—1970 年代的经典展或是永垂不朽的大咖馆长，可这些大展和馆长我一个都不熟。"我们要重走高端路线！"——这是当时经常能听到的一句话。但何为高端？为何要走高端路线？还有，为何要"重走"？

　　2004—2012 年阿姆斯特丹市立博物馆闭馆期间，我有幸在斯普伊（Spui）广场的一家路德宗教堂的茫茫人海中结识了玛格丽特·斯加芙玛可儿。她当时是阿姆斯特丹市立博物馆的研究部主管，正在那儿做一个公众项目。她的一番话让我耳目一新。她说，博物馆的藏品不该局限于实物（她的意思可能是不该仅仅持有实物）。博物馆过去的所作所为及其与利益相关者、观众、艺术家等群体的交往（简言之，博物馆积攒的声誉及众人对博物馆的欣赏），都应该是藏品的组成部分。如果文献保存完好，这段历史也是博物馆自己的组成部分，博物馆工作人员应该将之融入展览、公众项目及出版中去。因此，2012 年市博重新开放后，成功举办了"零"和"阿姆斯特丹市立博物馆与第二次世界大战"两个展览。它们并非对大展的回顾，而是有助于我们理解博物馆自身、其受众以及整个社会在关键历史节点的千姿百态。

　　笔者认为，这是现代艺术博物馆、画廊，抑或是当代艺术展示平台博物馆化的体现。将自身发展之路予以情境化阐释，不正是博物馆之所为么？它们并不存在于曼纽尔·卡斯特（Manuel Castells）无时间性的泡沫中，那里是艺术和艺术家"法则"的天下。它们是当今多彩文化及其冲突与对话的组成部分。潮起潮落中远见卓识者方领风骚，如果诞生在艺术家和策展人之中，它们就会为时代发声；如果诞生在其他领域，它们就会为人类现状呐喊。

这是我们决定邀请斯加芙玛可儿来瑞华德纪念讲座进行年度演讲的第一个原因。

而第二个原因就有点俗套了。每年我们院都有好几位怀揣着连接遗产与当代（即过去与现在）之梦的学生（既有本科生也有研究生）要去她那儿取经，咨询如何获取、保存、贮藏、复原当代艺术（更不消说概念艺术）。但就定义而言，"当代"是个未完成概念，当代艺术很大程度上依赖观众互动，却又不怎么给出情境信息，让人一头雾水。不过，在阿姆斯特丹市立博物馆实习的部分学生还是给出了满意的答卷，如 2013 年米里亚姆·拉·罗莎（Miriam La Rosa）关于当代艺术收藏困境的硕士论文。我们也好奇，像阿姆斯特丹市立博物馆这样的当代艺术圣殿在此困境中如何定位。我们对遗产是一种典型的当代影响力的设想能否为继。斯加芙玛可儿的《白盒忆往：当代艺术博物馆鉴知录》如醍醐灌顶，超乎预想。

2016 年 3 月 17 日，瑞华德学院植物园（Hortusplantsoen）新校区的礼堂正式启用。我们有幸邀请斯加芙玛可儿来做一场公开讲座。自那以后，我们上博物馆伦理与战略课时，便经常带研究生去阿姆斯特丹市立博物馆，现场聆听斯加芙玛可儿的高见，相谈甚欢。

里默尔·克诺普

瑞华德学院文化遗产学教授

2016 年 12 月，于阿姆斯特丹

楔子

说起阿姆斯特丹市立博物馆老馆的楼梯，我就有一种想哭的感觉。2010—2011 年博物馆临时对外开放期间，我就经常抹眼泪。此前 6 年，阿姆斯特丹市立博物馆一直在打一枪换一个地方，坐等在博物馆广场（Museumplein）的新馆盛大开幕。老馆由建筑师 A. 魏斯曼（A. Weismann）设计，始建于 1895年；而新馆由本特姆·克劳威尔建筑事务所（Benthem Crouwel Architects）设计，2012 年 9 月才建成。时任馆长安·戈尔茨坦（Ann Goldstein）觉得让公众一直等着新馆完工不是个办法，所以决定把老馆翻新一下，临时对外开放，结果观众蜂拥而至。但人气藏品在临时开放的第一季（2010 年 8 月 28 日—2011 年1 月 9 日）中缺席，因为展厅的空调系统还没弄好。观众可以来看艺术家芭芭拉·克鲁格（Barbara Kruger）和罗曼·昂达克（Roman Ondak）临时做的场域特定装置（site-specific installations），或是欣赏老馆建筑本身。不过，我为什么要为楼梯而哭？这副楼梯（图 5–1）究竟有何特别之处？

图 5–1 "准备就绪"（"Works in place"，2012）展时的楼梯。图片来自阿姆斯特丹市立博物馆

老馆的楼梯可以说是博物馆里最富特色的地方了。作为入口和展厅的连接处、内外空间的过渡带，这里经常承办各种视觉盛宴：节日开幕式、吸睛的行为艺术——比如吉尔伯特 & 乔治（Gilbert & George，图 5–2）和本·沃捷（Ben Vautier）的行为艺术——赫里特·凡·艾尔克（Ger van Elk，图 5–3）、阿莉西亚·弗

（左）图 5-2　吉尔伯特＆乔治:《楼梯众生相》（*Posing on Stairs*，1969），图片来自阿姆斯特丹市立博物馆

（右）图 5-3　《圆洞方楔》（1969），图片来自阿姆斯特丹市立博物馆

拉米斯（Alicia Framis，图 5-4）等人在台阶上设置的路障，以及丹尼尔·布伦（Daniel Buren）、丹·弗莱文（Dan Flavin）和凯斯·哈林（Keith Haring）等领军艺术家在上楼的门厅展示的场域特定艺术品。不过在 2010 年，并非只有这副楼梯饱含着艺术的过往。粉刷一新的白墙、复原的台阶和扶手更添旧情。观众陶醉在这波回忆杀中，逛博物馆的往事历历在目。可以说，这副楼梯就如同马塞尔·普鲁斯特（Marcel Proust）《追忆似水年华》（*À la recherche du temps perdu*）小说中将查理·斯万（Charles Swann）带回童年的玛德琳蛋糕。或者，我们可以套用历史学家皮埃尔·诺拉（Pierre Nora）提出的"记忆所系之处"（a lieu de mémoire）概念来说，这是一个开启个人和集体记忆的地方。对阿姆斯特丹市立博物馆而言，等待新馆开放更加深了这一效应（Nora，1989）。

　　对我而言，想哭则另有所指。当初，我来阿姆斯特丹市立博物馆工作才一年，同事们就鼓励我从内容、情境和思维等方面找找现当代艺术博物馆如何与观众相结合的路子。那个时候，借助档案资料、将历史融入作品的艺术家正引发热议（Foster，2004）。博物馆发展史，尤其是展览史，也在聚光灯下被越放越大。比如埃因霍温市凡阿贝博物馆（Van Abbemuseum）的"活着的档案"（"Living Archive"）项目和伦敦艺术大学当代艺术研究中心（Afterall）的"展览史"（"Exhibition Histories"）书系，其第一版虽然刚出，就已收录"当态度成为范式"

图 5-4 《5号调研：荷兰青年艺术》（*Peiling 5: jonge Nederlandse kunst*，1996），图片来自阿姆斯特丹市立博物馆

["When Attitudes Become Form"伯尔尼美术馆（Kunsthalle Bern），1969]和"圆洞方楔"（阿姆斯特丹市立博物馆，1969）（Rattemeyer，et al，2010）等轰动一时的概念艺术展。此外，还有布鲁斯·阿尔什那（Bruce Altshuler）早两年出版的对几大展览的初步研究：《从沙龙到双年展——塑造艺术史的展览》（*Salon to Biennial—Exhibitions that Made Art History*）（Altshuler，2008）。我愈发确信这些历史是博物馆收藏体系的重要组成部分，绝不应该被遗忘在档案盒里。为了了解博物馆发展史的重要意义，我们最好试试如何在当年的事发地展示这些历史。

阿姆斯特丹市立博物馆临时开放的第二季（2011年3月3日—7月10日）以及新馆开放后的头几年，我策划了若干个展览，复原了阿姆斯特丹市立博物馆曾经的几个经典展，回顾了阿姆斯特丹市立博物馆及其藏品的发展史。[①] 这几个展览既甄选了部分馆藏艺术品，又运用了丰富的档案文献资料。尽管公众与评论家大部分的反响还不错，但也有人无法在短时间内接受。鲁迪·福克斯（Rudi Fuchs）老馆长就曾私下向我吐露，虽然"阿姆斯特丹市立博物馆与第二次世界大战"（"The Stedelijk Museum & The Second World War"）展挺有意思，但和我们馆不太匹配。在福克斯馆长看来，这些趣史旧闻其实更适合阿姆斯特丹博物馆[②]（Amsterdam Museum），那儿的主题就是讲述这座城市的历史。那年的晚些时候，我又做了个展览"零之探星人"（"Zero: Together Let Us Explore the Stars"），里面用到了一些档案材料和情景还原。结果，老馆长步履蹒跚，紧紧攥住我的手，眼里噙着热泪："太棒了，我好像回到了年轻的时候，我第一次来阿姆斯特丹市立博物馆看的就是这个！"简而言之，不是所有人都习惯透过历史的老镜片看"白盒子"，但是与个人回忆产生交集，情况就为之一变。

而这正好是探讨现当代艺术博物馆发展史的意义与远景的出发点，阿姆斯特丹市立博物馆也刚好是一个典型案例。

白盒往事

现当代艺术一般在白色空间内展示，所以得了个诨号"白盒子"（white cube）。不过，我要提醒大家，这个诨号并不准确，因为每个楼层的颜色不尽相同。而且，博物馆内还有不少窗户，让馆内的人得以接触到阳光和外面的世界。不过，该开多少窗户一直存在争议。视频和电影则需要暗空间，所以

---

① "朝花夕拾第一季：动可动，非常动（1961）"和"动官（1962）"（2011年3月3日—7月10日）；"阿姆斯特丹市立博物馆与第二次世界大战"（2015年2月27日—5月28日）；"零之探星人"（2015年7月4日—11月8日）；"让·丁格利：机械视界"（"Jean Tinguely: Machine Spectacle"）（2016年10月1日—2017年5月5日）。

② 阿姆斯特丹博物馆创立于1926年，一开始是阿姆斯特丹市立博物馆的分馆，设在阿姆斯特丹测量所（De Waag）。阿姆斯特丹市立博物馆的很多历史文物后来都被调拨到该馆。

又有"黑盒子"一说。不管怎样，国际上对于展示现当代艺术的建筑以白色的中性调为范式。因此，为了行文方便，我们姑且称之为白盒子。

白盒子里展示的艺术品通常直接来自艺术家的工作室。馆藏艺术品的年代上限通常可溯至 19 世纪末。而挑选展品

图 5-5　巴尼特·纽曼（Barnett Newman）:《主教座堂》(*Cathedra*, 1951)，现藏于阿姆斯特丹市立博物馆，图片来自阿姆斯特丹市立博物馆

的原则是看它能否勾勒出艺术史的发展轨迹。展品无需借助外力即可完全做到，现如今也是如此（图 5-5）。毕竟，现代艺术的自我表达是业界共识，无需他人从旁赘言即可振聋发聩。说句不客气的，在艺术品旁边加上解读文字，以体现其历史价值或其他层面的价值纯属画蛇添足（除非这些文字是作品本身的一部分）。这就是在业界占主导地位的"现在主义"[presentism，克莱尔·毕晓普（Claire Bishop）创此雅号]，白盒子及其藏品亦借此区别于其他文化遗产机构（Bishop，2013 : 24）。

阿姆斯特丹市立博物馆历史上被反复提到的一段往事便是引进白盒子模式，然后把从前的历史给抹掉。本特姆·克劳威尔建筑事务所设计的新馆（图5-6）像一个超现代的白盒子，现当代艺术品被挂在纤尘不染的白墙上自我表

（左）图 5-6　市博老馆外观及本特姆·克劳威尔建筑事务所设计的新馆，图片来自约翰·刘易斯·马歇尔（John Lewis Marshall）

（右）图 5-7　市博老馆上楼后的门厅（A. W. Weissman, 1895），图片来自阿姆斯特丹市立博物馆

达。但阿姆斯特丹市立博物馆的跌宕史并非一个白盒子所能涵括。魏斯曼设计的老馆（图5-7）学邻近的荷兰国立博物馆（Rijksmuseum），在新哥特式墙面满饰象征主义壁画和马赛克镶嵌画。阿姆斯特丹市立博物馆藏有一幅萨尔·梅耶（Sal Meijer）的旧作，画上描绘了它的本来面目：黄、红、绿尽夺眼球，天花板上射出一道金光，应该是铺了黄色玻璃的缘故（图5-8）。

因为阿姆斯特丹市立博物馆由阿姆斯特丹的几大名门和组织创立，所以其收藏五花八门，包括从运河边上被拆掉的居民楼和没用的小博物馆——诸如医疗器材博物馆、钟表博物馆、亚洲艺术博物馆里运来的老房间（period room，图5-9）。1874年，荷兰国立博物馆设立了阿姆斯特丹当代艺术公共收藏组委会（Vereeniging tot het Vormen van een Openhare Verzameling van Hedendaagsche Kunst te Amsterdam，VvHK）。1895年，该组织移驾阿姆斯特

（左）图5-8　萨尔·梅耶：《走近市博》（*Opgang Stedelijk Museum*，1912），布面油画，100厘米×74.5厘米，现藏于阿姆斯特丹市立博物馆，图片来自阿姆斯特丹市立博物馆
（右）图5-9　红木老房间，图片来自阿姆斯特丹市立博物馆

丹市立博物馆。虽然该组织是个"混血儿"，但为阿姆斯特丹收藏现当代艺术还是势在必行。科内利斯·巴德（Cornelis Baard）老馆长在其第一个任期（1905—1936 年）就早早显露出要把阿姆斯特丹市立博物馆打造成现当代艺术博物馆以及摒弃其他类别藏品的雄心。他原想在 1910 年代就实现这一目标，结果几十年后才得偿所愿。1938 年马特·斯坦（Mart Stam）设计的"抽象艺术"（"Abstracte Kunst"）展是一个转折点，该展第一次将毕加索（Picasso）、康定斯基（Kandinsky）、保罗·克利（Paul Klee）等前卫艺术大师的作品悬之于墙，令人眼界大开（图 5-10）。[①]布展期间，新来的策展人威廉·桑德伯格（Willem Sandberg）一手把金光闪闪的楼梯全涂成了白色，而且只用了一个周末的时间。其实，大卫·罗尔（David Röell）馆长早就想这么做了，只是市政府领导不予批准。桑德伯格就趁罗尔馆长度假时秘密行事，所以罗尔馆长就跟市政府说生米已煮成熟饭，只把桑德伯格批评一顿了事（Marcar，2004：72）。

图 5-10 《抽象艺术》（1938），图片来自阿姆斯特丹市立博物馆

这则逸闻不禁令人啧啧称奇：桀骜不驯的桑德伯格试图颠覆历史，用白

---

① 该展览常被视为与同年在纳粹德国巡展的"堕落艺术品"（"Entartete Kunst"）针锋相对。

漆让老房子获得新生。其中一个有意思的细节，就是桑德伯格的灵感来自纽约现代艺术博物馆（The Museum of Modern Art，MoMA），"MoMA 早在 1928 年就把墙涂白了（图 5-11）"。那个时候，桑德伯格和 MoMA 馆长阿尔弗雷德·巴尔（Alfred Barr）过从甚密，经常交流现代建筑，也因此有了前面的那出好戏。1939 年纽约举办世界博览会，荷兰派立场保守的设计师德克·弗雷德里克·斯洛德威尔（Dirk Frederik Slothouwer）参加，替下了桑德伯格的好朋友、设计了新馆（Nieuw Bouwen）的建筑师马特·斯坦。桑德伯格呼吁抵制斯洛德威尔，并得到巴尔馆长的支持。[①]简而言之，现代建筑那时还在苦寻认同，到处找靠山。

图 5-11　MoMA 的首展（1929），有塞尚（Cézanne）、高更（Gauguin）、修拉（Seurat）、凡·高（Van Gogh）的作品，图片来自纽约现代艺术博物馆档案馆

二战结束后，桑德伯格升任阿姆斯特丹市立博物馆馆长，成功地让现当代艺术与设计制霸全馆。历史文物被拨给阿姆斯特丹历史博物馆（Amsterdams

---

① 参见 Caroline Roodenburg Schadd, *Expressie en ordening: Het verzamelbeleid van Willem Sandberg voor het Stedelijk Museum 1945-1962*, Amsterdam: Stedelijk Museum / Rotterdam: NAi Uitgevers, 2004: 66，书中称两人因此事在巴黎首度际会，其间，巴尔还谈了自己的看法。

Historisch Museum）和其他机构。此外，保守派艺术家群体也被雪藏，因为他们在二战期间的政治立场有问题。从那以后，凡·高（Van Gogh）、蒙德里安（Mondrian）等现代艺术大咖以及当代艺术设计、实验艺术设计成了香饽饽。现存记录这些吃螃蟹的展览的照片显示大多数展厅都被漆成了白色：桑德伯格声称这种静默的环境更加中立，从而把话语权留给艺术品本身（图 5-12）（Marcar，2004：74-75）。或者，如福克斯后来所言："摆脱了地方文化干扰的空间，艺术品置身其中，无人在意其出身，这才是民主的境界。"（Fuchs，1989：310）1938 年的洗白事件成了桑德伯格的一大谈资，也被其他一些人所

图 5-12 《皮特·蒙德里安纪念展》（*Piet Mondrian herdenkingstentoonstelling*，1946），图片来自阿姆斯特丹市立博物馆

津津乐道，直到 2013 年阿姆斯特丹市立博物馆附近的荷兰国立博物馆重新开放时还被人惦记。在其开幕式配发的图录中，荷兰国立博物馆馆长维姆·贝维斯（Wim Pijbes）便提到"桑德伯格曾经用这传说中的白色把阿姆斯特丹市立博物馆的彩墙搅得天翻地覆"（Pijbes，2015）。然而，荷兰国立博物馆却和欧美其他博物馆一样，在 1920 年代就已经如此了。此后，荷兰新建的几个现代博物馆就践行了现代建筑的原则，比如 1938 年由亨利·凡·德·威尔德（Henry van de Velde）设计的克勒勒·米勒博物馆（Kröller-Müller Museum）。[①]可为何大家偏偏认为引进现代白盒子模式的始作俑者是桑德伯格？

我们在档案中找到了蛛丝马迹。是罗尔在 1938 年赴欧筹备之前提到的"抽象艺术"展。其间，他曾给桑德伯格写过一封信，流露出对阿姆斯特丹市立博物馆落伍的担忧。他写道："连布鲁塞尔现代艺术博物馆这种比咱都过时的博物馆现在都全刷（米）白了。咱们被反超了。"[①] 言外之意就是当时欧洲有很多博物馆都已经用白色或米白色来粉刷展墙，向传统告别了。

令我感兴趣的是，这则逸闻还有诸多含糊不清的地方。尤其是二战后，桑德伯格被尊为抗德英雄，他的"洗白"传奇也因此带有一抹反叛和原创的色彩，尽管实际上这只是因循 MoMA 等其他博物馆的前例。此外，罗尔馆长在那期间扮演的角色很明了，真相只有一个。再则，一个明显吊诡的地方便是这段被津津乐道的阿姆斯特丹市立博物馆趣史却是要抹去它的历史。

最开始的白盒子并不如预期中的那么白，但这是件好事。白茫茫之下仍有暗潮涌动。有人可能借雅克·德里达（Jacques Derrida）之语：被抹去的从未离场，未来它将再次回荡。这意味着历史和历史镜片永远不会消逝。或者可以说，各种模式、时代和思维方式一直在此消彼长。正如马克·威格利（Mark Wigley）评论 20 世纪的现代白色空间时所说："精致的白墙同时也是一组易碎的概念结构，只要涂层一裂，脆弱立现。"（Wigley，2001）

展史钩沉

这种消长不仅仅是在 21 世纪现代艺术博物馆探讨历史重要性的切入点。

[①] 这一期间，荷兰的现代艺术博物馆以及部分是现代艺术的博物馆如雨后春笋般兴起，如 1935 年重修的鹿特丹的博伊曼斯·范伯宁恩美术馆和海牙市立美术馆（Haags Gemeentemuseum），1936 年的埃因霍温市的凡阿贝博物馆以及 1938 年的奥特洛的克勒勒·米勒博物馆。

[①] 引自大卫·罗尔致威廉·桑德伯格的一封信，信未署日期亦未公开发表，现藏于阿姆斯特丹市档案馆，由玛格丽特·斯加芙玛可儿翻译成英语。

一方面，白盒子越造越多；另一方面，艺术家和策展人并不墨守成规。更确切地说，除了做白盒子模式的传统藏品展示以及遴选在现代艺术发展史有分量的艺术品，我们也在探索临时性的、表演性的公共项目以及参与式艺术、讲座和讨论，来打破"只动眼珠子"的传统路子。这就是传说中的"转型"，不仅给体制批判（institutional critique）带来了可能，而且呼吁在包容度和参与度上能有显著创新。简而言之，我们见证了油漆未干的白墙和白漆底下挣脱欲出洪荒之力之间的冲突，旧日准则即将被重写。

在临时开放期间，阿姆斯特丹市立博物馆仍然徘徊在昨天、今天和明天的岔道口，想着新馆竣工后，自己到底要成为什么样的博物馆。戈尔茨坦在新馆只刷了一半白墙。这既是一个支撑未来发展的新白盒子，又是一个勾起公众思绪的"记忆所系之处"。这听上去可能自相矛盾，不过很多观众怀念阿姆斯特丹市立博物馆的老白盒子，怀念那里的鲱鱼骨拼花地板和充足的日光。在阿姆斯特丹市立博物馆临时开放的第二季（原来不打算开放第二季，因为空调系统还没好），我策划了一个联展"朝花夕拾"（"Recollections"），致敬其历史上的三大经典展。它们无一例外都另辟蹊径，表达对传统白盒子模式的不满。这三个展分别是1961年的"动可动，非常动"（"Bewogen Beweging"）、1962年的"动宫"（"Dylaby"）["动态迷宫"（"Dynamic Labyrinth"）的简称]和1969年的"圆洞方楔"（"Op Losse Schroeven"）。如果观众沿着旧日足迹回顾这几段抗争史和批评史会作何反应？他们在新白盒子里看到从前留下的老东西会温故而知新吗？

"朝花夕拾"的第一季（2011年3月3日—7月10日）给了"动可动，非常动"和"动宫"。瑞士机械艺术家让·丁格利（Jean Tinguely）在这两个互动展中挑大梁。"动可动"原由丁格利和他的同事丹尼尔·斯派里（Daniel Spoerri）共同策展，有七十多位动态艺术家参与。博物馆的西侧楼设有两百多件可移动装置，其中很多由观众启动，不过动静很大。桑德伯格被丁格利震撼了一把，由此邀请他来年再弄一个展，这个展就是"动宫"。该展由丁格利领衔，并由他挑选妮基·德·桑法勒（Niki de Saint Phalle）、佩尔·奥洛芙·乌尔特韦特（Per Olof Ultvedt）、罗伯特·劳森伯格（Robert Rauschenberg）、丹尼尔·斯派里和马歇尔·雷斯（Martial Raysse）等艺术家作搭档，在西侧楼的八个展厅大兴土木。这是场活色生香的互动展：观众可以射击装满颜料的气球，在充气游泳池旁跳扭摆舞，在黑暗中穿过"可以触摸的展品"（全凭触感），走过一个倾斜的展厅而且艺术品就摆放在地面上，在满是气球的展厅挤出一条路来。

如前所述，专家认为这些展览在 20 世纪博物馆史上意义重大。因为艺术家在博物馆内拥有充分的自由，尽管桑德伯格馆长在他任内后期与传统意义上的艺术渐行渐远。观众很喜欢这些展览——不少阿姆斯特丹市民由此开启阿姆斯特丹市立博物馆的处女之行，而后他们就成了常客，一直到今天。

可这两个展览并没给阿姆斯特丹市立博物馆留下什么像样的艺术品。丁格利在"动可动，非常动"中有三件作品被收藏，"动宫"中有一段音频被收藏，此外就没有其他的了。这并没有什么好奇怪的，因为这些展览的重点不在展示静态的艺术品，而在于能让观众参与，比如"动宫"就完全是临时性的（这个展览故意被拆得干干净净，以防给博物馆留下残垣断瓦将来被供在玻璃柜里）。但是这两个展览的文献资料却是挺丰富的。阿姆斯特丹人以照片和影片的方式

（左）图 5-13 "朝花夕拾第一季：'动可动，非常动'（1961）和'动宫'（1962）"现场（一）（2011），图片来自阿姆斯特丹市立博物馆

（右）图 5-14 "朝花夕拾第一季：'动可动，非常动'（1961）和'动宫'（1962）"现场（二）（2011），图片来自阿姆斯特丹市立博物馆

记录了展览：乐不可支的观众，尤其是小孩子在展厅内玩得不亦乐乎（图 5–13、5–14 ）。

2011 年，我们把能找到的所有文献资料穿针引线般布满七个展厅，这就是"朝花夕拾"。除了回首这两个展览如何从概念到落地，展厅中的文字还强调了这些当年的残垣断瓦及其物是人非的复杂内涵。例如，观众在重温丁格利的作品发现它们被放在展柜里或是用护栏隔开（图 5–15 ），而不是被还原成当时的样子时，不禁问道：这还符合还原现当代艺术品的伦理吗？这也解释了阿姆斯特丹市立博物馆为何在 1990 年收集了凡·德·埃尔斯肯（van der Elsken）的一大批照片，且 2004 年又收集了他的两部电影。原先是以印刷品的名义购买的，而现在却是以艺术品的名义收藏的。

受"动可动，非常动"的原版带洞海报的启发，艺术家巴特·德·贝茨（Bart de Baets ）也为"朝花夕拾"第一季设计了一款带洞海报（图 5–16 ）。这些海报被散乱地贴在了凡·德·埃尔斯肯放大后的照片和剪报的墙纸上，目的是向观众传达：你们现在看到的是历史是如何在当下被建构的，而且还有很多地方是看不到的。这并不是个完整的故事，空当很多，留给大家建言博物馆处理自己的历史的方式是否合适。这个故事得到了阿姆斯特丹市立博物馆的

（左）图 5–15 "朝花夕拾第一季：'动可动，非常动'（1961 ）和'动宫'（1962 ）"现场（三）（2011 ），图片来自阿姆斯特丹市立博物馆
（右）图 5–16 "朝花夕拾第一季：'动可动，非常动'（1961 ）和'动宫'（1962 ）"现场（四）（2011 ），图片来自阿姆斯特丹市立博物馆

老保管员艾德·彼得斯（Ad Peterse）的大力支持，他在两个展中都出力甚多。彼得斯提供了他私人珍藏的档案资料，如果不是这次展览还能派上用场，这些资料可能就被扔到垃圾桶里了。这些资料包括"动可动，非常动"展览期间马塞尔·杜尚（Marcel Duchamp）与人在纽约的荷兰国际象棋选手汉斯·雷（Hans Ree）和蒂姆·克拉贝（Tim Krabbe）长途对弈时发的电报，还有桑法勒为"动宫"展创作的装置的石膏头像（Greenberg，2012：173-174）。

简而言之，观众还挺喜欢这些有趣的照片的，看到自己年轻时代的记忆被放大并贴到墙上展示，他们心里美滋滋的。对于看过原版展览的人来说，这可不是怀旧那么简单。它也向在参与和分享中长大的年轻一代喊话。而且，这个展览就像一则预告一样：所有墙壁都被粉刷一新，说明类似的展览试验还会再有。同时，它还进行自我批判，把博物馆矛盾的身份认同呈现在观众面前：一个现当代艺术博物馆爱自己的历史到了将文献上升到艺术层次的地步，同时，将原来表演式和参与式的艺术品从故纸堆中拣出来，乔装打扮成静态的、怀旧的文物。

体制批判

"朝花夕拾"的第二季给了"圆洞方楔"（1969 年）。那原是一场概念艺术调查展，颠覆了博物馆刻板的白盒子模式及其征集固定的、完整的藏品并予以永久收藏与展示的思维观念，而是顺其自然地在博物馆摆放场域特定装置。扬·迪波茨（Jan Dibbets）把博物馆的墙脚给挖了，美其名曰艺术品；马里努斯·柏赞（Marinus Boezem）在窗户外面挂床单来焕然一新；赫里特·凡·艾尔克在老馆楼梯中间拉了一张床单来分流上下楼的观众；理查德·塞拉（Richard Serra）在博物馆正门和人行道之间的角落里灌铅，并带到博物馆展出。

克里斯蒂安·拉特梅尔（Christian Rattemeyer）在 2010 年 Afterall 的"展览史"书系第一版中对比了 1969 年的"圆洞方楔"和数周后由哈罗德·泽曼（Harald Szeemann）设计的"当态度成为范式"。他对这些源自欧美的概念艺术调查展做了细致耙梳，正好构成了本次"圆洞方楔"回归的支点。拉特梅尔详尽描述了每个展厅的每件作品，用 1980 年代阿姆斯特丹市立博物馆馆长维姆·贝伦（Wim Beeren）的话来说，他阐释了这种艺术如何反映了"一种艺术及其环境的交流意识，发掘出一种新型场域特定，这种场域特定不仅融入了对白盒子和博物馆的正常关怀，同时旨在构建一种表里兼治的高层次秩序关系"（Rattemeyer，et al，2010：62）。

研究博物馆里残垣断瓦的结果与预想的完全不同。一开始，研究没把可收藏的实物当回事儿，重点放在了艺术理念和概念艺术上。但是，"圆洞方楔"中大量作品在撤展后纷纷涌入阿姆斯特丹市立博物馆库房，众多主打艺术家后来也成了藏品征集的常客。说实在的，阿姆斯特丹市立博物馆史上从来没有哪个展览对馆藏有如此大的影响。直到今天，仍有 24 位参展艺术家的 306 件作品被它珍藏（其中 12 件就直接来自"圆洞方楔"）。

"朝花夕拾"第一季中文献、档案、艺术品和博物馆建筑本身剪不断、理还乱的关系再次出现。比如，文献和档案成为艺术品的组成部分；艺术家没做完艺术品，仅仅提交了书面说明，也被冠以"自主艺术品"（autonomous artworks）之名而列入展品名录。还有些项目是在馆外完成的，他们的资料连同场域特定艺术品创作过程的照片以及没有观众时展厅布展的照片也都得以呈现。

这一季的"朝花夕拾"并未像之前一样综合使用文献、档案和艺术品，而是进行了分类处理。没有属性交叉，亦没有将文献放大与艺术品并置。取而代之的是文献和档案资料躺在白色空间的玻璃盖板下述说着本次展览从诞生到迎客的故事（包括往来信件、评论文章、展品名录和海报，图 5–17）。在这之后还特意留了一个厅用以展示展品名录上那些仍停留于想法和文本阶段的概念艺术品。为了凸显这些素材的特殊地位，文献经翻拍后被做成幻灯片在投影机上播放（图 5–18）。之后又有六个厅展示的是那次展览中得以入藏的艺术品（图 5–19、图 5–20）。这种结合可谓前所未有，除了有处地方出于完整性专门给了布鲁斯·瑙曼（Bruce Nauman）。只有馆藏艺术品有说明文字，并提及该艺术家还有何作品被收藏、"圆洞方楔"中还有哪件也是其作品，以及作品实物、想法、概念和文献之间的关系如何。

（上左）图5-17 "朝花夕拾第二季：'圆洞方楔'（1969）"现场（一）（2011），图片来自
阿姆斯特丹市立博物馆

（上右）图5-18 "朝花夕拾第二季：'圆洞方楔'（1969）"现场（二）（2011），图片来自
阿姆斯特丹市立博物馆

（下左）图5-19 "朝花夕拾第二季：'圆洞方楔'（1969）"现场（三）（2011），图片来自
阿姆斯特丹市立博物馆

（下右）图5-20 "朝花夕拾第二季：'圆洞方楔'（1969）"现场（四）（2011），图片来自
阿姆斯特丹市立博物馆

"圆洞方楔"的全景式记录与"动可动，非常动"和"动宫"恰好相反：
照片里没一个观众。这次，我们决定把楼层分布图、语音导览等素材放到移
动端，这样观众就可以来一次虚拟博物馆之旅，回顾当年的场景，与当前的
"朝花夕拾"互补。虚拟博物馆让人们在场域特定装置制作的馆外及楼梯处均
可驻足停留。还原之旅需要把大量精力投在公众身上，因为这个程序要同时
在掌中方寸间与其他资讯一较高下，比比谁更博人眼球。

总之，"朝花夕拾"第二季确也加入了对文献、档案与艺术品的关系以及
在白盒子和21世纪超空间下如何处理它们的关系的策展研究。大家原以为这

是对白盒子的一次冲击，但洞悉全局后才发现这其实叫致敬。正如迪特尔·劳斯特瑞特（Dieter Roelstraete）所言："即便体制批判称其为某类型或某主义，但不管怎样，最终表达出的是对博物馆的爱、一种乐于归属博物馆的意愿。"（Roelstraete，2009）

档案登台

艺术大咖们在阿姆斯特丹市立博物馆做的大型回顾展中历史部分的比例越来越大，比如 2013—2014 年 0.10 展厅的马列维奇展（图 5–21）。尽管这些增加的历史部分常被视为艺术家的某种尝试，但是这种趋势同样表明大家越来越意识到在公共领域展示的现代艺术只收获意义。通过这种关系的表达，展览有了回应，记忆也随之产生。因此，历史部分被重新拾起就不足为奇了。

图 5–21　"卡西米尔·马列维奇与俄罗斯先锋派"（"Kazimir Malevich en de Russische Avant-Garde"，2013—2014），图片来自阿姆斯特丹市立博物馆

有时，这份日渐浓厚的兴趣会促成展览原汁原味的还原。2009 年，埃因霍温市的凡阿贝博物馆还原了其老馆长鲁迪·福克斯的一个收藏展，以小试牛刀。这种路子能否让藏品活起来呢？另外一个复原展的例子便是杰

马诺·切兰（Germano Celant）的"当态度成为范式"（1969 年）。这个展览是"圆洞方楔"的"孪生兄弟"，由哈罗德·泽曼策展，在瑞士伯尔尼美术馆展出。两个展用的是同一群艺术家的作品。切兰没有做档案展，而是直接展示原件。不过，由于时间、空间早就变了，即使还原得再像，假的终究还是假的。它已经脱离了原来的展示地点，而是在 2013 年威尼斯双年展（Venice Biennale）期间被放在了普拉达基金会（Prada Foundation）。那儿并不是个标准的白盒子，而是被扒了一半的 18 世纪威尼斯王后宫（Palazzo Ca'Corner Della Regina）。展览设计师雷姆·库哈斯（Rem Koolhaas）以空间为切口，设计了一份与原建筑十分匹配的楼层路线图。展览对细节尤其注意，像瓦片、木地板都是重做的，连暖气片都是从伯尔尼带过来的，而且是原件（图 5–22）。

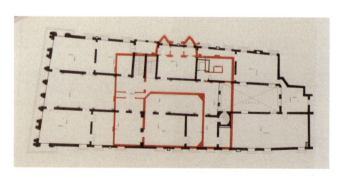

图 5-22　大都会建筑事务所（OMA）做的伯尔尼美术馆（红线）和威尼斯王后宫（黑线）1:1 楼层叠加图，图片来自 OMA

　　直到今天，普拉达基金会的还原展仍是讨论博物馆展览史重要性的常客。大家常常担心老是翻故纸堆会不会走极端，从而陷入光打怀旧牌、只做精品展的风险。在此恶性循环中，一来历史是有争议的，二来看历史的观众太好找了。那么，创新在哪里？博物馆靠这样还怎么履行其兼容并蓄的核心使命？除了回忆杀，就不能用其他手段利用过去来探索迎接 21 世纪挑战的新路子？

　　展览史研究者丽莎·格林伯格（Reesa Greenberg）称，以档案为基础的回顾展，比起整体还原，更能有效地融合过去与现在。通过现存资源的视觉呈现，"档案式的回顾展不仅回顾了具有里程碑意义的艺术展及其策划、设计、布展、撤展前后的历程，还使文献在被观看的过程中得以空间化"（Greenberg，2009）。这种对档案的关注并非异事，因为大多数档案现在都已通过线上或线下渠道对外开放。对公众而言，这可是实实在在的干货，过去在当下变得随手可及。简而言之，档案可能比我们博物馆库房什袭以藏的物件更能走近全球观众。

此外，对档案的关注也是与我们着迷于谈话类项目、表演和媒体活动等持续时间不长的艺术形式所一脉相承的。泰特现代美术馆（Tate Modern）2016年新建了一座侧楼，向实时艺术（live arts）投怀送抱，这不仅意味着表演艺术有了一个永久的舞台，而且提供了一种新的视角来审视过去，即博物馆收藏的雪泥鸿爪可与档案资料一同呈现。2014年，阿姆斯特丹市立博物馆就来了一场一脉相承的档案式回顾展：由马里安·布特（Marjan Boot）策展的"海斯和埃米秀"（"De Show van Gijs en Emmy"，2014年2月22日—8月3日）。该展源自馆藏著名珠宝——海斯·巴克（Gijs Bakker）的烟囱项链（Stovepipe Necklace）。文献研究追溯了设计师及其设计灵感来源埃米·安德

图5-23 "海斯和埃米秀"现场（一）（2014），图片来自阿姆斯特丹市立博物馆

图 5-24 "海斯和埃米秀"现场（二）（2014），图片来自阿姆斯特丹市立博物馆

里斯（Emmy Andriesse）以及一大群设计师和摄影师共同登台的时装秀和媒体会。1969 年，项链在阿姆斯特丹市立博物馆和伦敦展出。设计师巴特·赫斯（Bart Hess）结合沉浸式体验和档案研究，中间穿插零艺术运动成员的口述史，以营造出另类氛围（图 5–23、图 5–24）。

　　阿姆斯特丹市立博物馆的零展（"零之探星人"，2015）同样把焦点放在了寻找多媒体和行为艺术的根源上。新的档案研究展现了一幅大地艺术（land art）和行为艺术在公共空间初露峥嵘的景象（Schavemaker，2015a）。此外，它与方兴未艾的大众媒体巧妙地结合。行为艺术催生了零艺术运动以其他媒介形式输出，如第三期和最后一期《零》（*ZERO*）杂志以及最早的零展，即阿姆斯特丹市立博物馆的"零"（"NuL"，1962）。进入 21 世纪，这些当年的行为艺术通过玻璃柜展示老物件、放大照片和投影等手段回潮，使得曾被认为是博物馆库房和私人收藏室专属的艺术形式（以黑白画和浮雕为主）迎来了第二春（图 5–25 至 5–27）。

　　除了档案资料，大型装置亦有复原。其中有些是艺术家本来就做了好几个，然后卖给了博物馆（图 5-28），还有些是专为这次展览重制的（图 5-29）。
阿姆斯特丹市立博物馆这样还原有点令人费解。一方面，它们见证了博物馆
是第一拨为这些实验艺术家提供舞台的机构，艺术家们借此良机大显身手，
很可能还开启了装置艺术在欧洲兴起的先声。另一方面，在一个平行的空间，

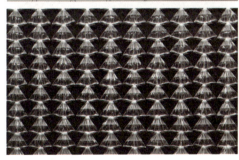

（上左）图 5-25 "零之探星人"现场（一）（2015），图片来自阿姆斯特丹市立博物馆
（上右）图 5-26 "零之探星人"现场（二）（2015），图片来自阿姆斯特丹市立博物馆
（中左）图 5-27 "零之探星人"现场（三）（2015），图片来自阿姆斯特丹市立博物馆
（中右）图 5-28 "零之探星人"现场（四）（2015），图片来自阿姆斯特丹市立博物馆
（下左）图 5-29 "零之探星人"现场（五）（2015），图片来自阿姆斯特丹市立博物馆
（下右）图 5-30 "零之探星人"现场（六）（2015），图片来自阿姆斯特丹市立博物馆

观众发现档案式回顾展把矛头对准了博物馆自身，因为阿姆斯特丹市立博物馆当年在这些大型装置上没花一分钱，还在展览结束后将其当垃圾处理掉，艺术家对此也是有苦难言。阿姆斯特丹市立博物馆的经典藏品之一——草间弥生的《千船会》（*Aggregation: One Thousand Boats Show*）便是如此（图5–30）。这是1965年草间弥生为阿姆斯特丹市立博物馆第二个大型零展"零1965"（"Nul 1965"）在阿姆斯特丹市立博物馆现场创作的，也是她最早的空间装置之一。当时草间弥生住在纽约，而她和阿姆斯特丹市立博物馆都没钱把作品运到纽约，所以她干脆捐给了阿姆斯特丹市立博物馆。

换言之，行为艺术史与挖掘博物馆旧闻息息相关，毕竟故纸堆里光鲜和尴尬俱存。然而，最重要的是，综合使用档案、复原以及馆藏艺术品能使传统的器物定位型博物馆更多元化。因为，正如道格拉斯·克莱普（Douglas Crimp）在其大作《博物馆遗迹论》（*On the Museum's Ruins*）中哀叹的那样，"博物馆学史就是一部推翻博物馆异质性的历史，就是一部争取同质化的历史"（Crimp，1993：54）。而档案登台就是重塑博物馆异质性的一条路子。

未尽之史

接下来，我要举最后一个例子，即我在楔子提到的历史展"阿姆斯特丹市立博物馆与第二次世界大战"，这个展是由藏品来源调查促成的。自1997年《华盛顿公约》（*Washington Principels*）签订以来，世界各地的博物馆都自查家底，看看藏品来源是否与纳粹德国（1933—1945年）有关，因为不少艺术品可能迫于纳粹的淫威而被转卖、偷盗。总之，这些不光彩的经历表明它们进入现藏博物馆的过程是非法的。荷兰的这项来源调查分两步。阿姆斯特丹市立博物馆查出十六件艺术品的来源有问题，之后联系这些艺术品原本的继承人，与之向国家文物归还委员会（National Committee for Restitution）提交联合申请，然后由其再进行一次调查，并做出一项有约束力的裁决，确定艺术品未来的归属权。

虽然，裁决结果都在荷兰博物馆协会（Nederlandse Museumvereniging）官网公示，但做一个展览来回顾那段历史，让人们设身处地地感受众多犹太人收藏家和艺术家是如何被迫"献出"其收藏的，也被提上了日程①。这次展览用更广阔的视角审视了阿姆斯特丹市立博物馆在战前、战时、战后的历史。比如，阿姆斯特丹市立博物馆在卡斯特里克姆（Castricum）附近沙丘下盖了个储藏室，有近 500 个藏家的东西存放于此，包括荷兰王室、凡·高的后人和一批犹太人收藏家。此外，展览还对纳粹占领者蔑为堕落艺术品（entartete kunst）的藏品进行甄别，去过储藏室的艺术家亦借此平台抒发感想。其他一些信息也得以披露，如沦陷时期博物馆的日常运营情况，战后很多德裔犹太人收藏家和艺术家向阿姆斯特丹市立博物馆捐赠藏品（他们曾来荷兰避难而且非常感激阿姆斯特丹市立博物馆），以及战后阿姆斯特丹市立博物馆在艺术品归还中扮演的角色（Schavemaker，2015b）。

这次展览有五个专题：1930 年代阿姆斯特丹市立博物馆与避难艺术家的关系、隐蔽的沙丘、博物馆在战时的运营、荷兰光复初期以及藏品来源调查结果。序厅放了一张德国国防军行经阿姆斯特丹市立博物馆的照片，并放大到整面墙这么大。中间还挂了一幅查理·托洛普（Charley Toorop）的画《工薪妇人》（*Working-Class Woman*，1943）。画中有一位忧郁的妇人，背景是被炸得面目全非的鹿特丹（图 5–31）。这幅画让观众清楚地意识到这是一个历史展，展品既有档案又有文献。

这次展览的核心部分是一个摆放来源存疑的藏品的展厅，并配以说明文字，叙述其收藏者的悲惨经历。展厅中间放了一张桌子，上面摆有每件艺术品的档案，以及其物归原主的文献副本，以重新建构藏品的来源史（图 5–32）。调查的盲点也被展出。这强调了调查工作永远在路上——这是一段未尽的历史。

当国内外媒体都对阿姆斯特丹市立博物馆如此开放藏品来源史并积极归还非法来源的藏品而议论纷纷之时，另一层面的意义也日渐凸显。经典的

---

① 参见：http://www.musealeverwervingen.nl/nl/188/musea/s/stedelijk-museum-amsterdam/.

图 5-31 "铁蹄下的市博"（*Het Stedelijk in de oorlog*，2015）现场（一），图片来自阿姆斯特丹市立博物馆

图 5-32 "铁蹄下的市博"现场（二）（2015），图片来自阿姆斯特丹市立博物馆

现代主义大展，如 1909 年瓦西里·康定斯基的《有房子的照片》（*Bild mit Hausern*）和 1920 年亨利·马蒂斯（Henri Matisse）的《宫女》（*Odalisque*）

原来是博物馆的常客，在抽象艺术兴起时也时不时地露脸，此时却和一幅阴郁的 19 世纪画作——杰拉德·扬·博斯（Gerard Jan Bos）的《老兵》（*The Old Veteran*，1899）或和萨尔·梅耶的《玻璃罐里的梨》（*Pears in a Glass Preserving*，年代不详）、扬·托洛普的《在蜡烛厂上班》（*Working in the Candle Factory*，1905）等系列画作并置。梅耶和托洛普的作品来自犹太人艺术中介雅克·戈德斯提克尔（Jacques Goudstikker）。多亏了阿姆斯特丹市档案馆（Stadsarchief Amsterdam）收藏了戈德斯提克尔的一个笔记本，上面详细记载了其收藏情况，现被放在玻璃柜中（图 5–33）。[①] 换言之，这次展览抛弃了白盒子模式及艺术和美学价值欣赏，而是把重点放在了作品背后的故事上，用附加的文献和说明文字进行无差别叙述。

图 5–33 "铁蹄下的市博"现场（三）（2015），图片来自阿姆斯特丹市立博物馆

另一项支撑展览的关键性研究即桑德伯格的角色。他分派各种差事以帮助避难艺术家［例如，约翰内斯·冯·伊滕（Johannes von Itten）在老馆楼梯上方盖了一块帆布，因为 1938 年黄色玻璃被拿掉后，光线太亮了］，并在沙

① 这是对戈德斯提克尔收藏来源调查的关键线索，因为他 1940 年去英格兰中途死于空难，之后其财产被没收和变卖。

丘下挖储藏室来存放艺术品，使其在轰炸中幸免于难，并抵制纳粹占领荷兰。所以，他的故事是二战期间博物馆沦陷史的主流叙事。这次展览并非要将桑德伯格请下神坛，只不过想加点细节。例如，把焦点放在时任馆长罗尔的斡旋角色上，同时批判性检视桑德伯格在荷兰光复后担任馆长时为了拓展现代艺术的空间而利用历史的做法。最后一个展厅以及图录中克拉彻·韦塞林克（Claartje Wesselink）所撰文章表明桑德伯格极其热衷于将阿姆斯特丹市立博物馆转变为一个真正的现当代艺术与设计博物馆。正因为如此，他觉得自己老是受制于观念保守的艺术家群体，从博物馆一开始运营时便是如此。有相当多的这类艺术家协会为了苟活，提交了雅利安人证明（Aryan Attestation），并加入了帝国文化院（Kultuurkamer，纳粹占领者建立的监视机构）。桑德伯格在荷兰光复后立马将他们拒之于阿姆斯特丹市立博物馆门外。但他故意放了卡雷尔·阿佩尔（Karel Appel）一马，这个人虽然在沦陷时有污点，但也是 1949 年桑德伯格力挺的眼镜蛇画派（CoBrA）运动中的关键人物。

展览"阿姆斯特丹市立博物馆与第二次世界大战"终究有种矛盾感，二战虽然是促使阿姆斯特丹市立博物馆形成白盒子模式并把历史抛在一边的关键时期，但 70 年后却起到了反作用——白漆剥落，历史重现。

旧物新颜

思考制造白盒子与漠视历史情境之间的冲突变得越来越频繁。比如拉拉·阿玛色贵（Lara Almarcequi）就在卢森堡的一个名为"赌场"的当代艺术馆做了一个装置。正如其名所示，这个艺术馆在 1995 年以前是个赌场，之后增砌了不少白墙，改造成白盒子。阿玛色贵把墙砸了个稀巴烂，露出了中间原本宽大的开阔空间。[1]

鹿特丹新研究所（Het Nieuwe Instituut）的"1：1老房间"（"1：1 Period Rooms"）项目同样很应本文之景。设计师安德列斯·安格利达克斯（Andreas Angelidakis）通过展示阿姆斯特丹市立博物馆的一个老房间来剖析白盒子模式的兴起。老房间原是常设展览之一，后来被移交给了阿姆斯特丹历史博物馆（今阿姆斯特丹博物馆），因为它们不像是一个现当代艺术博物馆的藏品。安格利达克斯在"1比1老房间"组装了一个房间，并在其四周打了一圈板条箱，使得房间看上去像存放在库房一样（图5-34）。这种做法把房间的现状（存放在印有阿姆斯特丹市立博物馆 logo 的板条箱中）很好地融到装置中。这和阿姆斯特丹市立博物馆第一个白盒子展（"抽象艺术"，1938年）形成鲜明对比，更不消说桑德伯格刷白楼梯一事了。

与安格利达克斯的装置一样，本章认为阿姆斯特丹市立博物馆的白盒

图5-34　安德列斯·安格利达克斯的"1：1老房间"（2015），新研究所，图片来自约翰内斯·斯瓦茨（Johannes Schwartz）

---

[1] "这不是赌场"（"Ceci n'est pas un Casino"）研究项目于2010年启动，并出版有赌场十五周年纪念文集，读者可一探年轻的当代艺术馆与历史悠久的赌场之间的关系。参见 Didier Damiani（ed.），Ceci n'est pas un Casino (Dijon: Les presses du reel，2010)。

子做法是模糊过去、拥抱现在：白盒子就如同一块兼有历史场所功能的白板。细致剖析这个错综复杂的历史时期当然与我们生活在错综复杂的时代有关。在新的白盒子及其思维方式与经济在世界各地不断涌现之际，博物馆必须竭尽全力调整自身以适应日新月异的社会，重走老路并非明智之举。这对政府全额补助或部分补助的博物馆更是如此。这些博物馆的运营必须更加多元、开放、兼容并蓄，同时将其经年累积的巨大收藏呈现在观众面前刷存在感——换言之，任重而道远。

正如我在本章提到的，从历史角度策展为之提供了可能。尽管，这么做会被误解为毫无批判的重复，或是轻而易举制造热点，因为回忆杀很容易吸引到观众。但是，这种策展明显给传统的"现在主义"模式展示现代艺术提供了另一条思路。本章所讨论的档案式展览不仅给人以启迪，向阿姆斯特丹市立博物馆风云人物和集体记忆致敬，同时也批判性地否定了艺术 – 历史假设，审视博物馆业务工作，深入分析现状，续写未尽的故事，开启尘封的藏品。

豪・福斯特（Hal Foster）在《档案冲动》（*The Archival Impulse*）一文中对托马斯・赫希霍恩（Thomas Hirschhorn）等艺术家回归历史评论道："这些档案实物给人一种寻回旧日方舟之感。作品就像是连接未尽的过去和被重启的未来之间的端口。"（Foster，2004：15）这种时间上的交错之感尤为关键，而且观众在开放式的库房，如鹿特丹的博伊曼斯・范伯宁恩美术馆（Museum Boijmans Van Beuningen）正在做的，或是线上展览档案馆，如 MoMA 最近在做的，更会自然而然产生这种感觉。① 让观众有机会自由自在地畅游于展览史海和藏品之洋不是很爽吗？这样他们就可以建构出对博物馆业务工作的另一种解读。另外，博物馆自己以批判性和策展的视角来切入其历史也很重要。这有助于它们解决现实问题，并为未来做好铺垫。正如克莱尔・毕晓普所言，收藏型博物馆是"非现在主义多时当代性的最佳检验场"——因其需要兼备

---

① 参见：https://www.moma.org/calendar/exhibitions/history, accessed December 23, 2016.

研究与自我批判的立场（Bishop，2013：23）。[①]

　　2020 年，阿姆斯特丹市立博物馆将迎来其 125 周岁生日。得益于库房还有足够的空间，它也将展出一批从未露面的家珍。被遗忘的展览史也因其现实意义得以重见天日。市博的未来将交给年轻一代的艺术家。此外，我建议老馆楼梯应该恢复其色彩斑斓的本来面目——但不是把白漆刮掉，而是再涂一层——目的是体现白漆曾经作为一次历史建构，已处于被擦除状态，站在过去的躯壳上我们才能展望未来。让这些变迁被看得更清楚也是 21 世纪现当代艺术博物馆发展的必要策略。馆庆过后的下一年，所有东西又将被涂回白色，就像行为艺术家娜莉妮·玛拉尼（Nalini Malani）做的"擦除行为"。但是，重建白盒子并非毫无反思，其目的在于为现当代艺术博物馆规划未来。过去并不会随着擦除而褪色，它在多时对话中被批判性解构后又卷土重来。对老观众而言，这会是一个让你热泪纵横的老地方；对新观众而言，这会成为你未来的记忆所系之处。

---

① 参见：https://www.academia.edu/4874576/Radical_Museology_or_Whats_Contemporary_in_Museums_of_Contemporary_Art, accessed December 16, 2016.

参考文献

［1］ Altshuler B. Salon to biennial – exhibitions that made art history, volume 1: 1863-1959［M］. London: Phaidon Press, 2008.

［2］ Bishop C. Radical museology: or, what's "contemporary" in museums of contemporary art?［M］. London: Koenig Books, 2013.

［3］ Crimp D. On the museum's ruins［M］. Cambridge, MA: The MIT Press, 1993.

［4］ Foster H. The archival impulse［J］.［S. l.］: October, 2004.

［5］ Fuchs R. The museum from inside［C］// Beer E, De Leeuw R, Bennington G. L'Exposition imaginaire: the art of exhibiting in the eighties. Rijksdienst Beeldende Kunst/SDU, 1989: 310.

［6］ Greenberg R. Archival remembering exhibitions［J］.［S. l.］: Journal of Curatorial Studies, 2012, 2: 159-177.

［7］ Greenberg R. Remembering exhibitions: from point to line to web［J］.［S. l.］: Tate papers, 2009, 12.

［8］ Marcar A L. Willem Sandberg: portret van een kunstenaar［M］. Amsterdam: Valiz, 2004.

［9］ Nora P. Between memory and history: les lieux de memoire［J］.［S. l.］: Representations, 1989, 26: 7-24.

［10］ Pijbes W. Restored to future glory［C］// de Jong C W, Spijkerman P. Rijksmuseum: the building, the collection and the outdoor gallery. Amsterdam University Press, 2015: 9.

［11］ Rattemeyer C, et al. Exhibiting the new art: "Op Losse Schroeven" and "When Attitudes Become Form" 1969［M］. London: Afterall Exhibition Histories, 2010.

［12］ Roelstraete D. After the historiographic turn: current findings［J］.［S. l.］: E-flux, 2009, 6: 3.

［13］ Schavemaker M (a). Performing ZERO［C］// Porschmann D, Schavemaker M. ZERO. Walther Konig Verlag/ZERO Foundation, Stedelijk Museum Amsterdam,

2015: 211-224.

［14］Schavemaker M (b). Introduction: the Second World War in the art museum of the twenty-first century ［C］// Schavemaker M, Langfeld G, Soeting M. The Stedelijk Museum and the Second World War. Bas Lubberhuizen en Stedelijk Museum Amsterdam, 2015.

［15］Wigley M. White walls, designer dresses: the fashioning of modern architecture ［M］. Cambridge, MA: The MIT Press, 2001.

关于作者

　　玛格丽特·斯加芙玛可儿，曾在阿姆斯特丹大学（University of Amsterdam）研修艺术史与哲学，2007 年获博士学位，博士论文为《孤独的图像：1960 年代视觉艺术中的语言》（*Lonely Images: Language in the Visual Arts of the 1960s*）。毕业后从事过一段时间艺术史与传播学的学术研究，后进入阿姆斯特丹市立博物馆，担任教育、讲解及出版主管。2018 年 12 月，出任阿姆斯特丹博物馆艺术馆长。

　　斯加芙玛可儿在当代艺术和理论领域著述甚丰，并组织过一系列著名的学术讨论，如 2006—2007 年的《岁不我与：1990 年代以来的艺术与理论》（*Right about Now: Art and Theory since the 1990s*）、2008—2009 年的《适逢其会：21 世纪的艺术与理论》（*Now is the Time: Art and Theory in the 21st Century*）以及《来日方长：未来视角下的艺术与理论》（*Facing Forward: Art and Theory from a Future Perspective*）。此外，她还策划各种展览，发掘媒体技术在文化领域的应用潜力。

　　斯加芙玛可儿兼任创意产业基金会（Stimuleringsfonds Creatieve Industrie）顾问以及维特芬＋博斯艺术＋技术奖（Witteveen+Bos-prijs voor Kunst+Techniek）评委。2013 年，她当选为瓦瑟纳尔荷兰人文社科高级研究所（Netherlands Institute for Advanced Study in the Humanities and Social Sciences）研究员。

Critically Exploring Heritage and Museums

Voices from Reinwardt Academy Amsterdam

遗产保护的交易本质

萨尔瓦多·穆尼奥斯-比尼亚斯

长久以来，文化遗产一直与珍贵稀有的物品联系在一起，需要人们去呵护、永久保存和传承后代。"宝物"一词常被悄声提及。而如今，遗产的概念正被用于更广泛的对象，有形和无形的同样适用。与过往一样，提到文化遗产，当务之急依然是帮助它们维持更长的自然寿命。事实上，无论是有形遗产还是无形遗产都有突然消失的可能，这个认知可以使文化遗产被更广泛的公众、专业人士和当局所重视。

为了阻止，至少是减缓材料不可避免的衰退，或是减轻衰退的影响，保护、修复和保存的科学出现了。此刻，我们仍处于永恒的现在、永驻的青春和永恒本身的现代主义时代的余韵中，这个学科可能比以往任何时候都更加繁荣。

遗产和博物馆批判研究领域，优先考虑创新的、参与式的对待遗产的方式，而用保守的态度对待文物并不总能得到无条件的支持。事实上，不加思索地将艺术品、自然景观或传统习俗当作化石一样对待，似乎不太能够激发社会共鸣和公众参与，也不容易获得公共拨款的支持。我们在瑞华德学院青睐的是与此不同的方案，譬如预防性保护、风险处理——尤其是物理对象（和场地）发生变化导致的风险，以及对主导无形遗产评估的相关方面（通常处于对立面）的理解。如此，将一件艺术品恢复到它过去的、原本的或者大概预期的状态，可能并不总是我们最关心的。

但在 2016 年，我和同事玛耶伦·范·霍恩在杭州的浙江大学人文学院文物与博物馆学系举办了一个工作坊，这期间，在该系教学资料室存放的大量的我们这个领域最出色的著作中，我偶然发现了一本题为《当代保护理论》的蓝皮小书，并沉醉其中。我惊觉关于修复的研究是一项哲学挑战，而不仅仅是一本指导"如何做"的食谱。

为什么我会被这本书所打动？第一，我意识到，已有人正从广义的学科角度全面地对保护对象的实践活动进行研究。从为什么要保护到如何保护。比如再创作，不能改变创造者的设计和本意，更不能重塑对象。这本书里可以读到对长久以来修复习惯性做法的彻底批评和全新思考。第二，是这些华丽的词句构成了如此美妙的篇章（C'est le tone qui fait la musique）。我看到作者的语言是散文家的腔调，带着好奇，对学习某些东西真的感兴趣，并在通俗易懂的语域来学习。自从我活跃于考古、艺术史、文物与博物馆研究领域以来，这样的文笔就一直很少见。我们这个领域的权威人士、作家、科学家、顾问、策展人、理事、评论家和专家都不以语言亲和力著称，当然，众所周知，尼尔·麦格雷戈馆长（大英博物馆）和亨克·范·奥斯馆长（荷兰国立博物馆）是例外。第三，也是最重要的一点，我认为这里的遗产批判理论，和之前一样，被边缘化叙述了。要回答一个珍贵的东西为什么应该被"带回来"，以何种状态或形态"带回来"的问题，不得不考虑到当前与之后的观赏者／所有者／公众与过去的管理者／创造者／背景环境之间的关系，以及这期间的许多阶段。在这里，遗产也会变成一枚国际象棋中的棋子，在这场永无止境的游戏中，面对身份、权利的安排，对未来有所期盼。

瑞华德学院的工作人员没用多久就核实了《当代保护理论》的相关信息，这是一部享誉全球的经典著作。我们很快开始邀请作者萨尔瓦多·穆尼奥斯－比尼亚斯教授主讲2017年的瑞华德纪念讲座。在他欣然接受，我们又邀请他的同事成为我们的常驻专家。穆尼奥斯教授还参与了我们的保存修复老师在卡斯特鲁姆·皮瑞格林开展的一个学生项目最后一周的活动，是阿姆斯特丹绅士运河边一组罕见的三间六层的建筑群，完全保留了已过世的百岁艺术家吉赛尔·戴利的房间。这是穆尼奥斯教授在阿姆斯特丹最后做的理论方面讲座之前的一次关于实践方面的预演，同时它也是极为成功的。

在准备手稿时，我仔细考虑了标题中的"交易"这个词。除了它的普遍含义——一次性的交易而不是持久的关系，它还让我想起艾瑞克·伯恩对社会个体之间相互作用的强大理论，在这种作用中，自身不断改变（或实际上延续精神病态的自我状态），其被称为交互分析（Eric Berrce，1963）。如此，假设文物是正在进行的在人、身份、过去和未来之间变换的位置过程中（或在防止这种变化的策略中）的装饰件，那么在这个意义上，保护文物本体的实践也可以被适当地认为是交易性的。

里默尔·克诺普

瑞华德学院文化遗产学教授

2017 年 12 月，于阿姆斯特丹

弗兰肯斯坦综合征

遗产保护领域有个美丽的悖论，它的工作往往需要改变修复对象。换句话说，修复带来改变。不愿承认这一事实的反对者被称为"弗兰肯斯坦综合征"（正如《科学怪人》小说中的维克多·弗兰肯斯坦不愿考虑他实验的后果一样，许多专家和非专家并不太考虑保护处理的后果）。

这一观点在 2011 年美国保护协会年会上的一次演讲中被提出，并在会后发表（Munoz-Vinas，2013：111-126）。为了方便读者，这里做了适当的总结。我们从西班牙的巴伦西亚谈起，巴伦西亚是一个中型城市（大约有 80 万名居民，有一个较大的都会区，接待的游客数量与常住人口数量相差无几）。在许多游客看来，这是一个可爱的城市；它当然有着悠久的历史，是罗马人建立的。巴伦西亚经历了许多事件：它作为一个伊斯兰城市存在了几个世纪，又被拿破仑军队统治了多年。它甚至在西班牙内战期间成为西班牙共和国的首都。但它的黄金时期出现在中世纪末，并一直持续到 15 世纪。13 世纪，随着该城的兴盛，人们决定建造一座大教堂。

大教堂的第一道门是罗马式的，其余大部分是哥特式的。15 世纪，主祭坛礼拜堂被大火焚毁后，两名意大利画师被委派绘制天花板。17 世纪，整个教堂包括天花板，以浓郁的巴洛克风格翻新，在接下来的一个世纪，增加了另一个巴洛克风格的门，同时整个教堂内部以新古典主义风格翻修。这种演变可以被认为是此类建筑的典型，这些建筑的建造、重建和修饰都是为了满足使用者的品位和需求。

20世纪80年代，大教堂受到了广泛的保护，包括修复中殿的哥特式内部装饰。而旁边的小教堂和主祭坛保留了新古典主义和巴洛克风格的装饰。21世纪初，人们在一次例行检查中发现了主祭坛上方的天花板有一小处漏水。为了找到漏水的原因，一个摄像头被安插在巴洛克风格的天花板和原本的哥特式半穹顶之间的空隙中。令文物保护人员大为惊讶的是，摄像头下的15世纪文艺复兴时期的画作在巴洛克风格的整修中并没有被摧毁，反而被保存得很好。

在这个发现的基础上，经过与国内外知名专家协商，文物修复师们决定将巴洛克风格的天花板拆除，以展示非常精美的文艺复兴时期的画作。修复师们拆除天花板并清洗了画作（图6-1）。这在公众中获得了轰动性的成功。开幕式成了一次政治事件，国际会议和巡回展览被组织开展，相关休闲读物被出版，成千上万的人排队观看这座城市的新宝藏。然而，文物保护人员所创造的是一种全新的合成物，将从未共存的部分组合在一起。他们的工作使主祭坛现在呈现为一个圆顶，在这个圆顶中，哥特式拱顶、拱门的中心末端可以与文艺复兴时期的画作一起被看到。大量的金色巴洛克风格装饰覆盖了大部分拱门，在半圆屋顶的中心有一块裸露的拱顶石，这既不是纯粹的巴洛克风格，也不是文艺复兴时期的风格，亦不是哥特式风格（图6-2）。从某种意义上说，文物保护人员创造了一种历史和艺术上的弗兰肯斯坦生物①。

这似乎是一个极端的、不具代表性的例子，但实际上它与几乎所有其他保护处理并没有太大区别。这种区别不是定性的，而是定量的：只是源自不

---

① 在普遍认知的意义上，这不是1818年玛丽·雪莱塑造的形象，而是1931年由导演詹姆斯·怀勒指导、波利斯·卡洛夫主演的经典美国电影《弗兰肯斯坦》及其多数续集中的形象：一个"由十几个尸体"组成的怪物，如同《邪恶的科学怪人》海报所呈现的那样(1964年由弗雷迪·弗朗西斯导演)。

图 6-1 巴伦西亚哥特大教堂的主祭坛。巴洛克风格。图片为萨尔瓦多·穆尼奥斯-比尼亚斯所有

图 6-2 穹顶的细节。图片为萨尔瓦多·穆尼奥斯-比尼亚斯所有。在拱顶石上,只能看到哥特式拱门的末端;剩下的部分被巴洛克风格的装饰所覆盖。在这些哥特式/巴洛克风格的拱门之间,哥特式天花板上覆盖着文艺复兴时期的画作。为了使文艺复兴时期的画作完全可见,巨大的巴洛克风格的拱顶石被移除。现在我们看到的是一个空白的八角形

图 6-3 1997 年 9 月 26 日的地震摧毁了阿西西的圣弗朗西斯科教堂,文物保护人员竭尽所能在废墟中找到了原画表面的碎片。这些被辨认出的部分随后被重新放置在与原画同样大小的复制品上。图片来自《共和报》

同地区和时代的碎片与材料的混合更加明显而已。

　　以位于意大利阿西西的一座教堂为例，其中的早期文艺复兴时期的画作在 1997 年 9 月 26 日的地震中被毁。在约里氏 5.7 级的强烈地震中，有着超过 500 年历史的附有壁画的大块天花板掉到了地板上，归为尘土和瓦砾。

　　漫长而细致的保护过程始于收集尽可能多的画作碎片，然后推测它们原本的位置。能被识别出的碎片随后被粘在与原画同尺寸的复制品上（图 6-3）。最后，黏合了碎片的复制品被粘在一个六芯面板上，并重新安装在重建的新天花板结构中。这种处理被认为是成功的，但游客现在所能看到的，还是来自不同地区与时代的不同材料和物品的杂糅物：在现代彩色版画的旁边，可以看到 500 年前的画作；老旧的石膏与现代合成黏合剂混合在一起；所有这些部分被聚集在一个轻质的面板上，如同那些应用在现代航天工业的高科技

图 6-4 《镜前的维纳斯》（《维纳斯的梳妆室》），迭戈·委拉斯开兹于 1650 年左右完成，藏于英国国家美术馆。现在它包含着 20 世纪一位不知名修复师的绘画和笔触，尤其是在维纳斯背部

产品一般。

事实上，这种现象可以在许多保护处理项目中被发现。大多数参观者在英国国家美术馆观赏委拉斯开兹的画作《镜前的维纳斯》（图 6–4）时，都认为他们看到的是一幅 17 世纪的画作。事实上，他们所看到的是另一幅来自不同地区和时代的材料的杂糅物——这幅画在 1914 年被一名主张妇女参与政权者割毁，后经巧妙处理，成功地掩盖了所有的损伤。因此，现在这幅画上有着 17 世纪西班牙委拉斯开兹的笔触，还有 20 世纪伦敦一位颇有造诣的修复师的笔触。当然，材料也来源不一：20 世纪的颜料和黏合剂，就在 17 世纪的颜料旁边。这幅画现在实际上是一个合成物，一件不同于委拉斯开兹在 1650 年左右完成的画作的物品。

图 6–5 《机械战警》海报（奥利安影视，1987）。图片由布莱恩·D. 福克斯设计

的确，现代新材料通常被添加到修复对象中，其实有一个比科学怪人创造的怪物更好的比喻，当然这个怪物可能没有玛丽·雪莱笔下的那么经典，但也可能更为准确：添加现代保护材料产生的新对象通常可以与保罗·范霍文的经典电影《机械战警》中表现的角色相类比。

《机械战警》（图 6–5）讲述了警察亚历克斯·J. 墨菲在执勤时身受重伤，医生为挽救他的生命用机械装置替换了他身体一部分的故事。结果就像电影海报上写的那样，墨菲变成了半人半机器的警察。同样的，一个旧木雕可以被浸渍在现代丙烯酸固化剂中；一幅巴洛克风格的画可以被安装在金属的恒张力框架上；而文艺复兴时期的刺绣可以被缝制在塑料无纺布上。

弗兰肯斯坦和机械战警的比喻似乎都有些牵强。然而它们并不是例外，因为已有人注意到许多被保护对象的这种复合性质，并使用了上述的这些比喻。例如，对西班牙南部一个古老阿拉伯堡垒的保护，开启了现代白墙与古老石块的结合的先河，这个项目赢得了国际建筑奖[1]，但它也被描述为"弗兰肯斯坦式的城堡"（Wainwright，2016），甚至被称为"弗兰肯城堡"；[2] 而自从背上装了一套可以传输有关情况的现代电子传感器和电路后，"蒙娜丽莎"就被

图 6-6　巴黎罗浮宫。一大群人聚集在一个"真正的 21 世纪的受控机器"前。图片来自萨尔瓦多·穆尼奥斯–比尼亚斯

说成是一个"真正的 21 世纪的受控机器"（图 6–6）。（Rubio，2016：59-86）

　　但更有趣的是，许多文物保护工作者和普罗大众仍希望将文物保护视为一种纯粹的独立活动，一种不计入文物历史范畴的活动。他们把文物保护当作几

---

[1] 修复类 The Architizer A+ 奖项（参见：https://architizer.com/projects/restoration-of-matrera-castle/）。截至 2017 年 12 月 12 日，本文引用的所有互联网资源均已上线。

[2] 参见：https://www.artsjournal.com/2016/03/franken-castle-what-a-spanish-architect-did-to-a-historic- ruin.html.

乎难以察觉的透明修补剂的意愿是如此强烈，以至于文物保护人员和遗产管理方几乎完全相信文物保护可以在不干扰文物的情况下进行，并真的无视这种干扰。这种选择性忽视而非保护往往会创造出新复合材料的事实，才是"弗兰肯斯坦综合征"真正所指的。就像维克多·弗兰肯斯坦博士因获得更多知识和力量的愿望而失去理智，没有真正意识到自己的行为可能带来的后果一样，修复师也可以选择忽略一部分后果进行保护处理，这后果就是保护对象的改变。

C–IA（保护引起的变化）

自从 2011 年"弗兰肯斯坦综合征"这个概念提出以后，它就被大家认为是一种"挑衅式的攻击"，无论它看起来是多么显而易见（Matero，2011：2）。从大量报告、文本、讲座来看，修复师倾向于忽略（或者至少是回避）这样一个事实——可能除了预防性保护，所有保护处理都是通过塑造一个或多或少不同于被保护对象的物体来起作用的。

不可否认的是，我们很难确切得知某个修复师是否意识到或在多大程度上意识到由保护引起的变化（简称 C–IA）。但 C–IA 却未能出现在交流、讨论、报告和教科书中。它如此常见，却并没有成为一个被广泛讨论的话题。

正如上述案例所表明的，这一问题在建筑、架上画和壁画保护以及其他专业领域都真实存在。让我们以纸张保护为例。在这一领域中，加膜是一种相当著名的技术：用塑料层（如聚乙烯或醋酸纤维素）覆盖脆弱纸张的两面，使塑料层与纸张紧密结合。理论上，这种处理可以使纸张不受液体、污渍、害虫、污染物、湿度波动等各种破坏因素的影响。这种理想状态可能可以实现，但事实是，它并不总能达到预期的效果，因为许多这样处理过的纸张由于其内部的化学不稳定性而不断劣化，而不幸的是，加膜法几乎不能减缓这一过程。更重要的是处理后的册页在外观和手感上的变化是惊人的：压合纸的外观和手感都不像纸，倒像一片塑料。实际上它已经成为机械战警一样的遗产。压合纸一般可能是将写满用阿拉伯树胶和烟灰混合而成的字迹的残破纸张与一种20世纪产生的合成聚合物组合而成的：新旧混合，整体却是遗产。

无可否认，这种加膜技术在 20 世纪 80 年代就被淘汰了。然而，另一种纸张分层技术在 21 世纪初仍然被认为是可取的——将纸分割成两层，夹入一个更耐腐蚀的芯，然后把它们粘在一起。这是一个很有技术含量的方法：普通的纸张，如办公室用纸，厚度大约是 0.1 毫米，也就是说，把纸分成两层会得到两张厚度约 0.05 毫米的纸。这很困难，但可以将纸的两面用黏合剂轻轻润湿来加固，然后再将两层分开。这个过程需要特别小心和精细，因为任何失误都会让两层更薄的纸变成一张被撕破的纸。这一过程可以通过技术高超的手工完成，尽管人们也设计了一些机器来执行这一过程（Smith，2000：1-3）。① 如果操作过程正确，所用的黏合剂稳定，就能得到一张比以前耐用得多的纸——一张使用寿命更长、拿着不会破损的纸。但这张纸会比之前厚一些，且可能会因为两层纸难以完全对齐而产生轻微偏差。不用说，这种处理方法在两片纸中嵌入了一个以前不存在的加固层。就像机械战警墨菲的例子一样，老旧的、脆弱的残骸与新材料结合在一起，形成了一个更稳固但截然不同的物品。但这种处理并不常见，因此可能有人认为它不具代表性。然而，大多数处理方法确实会导致对象发生变化。实际上任何修复步骤，就像医疗救治、汽车维修或电脑程序维护更新一样都需要间接改变一些东西，否则是没有意义的。

纸张平整技术就是一个很好的例子。纸张不是坚硬的材料，经常被压弯折叠。这种柔韧性实际上是它的主要优点之一。受到微小湿度变化的影响，纸张还可能起皱。因此，随着使用损耗和时间推移，纸张往往会变形，不会和原本一样平整，这通常被认为是一种老化的信号。为了解决这个问题，纸张修复师开发了有趣而复杂的平整技术来去除这些岁月的痕迹。

压平一张纸有时可能是一件非常复杂而困难的事，但原理非常简单。平整一般都包括三个步骤：首先，润湿纸张；然后弄平纸张并施加约束；最后

---

① 好奇的读者可以从 2013 年发布的一个 YouTube 视频中看到过程，参见：https://www.you- tube.com/watch?v=gGRsGVXTfVE.

干燥纸张。纸张完全干燥后，约束物被移除，纸张就会变得平整。经处理的纸张会改变形状，因为水分子在纤维素分子之间相互缠绕，使得它们可以相互滑动。分子在水分蒸发时可能处于一个新的结合位置。如果纸张在干燥过程中是平整的，它就能保持这种新的平整形态。

理论上讲这个过程非常简单，但它也有副作用。（尤其是与纤维素这样的大分子相比）小小的水分子仍占据了一些空间，当它们与纤维素分子相互交织，纤维就被分离了：这就是为什么纸张（木头）受潮时膨胀，相反在干燥时会收缩。纸张在压板下干燥时可能无法恢复原来的尺寸，因此，平整后的册页常与保护前的尺寸略有不同。

这一现象已被研究过。例如，2009 年发表的一项研究表明，纸张在压力下变平（对纸张施加约束的两种主要方法之一），通常会在某个维度变大 0.5% 至 1%（Munoz-Vina，2009：181-198）。这意味着一幅 100 厘米 ×70 厘米的海报经过保护处理后，可能会延展 1 厘米。如果这些数据令人担忧，看看尼尔森和普利斯特所做的研究。他们发现，纸张在张力下被压平（另一种主要的约束方法），可能会延展 2% 至 3%（Nielsen and Priest，1997：26-36）。许多文物保护人员在处理由纸张制成的文物时都遇到了这个问题，这些纸可能是一本书、一幅大地图，也可能是一张旧海报。处理后的纸片很少能很好地贴合在一起，想要把它们固定在原来的位置就需要一些折中的办法。[①]

纸张的膨胀可能带来其他不好的影响。比如，纸上的内容是用疏水的油墨打印的（如在这本书及其他书本所使用的），纸张的扩张势必会使油墨层受力，甚至产生一些裂缝（图 6-7）。幸运的是，这种类型的裂缝在日常观测中很少会出现，但这并不意味着它不是 C-IA 的另一个例子。

润湿还可能在其他方面改变纸张。随着纤维的膨胀，纸张的大小和质地都会发生变化。水是一种强有力的溶剂，如果有足量的水，许多化合物都会

---

① 发生这种情况的原因是，由于涉及许多变量，压平纸张的尺寸变化向来不会完全相同。因此，重新装订时，处理过的书中的某些页可能会在整本书中略微突出。对此好奇的读者可以在此文（Murphy C，1998:272-281）中找到出现这些问题的案例。

图 6-7　而有油墨的纸润湿后会膨胀。如果油墨没有弹性，它就会断裂，形成裂纹。图片来自工业经济研究所（西班牙）财政部长，于巴伦西亚理工大学遗产修复研究所的绘图间拍摄

离开纸张。水经常以不同形式参与到纸的修复处理中，比如清洗就是一个常见步骤（图 6–8）。大多数纸张老化后形成的化合物可以被水溶解，溶解后液体呈酸性，因此用水去除这老化产物可使纸张变得更亮，寿命更长，但也有可能产生副作用（图 6–9）。清洗纸张也能部分溶解某些胶料[1]，从而改变其力学行为。紧随其后必须进行平整步骤，而这会引起纸张大小的变化。

　　如果纸质文物是一幅粉蜡笔画呢？粉蜡笔画和炭笔画等类似的作品的修复有特定风险，因为它们是由精细的颜料制成的，这些颜料由于微弱的电磁力而黏附在纸的表面。其实只要轻轻摇晃，新完成的粉蜡笔画就会掉落一层薄薄的颜料颗粒：如果触碰表面，很可能会有一些颜料粘在手指上。同样的道理，如果把水涂在粉蜡笔画上，色彩也会松动。图 6–10a 和图 6–10b 显示

---

[1] 大多数纸张在生产过程中都会被加入某些黏合剂，使其吸水性降低，方便使用。这种黏合剂（纸张大小）还会赋予纸张特殊的肌理感。

（左）图6-8　纸张清洗，这件纸制品是19世纪一幅学院派画作的残片，正被逐渐浸润。图片来自萨尔瓦多·穆尼奥斯-比尼亚斯

（右）图6-9　清洗后，可溶性降解副产物被洗去。洗涤后，水变黄，呈酸性。图片来自萨尔瓦多·穆尼奥斯-比尼亚斯

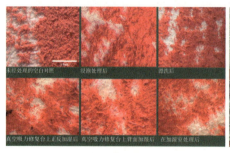

图6-10　显微镜照片显示不同的润湿技术对两种不同粉彩颜料的影响。图片来自克里斯蒂娜·考曼和萨尔瓦多·穆尼奥斯-比尼亚斯

了一些（未发表的）研究结果，这是新完成的彩画样品在几种保护处理前后遇水时的照片（Kaumanns and Munoz-Vinas, unpublished）。可以看出，每种处理都引起了很大程度的内在变化。这里需要注意两点：首先，这些彩画是为了实验新画的，所以它们还没有失去更松散、浮于表面的颜料，也就是那些更容易被水去除的颜料。其次，如果用肉眼观察，变化没有那么明显。尽管如此，这项测试还是有意义的，因为它证明了水基的保护处理可能会改变粉蜡笔画，以及由疏松颜料画成的类似的纸质文物（Lory, et al, 2012:199-219）。①

————————

① 这一发现绝不是革命性的，因为大多数修复师都很清楚这一点，事实上，这个话题已经被其他作者研究过。

干燥的、机械的处理方法可以代替液体清洗的方法。这些方法中、尤其是在清除积于纸面的尘土和污垢时，温和擦拭脏污的纸面是非常管用的。我们可以使用不同材料来完成，如不同类型的泡沫、橡皮甚至化妆棉都可以（图6–11）。保护过程需要修复师具备良好的技术和灵敏度，但如果正确实施，它可以产生非常好的结果。

正如读者所怀疑的那样，它也会引起纸张表面的变化。当然，这种改变是微小的，但它确实存在，只不过是 C–IA 的另一个例子。

所有这些例子说明了 C–IA 在许多保护方法和步骤中是如何存在的。可以说，它的存在是必然的。然而，与上面讨论的例子相比，它们在实际应用中带来的影响更大。

图 6–11　软质泡沫处理过的木板画。表面在显微镜下可能有轻微的改变，但清洁后的区域看起来更明亮、更漂亮。照片来自巴伦西亚理工大学遗产修复研究所，于绘图间拍摄

由于技术必须应特定需要以特定的顺序施用，不同的 C–IA 可能会累加并相互作用。我们将通过讨论最近的一个保护项目来了解更符合实际的情况。在这个项目中，保护小组（由来自西班牙和意大利的五名保护人员，包括我组成）对 20 世纪 20 年代和 30 年代的 29 幅大型电影海报（基本是 1.65 米 ×1.25 米的大小）进行了保护处理。这些海报早在 15 年前就已被保护处理过，包括清洗和增加衬里，但当档案馆遭遇洪水时，这些海报就被卷起来存放了。虽然海报没被淹到，但高湿度确实影响了海报：某些部分的衬里散了，难以展开。失去衬里的纸张很脆弱，许多海报破损，缀连着些许松散的小碎片。此外，这次保护的直接原因是它们将首次被展出。因此，这次修复被希望不单单能够延长海报的寿命，之后还能让它们偶尔展出，平时易于存放（图 6–12）。

展示巨幅纸制品总是一个挑战。纸对环境湿度的变化是非常敏感的，正如上文提到的，纸随着空气湿度的变化而膨胀和收缩。即使是纸张尺寸的微小变化也会导致它起皱；且纸张越大，尺寸的变化就越大，继而会造成失

图 6-12　巴伦西亚电影学院所藏的一幅 20 世纪 30 年代电影海报的侧光照片。这幅海报的存放地遭遇了洪水，几天后，湿度的升高使海报彻底变形了。图片来自巴伦西亚理工大学遗产修复研究所，于绘图间拍摄

真。为了使纸张尽可能平整，可以采用不同的技术。例如，可以像现代新印制的海报贴在纸板基座上一样，把纸张简单地贴在一个平面的基座上。不过这涉及使用难以去除的黏合剂，而保护的目的是使处理过程尽可能可逆（对于海报来说，这首先意味着，如果有需要，它应该可以很容易地从支架上被移除）。

另一种技术是将纸张边缘与基底或纸条粘在一起，再将这些纸条反过来粘在基底上。这种方法很安全，但不能保证纸张平整。还有一种流行的技术是只粘贴纸的上边缘，让纸悬挂起来。这种普遍的做法同样不能保证一张大幅面的纸也保持完全平整。综上所述，在大多数人倾向的平面条件下展示纸质文物并不容易，同时要遵守一些基本的保护原则，如可逆性和最小干预。事实上，纸幅越大，这些就越难做到。

在这 29 张电影海报的例子中，所选处理方法涉及润湿纸张使其平整，这说起来容易做起来难，更何况湿纸非常脆弱，潮湿时处理大幅纸张更非易事。修复时，这些海报用日本纸做了内衬，我们用的是一种由小麦淀粉糊和纤维素的衍生物制成的黏合剂（图 6–13）。这种黏合剂产生的糊状物很容易变稀并溶于水，甚至在使用后也是这样。如果恰当使用，它会产生一个足够强的黏结力，但又不太过分（和想象中不同，修复师并不想要强力的黏结——恰恰相反，他们努力创造尽可能弱的黏结：可以起到黏结的作用，但可以在特定技术允许的条件下分离，如果使用更为理想的材料，可以做到轻轻一拉，两者即可分离）。另外日本纸既稳定又坚固的优良品质是加固保护的理想选择。

图 6–13　海报内衬日本纸。日本纸被放在衬底做准备。图片来自巴伦西亚理工大学遗产修复研究所，于绘图间拍摄

　　给这样大小的海报做衬也不容易（图 6–14 和图 6–15）。将海报和日本纸粘在一个可以拉伸的基底上，然后让它们通过干燥变得紧绷平整。这是一个能快速完成的步骤，但有风险。如果收缩量大于纸张的弹性，纸张就会被撕裂。为了防止这种情况的发生，我们采取了一些方法，例如在纸张毁坏前制作一种黏性很弱的黏合剂，将海报的内衬与亚麻画布粘在一起后挂在木框上。黏合剂（小麦淀粉糊和另一种合成黏合剂）的使用使得海报只要被轻轻拉开，就能很容易地从画布上分离。

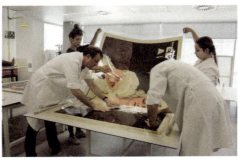

（左）图 6–14　潮湿海报被小心翼翼地放在日本纸基底上，处理这样大幅面的纸是复杂而有风险的。图片来自巴伦西亚理工大学遗产修复研究所，于绘图间拍摄

（右）图 6–15　海报内衬完成后，将海报从基底上取下，粘在画布上，画布绷在木框上拉伸。图片来自巴伦西亚理工大学遗产修复研究所，于绘图间拍摄

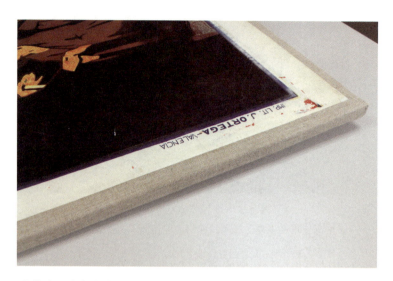

图 6-16　安装在画布上的内衬海报细节，显示了新对象的双重性质。现在它是 20 世纪西方的纸、21 世纪的日本纸和亚麻的杂糅物，附加木架和三种不同的黏合剂。图片来自巴伦西亚理工大学遗产修复研究所，于绘图间拍摄

　　这项保护处理在技术上具有挑战性，好在结果很好。参观者和策展人都对这种处理方式非常满意：海报看起来非常漂亮优美（图 6-16），如果展览结束后在合理的良好条件下保存，它们能存续很长时间。这是保护会议上提出的方法之一，也是学术论文和技术文件的主题。

　　不过，如果更仔细地观察这些海报，你就会意识到，它们是一小群和弗兰肯斯坦 / 机械战警一样的作品。它们原本是由 20 世纪上半叶欧洲制造的西方的、木浆的、长网造纸机所生产的。而现在，它们是由西方的长网造纸和 21 世纪的亚洲纸混合而成的，这些纸纤维来自某种一年生植物的树皮。

　　海报上还添加了一些化学物质：小麦淀粉及两种不同的合成黏合剂。这样加固的海报被粘在亚麻画布上，而亚麻画布又被钉在油画架等木架上。此外，由于它们被拉平了，处理后比之前稍长一些，通常约 5 毫米（图 6-17）。总之，保护会涉及很多 C–IA，但它成功了，甚至非常成功。C–IA 出现并不一定意味着失败。因为，如上所述，保护通常是通过改变物体来实现的。

图 6-17　公开展出的电影海报。这次展览是一种旧博物馆房间的现代演绎。照片来自萨尔瓦多·穆尼奥斯-比尼亚斯

"不应有错的领域"

写这篇文章时，网上的一个视频引起了公众讨论，内容是对一幅画进行快速的、有些粗糙的清洗。视频中的一小幅画上覆盖着深色的、已老化的光油层①。用手涂上一些凝胶，光油层立即溶解了。凝胶没有被谨慎使用，它直接滴在画作上：这某种程度上暗示了从业者的粗心大意，甚至可能是操之过急。惊人的不是视频的内容，因为有很多类似的图片和视频（图 6-18），而是它"使修复师感到震惊和恐慌"，因为它"错误地展示了通常用于清洁旧画的精心而又谨慎的方法"。此外，"使用视频中描述的方法操作可能会剥去画作的底漆，造成永久性损伤"（Ghose，2017）。这种来自保护行业内部的"骚动"（原文用词）确实很有趣，因为它非常特殊。网上有各种展示如何修理漏水龙头、修理坏掉的椅子和如何烹饪西班牙海鲜饭的视频，但管道工、木匠和厨

---

① 译者注：原文用词"varnish"，目前中国的油画修复人员常用"光油层"来表述。但其实光油是现当代研究出的一种材料，可代替之前古老的画面保护剂，防尘防腐，保持色彩鲜亮；而且它不仅用在油画里，在别的艺术表现形式里也有使用。

图 6-18 除去画上发黄的光油层有可能会改变它的价值。有人喜欢鲜艳丰富的颜色，而有人则更喜欢看上去有历史感的古画。要适当进行养护处理，需要考虑这些主观不可量化的因素。图片来自巴伦西亚理工大学遗产修复研究所，于雷塔洛斯工作坊的画架拍摄

师却未被激怒——尽管有很多不仅制作粗糙，甚至完全错误的视频。

因此，有些人可能会说，修复师是对同行工作最严厉的批评者。著名的美国艺术史学家伯纳德·贝伦森就曾说过一句名言：他从未遇到过会认可同行工作的修复师。[1] 修复师对视频的反应也许能用遗产保护领域充斥着的米歇尔·玛琳科拉和萨拉·迈赛所谓的"不应有错的文化"更好地解释（Marincola and Maisey，2011）：很多人，不管是专家还是非专业人士，都相信保护处理不仅要尽可能完善，还要绝无失误；而许多人真的就认为这些保护方法是无可挑剔的。

的确，有些修复师认为保护（保护本身、保护学科、该领域的知识、保护学）不会有失误，因为它为所有可能出现的问题提供了必要的工具。如罗杰·马来尼森所写：

"À partir du moment où la science met à notre disposition une vaste information, l'erreur est de moins en moins possible ou en tout cas de moins en moins justifiée, me semble-t-il. L'erreur s'explique par l'ignorance."

（"我认为，自从科学为我们提供了如此大量的信息，错误变得越来越不可能，至少越来越不合理。错误是由无知造成的。"）[2]

换句话说，如果保护处理不能达到预期令人满意的结果，那一定是修复师缺乏知识而不是因为保护实际上受许多因素影响，且不是所有处理都能保证达到预期效果——就像不能保证飞机百分百安全准时着陆，手术中不会出现意外情况一样。

正如我 10 多年前所总结的那样，按照这一传统观点，"错误……在保护中是难以容忍的，尤其是在会产生短期可感知的后果时"（Munoz-Vinas，2005：124）。也许由于这种严格的态度，很少有修复师敢于承认保护中的失误。

---

[1] "没有什么问题比如何修复一幅画更具争议性。我从未遇到过这种手艺的实践者赞同别人的工作。" 引自 Beck J, Daley M, 1993：152。

[2] Marijnissen R H, L'erreur, la faute, le faux: vers une éthique du respect et de la responsabilité, in CeROArt [Online] *Conservation, Exposition, Restauration d'Objets d'Art, n°3* (2009) (http://journals.openedition. org/ceroart/1176).

声誉在这个领域中很脆弱，很少有修复师会认可同行的工作，修复师也被要求只能做出完美的成果，承认错误可能不仅会带来"尴尬"，就像玛琳科拉和迈赛所说，还会危及修复师的未来职业生涯。事实上，只有少数勇敢的（通常也是非常优秀的）修复师敢于公开分享他们的错误，而我们从中可以学到很多东西。[①] 但这很罕见。不如意的结果在保护会议、学术出版物、研讨会和讲座内容中并不常见，因为这种绝对可靠是所谓权威化保护话语的一个组成部分——是专业保护人士实际期望传达和遵守的。[②]

权威化保护话语有其优点，它表示保护使用了现代高科技材料和设备——从激光、拉曼光谱、计算机渲染、3D扫描、挥发性胶结物、纳米颗粒、酶到多光谱成像分析，以独特的、成功的（可靠的）方式混合了尖端科学和传统的技能。根据这一观点（正如马来尼森所写），保护享有科学的所有好处，而科学是启蒙运动以来最好的知识来源，它建立了一个庞大的知识库，足以预防和解决每一个可能产生的问题。这就是权威化保护话语所主张的，当然，它赋予了保护十足的威望。

这种声望是当之无愧的，但不是因为上述原因，即并非因为保护是绝对可靠的，而是因为它几乎在所有案例中都产生了非常好的结果。然而在文章中强调权威化保护话语的一些不太明显的副作用可能更为有趣，即让保护无可挑剔的强烈愿望或要求（保护不使对象发生任何改变，且总是产生完美的结果）对保护和修复师实在太苛刻。这不公平，也不能提供足够的标准来判别和理解保护。

---

① 可以参见 Brajer I. "Taking the wrong path: learning from oversights, misconceptions, failures and mistakes in conservation. Examples from wall painting conservation in Denmark" in CeROArt. *L'erreur*, *la faute*, le faux, n°3 2009) (http://journals.openedition.org/ceroart/1127)；或是参见 Murphy, 1998。2014 年，国际图书与纸张保护协会召开了题为"要是我早知道就好了"的会议，会议也聚焦于这个主题，并在这方面做了一些非常有趣和有用的介绍。

② 这一概念大致基于劳拉简妮·史密斯关于权威化遗产话语的概念，她在《遗产的利用》(London, Routledge, 2006) 一书中阐述了这一概念，并在 2012 年阿姆斯特丹的瑞华德纪念讲座 "All Heritage is Intangible: Critical Heritage and Museum Studies" 中阐述了这一概念。"权威化保护话语"一词试图传达将保护定义为一种遗产职业的陈腐观念和刻板印象。

由于 C–IA 是必然会产生的，拒绝接受它意味着任何关注细节的人都能以过程中对象发生了改变为理由来批评所有保护措施，例如改变了文物的尺寸、外观、化学成分、质地等。即使是最温和的清洁过程也可能（而且一直）受到批评，理由是它除去的灰尘可能含有花粉、指纹甚至 DNA 等历史证据。[①]

对修复师来说，假装 C–IA 根本不存在，或者忽视它是有风险的：如果这是判别保护过程的标准，那么几乎每次干预文物时，修复师都注定会失败。为了进一步阐明这些观点：在任何有干预的保护处理中，C–IA 都是必然发生的——这不是批评。假装 C–IA 没有发生却是错误的——这是批评：因为这是不正确的，甚至危险的，因为所有的保护措施都可能因为涉及 C–IA 而受到批评。因此，仅仅根据是否导致了某种 C–IA 来判别保护处理是不公平的——这是另一个批评。

理解 C–IA：更多的收益

如果保护真想避免引起 C–IA，只能进行预防性保护。但事实并非如此。当 C–IA 发生时，保护与它明显的目的相矛盾，甚至与"保护"相矛盾——但它仍然可以产生令人满意的效果。因此，问题不在于 C–IA 是否可以被接受，而在于它为什么可以被接受。

答案相当直接，而且几乎显而易见。C–IA 因有着重要的积极作用而被认为是可接受的。唯一的必要条件是获得更多的总收益。保护领域中经常用到与医学的比较，在这里也许非常有用。

譬如一位正在接受心脏手术的病人必须注射一些可能导致昏迷的药物，

[①] 如果这种批评被认为是相关的，"即使是最温和的清洁也会被排除，因为他们可能改变此物中带有的历史证据。一个例子是关于米开朗基罗的大卫不应清洗的观点，因为即使是温和的清洗也可能去除一些痕迹，如米开朗基罗的毛囊或皮肤存在于雕塑中，根据 DNA 的研究，在未来这些可能会提供意想不到的信息"（From Munoz-Vinas，2005，p. 205 段落内的引语来自 Beck J H，"What does 'Clean' mean?"，in *Newsday*，October 6, 2002，A26 ）。

还可能会有危险的副作用。最可能的是，来自陌生人的血液必须与病人的血液融合。医生将切开病人的皮肤，然后将一些骨头锯断并拉开。手术后（可能要插入某种电子设备，从牛或其他哺乳动物那里替换有缺陷的心脏瓣膜）胸部将以钉合或缝合的方式闭合，一段时间后，等病人从这样激烈的治疗中康复再将电子设备去除。整个过程中有很多风险（可能发生感染，机体可能会对替换部位产生排异，新部件可能出问题等），恢复也需要很长时间。那么，为什么我们认为所有这些严重的损害和附带风险都是可以接受的呢？

所有这些操作和风险都是可以接受的，因为至少在患者完全康复的情况下，它们最终会为患者（以及他们的朋友和亲戚，或许更多的人）带来更长的寿命和更快乐的生活。病人可能会享受不做手术不能拥有的快乐时光。正是这样的效果，使得采取所有这些措施并承担如此严重的风险变得值得。这就是为什么进行手术是明智、正确的决定。

保护也不例外：C–IA 是为了获得更大收益而必须付出的代价。参照前章所述，用塑料（比如普通的橡皮擦）摩擦纸张，不管多轻，表面的微观形态一定会改变（Iglesias-Campos and Ruiz-Recasens，2011）。然而，肉眼可能看不到任何变化：能看到的是表面更干净了，看上去更好看。那与损失相比，收益是否重要到足以说明这个过程是合理的？通常是这样。看上去更好的话，公众会认为它被恰当地保护了。至于表面的微观变化几乎可以忽略不计，因为它既不损害文物的稳定性，也不会产生其他影响。

同样的道理也适用于其他保护技术。回到纸张平整：平整纸张时，褶皱折痕被永久性地消除了，也就是说，它曾经的一些真实印迹永远地消失了；且尺寸一定会有所不同。但另一方面，它会看起来更好，保养得更精心，也可以更方便地处理，甚至存放。同样，收益常大于损失，因此平整处理相当普遍。

认知的不确定性：不是所有重要的都能被认知

然而，将得失多少准确量化并不简单。事实上，有些人认为这根本不可能。这是因为保护增添和损失的价值不可估量。如何衡量一件艺术品被保护后为拥有者所带来的美感的提升？凝视一件修复好的国家象征物给观众带来的自豪感怎么能转化为数字呢？如何评价所影响的社会联系？情感的价值如何评估？历史的痕迹，如老织物上的灰尘、中世纪刀剑上氧化层的价值如何量化？如何判定珐琅画上的瑕疵的科学价值？

的确，许多得失都落在审美和象征领域。关心一件物品意味着它很重要，其所具意义值得记住，并且保养的人做得很好。看起来干净明亮会使物体更漂亮、更令人赏心悦目。这种令人愉悦的价值和意义是真实的，却并不容易被转化为数字。因此，估计保护过程带来的净收益可能比估计光束厚度和无线电信号的波长要复杂得多。文物保护领域的主观价值没有现成的公式。计算器或计算机可以用来计算简单的东西，如货币利润或纺织品样品在标准条件下的弹性，这些东西可以用数字精确地表示出来。但它无法应对遗产保护所涉及的各种价值。也就是说，评估保护处理所需的计算对于机器来说过于复杂，只能由人类完成。事实上，这种计算可能非常复杂微妙，以至于不同的人可能给出不同的答案，而所有人都有正确的部分。这类问题能否仅用一个分数、百分数来作答是值得怀疑的。

对某些人来说，像沃纳和麦克拉伦强调的那样，这种判别可能被认为是荒谬的，没有价值的，或是无成果的，这是个难题。[①] 而当涉及评估保护措施是否成功时，情况可能恰恰相反：任何能出结果的讨论都不能仅仅基于事实。

现实中的决策过程甚至更为复杂、难上加难，因为它需要考虑许多不同性质的因素，而这些因素通常是每个案例所特有的。例如，保护造成的明显损失就是花费。所有保护都需要资金，需要专业修复师的工作时间，需要更

---

① "主观的考虑往往使事实模糊不清，只有在这种情况下才能进行富有成效的讨论。"［MacLaren N, and Werner A. "Some factual observations about Varnishes and Glazes," in *The Burlington Magazine*, vol. 92n. 568(1950)：pp. 189-192 (p.189).］这篇文章发表于所谓的"清理争议"之中，这场争议围绕着二战期间英国国家美术馆清除画作中老化的光油层展开。在引用的几行话之后，作者们表达了他们对美学考虑的漠视："对主题的纯粹美学方面的讨论是没有止境的，并建议将讨论限制在问题的技术方面"。

换易耗品，需要付费的工作场所。由于预算有限，文物保护处理总是需要做出妥协，分个轻重缓急。

事实上，保护不是在真空中发生的，经济或其他因素会影响它。博物馆、拍卖行和收藏家的需求和目的可能会影响到保护。例如，完成保护处理的时间可能有限；机构保护实验室可能拥有一些工具、消耗品和设备，也缺了些其他的；地方法律可能禁止或以其他方式限制某些化学品的使用；博物馆某个空间的室内设计可以影响到一件画作在这间屋子展示时的效果；一件物品因为其被期望实现的功能（如被展陈，收藏在教堂、档案馆，被买卖等）可能让保护适当倾向于某一种方法，等等。这些因素也可能对保护处理的结果产生重大影响，使得作出适当的评估、决定和判别更加困难。

前文提到的电影海报保护就是一个很好的例子。它们将被展出，以令人满意的方式安全展出是首要任务。与此同时，储存这么大幅的纸张很占空间。它们通常会被保存在大硬纸板卷中，占用了宝贵的存储空间，在这个案例中是不可取的。为了能合适地保存海报，许多博物馆都将海报绷在画布上进行展示。与卷起来的海报相比，这种方式几乎不占用多少空间；还能使海报可见：如果要再次检查、拍摄或展出，就不需要将其从管中抽取出，临时安装，然后拆卸，再放回管中了。另一方面，卷放过程在技术上是有挑战性的，成本也比平整海报要高。

选择这种保护方式考虑了上述因素和其他原因，可以比较得失来说明。最要紧的损失是海报尺寸的改变，现在海报比原来延展了约5毫米，原有的褶皱和变形没有了，海报也不是原本仅有的纸质的样子。这一过程还涉及经济成本、海报的风险，因为它们需要运输、处理，还要经过几个需谨慎对待的步骤。

收益也不尽相同，例如，现在的安装方式能使海报更稳定，寿命更长；同时，如果必要，可以很容易地从画布上取下海报（目前不需要）；也可以方便地储存在小空间内，容易运输，需要时展出，供更多人观赏。更重要的是，它们看起来维护得很好，这能传递出一个信息——关于它们的重要性，以及电影资料馆这个公共机构在保护公共遗产方面所做的工作。

当然，任何人都可以批评这种处理方式，例如，这些纸海报贴在了日本纸和一张拉伸的画布上，这样一来，原本只有纸的性质就被扭曲了（至少暂时是，因为如果需要的话，海报很容易就能从画布上取下）。事实上，经过处理后，海报已经变成类似于帆布画或类似的东西。它们不能再像原来的纸海报那样被卷起来或折叠起来，也不能为了匹配小的橱窗而被切割成小幅。此外，它们不能被贴在墙上，也不能通过普通的快递运输。它们不再是真正的纸海报，这个案例中所做的保护决定可能会因此受到批评。最后，正如前文所说，这种保护处理创造了一种从未存在过的弗兰肯斯坦 / 机械战警组合：原本海报的一些方面已经丢失（其中一些已经不可逆转地丢失了）。但同时，从技术角度来看，保护处理的成功是因为它满足了大多数人的期望，进而证明，认可一种保护处理的成功，并非因为它没有造成损失，而是因为所获得的收益远远大于损失。

技术的不确定性

保护过程涉及许多复杂、微妙、不可估量的因素，使精确评估一次交易的整体收益变得困难。这种困难，或者更确切地说，这件不可能的事情，由于保护处理的成功程度只能随时间推移来检验而变得更加困难。比如添加到物体中的化学物质的长期稳定性、加固材料的坚固性对于评价保护工作是很关键的。但只有一段时间以后才能做出评估。

这是一个重要的议题。我们尚且没有开发出时间机器，科学家基于加速老化测试所得的数据信息便成为修复师使用的标准。尽管这是人尽皆知的预测材料性质的技术，但它依然不是完全可靠的。正如著名的保护学家、国际文物保护与修复研究中心（ICCROM）前主任乔治·托拉卡所写，"科学家提出一种保护方案并为其可靠性和持久性做保证，要么是有意识地夸大其词（好的情况下），要么是由于缺乏经验而产生了错觉"。[①] 即使人工老化试验完全可靠，科学家们也只能保证某种材料在实验室条件下的耐久性。不幸的是，现实中有太多变量使得这些预测变得不靠谱，因为即使是最好的可用材料也可能被存放在与实验室样品不同的环境中。例如胶水，加速老化测试时用在载玻片上可能表现良好，但当被用在酸性的，有不同程度脏污及污染性气体的，有 500 年历史的古老的中世纪纺织品上时可能有不同的表现——保存环境很难与实验室的一致。此外，即使这种胶水在任何条件下都表现良好，修复师也可能不谨慎地、不恰当地使用它。这只能在一段时间后知道，如同在生活的许多方面（从选择要看的电影到买房子或选择伴侣），当下我们只能做出有根据的猜测一般。尽管专家们大多数时候都做出了正确的猜测，但失败的风险总是存在，这是专业保护人士和普通大众都需要明白的。与许多其他专业人员的工作一样，修复师的工作也受到工作本身高度不确定性的影响。[②]

另一方面，在判断保护工作时，外行人需要知道，有一些技术上的细节只能由专家来判断。例如，只有专家知道有哪些方法可供选择，它们各有什么利弊。也就是说，最了解变化细节的是专家，他们非常了解技术和材料，也知道可以得到什么。回到医学的比喻：医生比任何人都能更好地从技术上做出治疗决策。

这并不是说病人们没有发言权，他们有，甚至比任何人都清楚自己状态如何，并清楚治疗后恢复的如何。但是，他们当初并不了解，治疗这个决定是好是坏，治疗后的结果是更好或是更坏。这也适用于文物保护。观众可能知道他或她自己观赏被处理的文物时的感受。但是，一般观众可能不知道有可供选择的技术，也不知道每一个选择的预期结果。观众也不知道保护带来的损失及大部分的长远收益。例如，普通观众可能因为对文物新外观的喜好，忽略了保护对文物造成的不明显的影响，如微观结构、化学成分和力学性质。

---

① 参见：Torraca，1999:8-11。ICCROM 是一个政府间组织，致力于为其成员国服务，在世界各地促进保护各种形式的文化遗产（参见：www.iccrom.org）。

② 好奇的读者可能对此感兴趣：*Conservation Journal* 2014 年春季网络版的特邀评论"不完美修复"。其中，作者认为，保护过程中风险和妥协是必然的（doi: 10. 18236/ econs2.201401）。

此外，他也不知道预期的耐久性是否得到了提升，提升了多少，能够提升多少，以及付出了多大的代价。不幸的是，仅仅通过观察被处理的文物，只能判断保护的几个方面，例如光油保护层的均匀性、修饰的质量、颜色的强度等。这些是大多数非专业人士在判断保护措施时所考虑的方面。

这多少有点不公平，但也许不是完全不公平，因为大多数人都是通过物体的显性特征来识别和解释它的。而专家们可能对某些只能借助复杂研究工具如光学显微镜、电子显微镜、傅里叶变换红外光谱、X射线衍射仪、花粉分析等观察的特征感兴趣。这些人比非专业人员（其实也包括其他专家）有着很不一样的优先考虑的东西。例如一位寻找材料证据的考古学家会认为杜林尸衣的修复是失败的，甚至是个"灾难"，因为修复工作清除了裹尸布上的污垢（从中可能获得一些历史信息）[1]（Meacham，2010：28-42）。可能会出现最高需求/首要考虑相互冲突的情况，因为很少能完全满足所有利益相关方的需求，修复师有时会觉得这像是一场交火。

价值论的不确定性：价值的确会变化

事物的价值是可变的。同一个物品对一些人来说可能非常宝贵，但对另一些人来说几乎没有价值。尤其是宗教物品和当代艺术品。此外，文物保护人员经常会接手家庭和个人纪念品，这些纪念品对修复师本身而言几乎没有价值，但对客户来说却充满了强烈的情感价值（这就是为什么这些东西会被保存下来）。情感价值并不只存在于个人纪念品中，它也是其他如国家象征物等物品如此珍贵的原因。这类价值在保护中可能发挥重要作用，而它们既非常强大又具弥散性，因而也许是保护引起的转变有争议的主要原因。如同所有的交易一样，交换物品的价值是由交易中涉及的人赋予的，视当事人及具体情况而定。如传说中，北美东海岸一座不小的岛屿可以用一些小装饰品来

---

[1] 产生这种说法还有其他原因。有趣的是，大部分都忽视了历史证据。

交换。放在现在这是不可能达成的交易，但我们现在所知的曼哈顿这座小岛被当地人出售后，各方都很高兴，因为获得的收益至少和失去的一样高。

许多人可能倾向于相信事物的价值是客观的（甚至是固有的）。对于生活在发达社会的人们来说，东西都"有"明确的价格，通常用货币单位来表示。[①] 不管有人愿意为它支付多少，价格是一件物品所"拥有"的东西：它似乎独立于任何人的意愿和需求。人们因而容易认为价值不是由人建立的，而是事物本身的特征。但价格确是由某个人或一群人决定的，他们决定了定价多少才有足够的利润，又试图猜测别人会认为它有多少价值。当然，价格可能千差万别。例如，如果销售人员更重视销售最新产品，他们可能愿意降低利润，或者是增大占有空间，改变店铺的装修，或者他们只是想卖出更多的东西以成为一个更有名的商店。事实上，这种价格变化在许多商店周期性地发生着，而且没有明确的理由，也没有人想知道为什么同一件 T 恤的客观价格会随着买卖日期而剧烈波动。读者可能立刻想到反季和黑色星期五的促销活动，但这也适用于其他类型的商品，比如凡·高的画作或一些街头艺术品，它们的价格也经历了巨大的变化。

价值也可能随时间推移发生变化，这一事实增加了另一层不确定性，因为保护不仅是为同时代的人做的，也为后代而做，而我们只能模糊地猜测后代所想。因此，保护处理的长远效果不能以成功或失败这种二元项来判断，也不可通过客观工具完全准确地估算。有太多不确定因素可能会影响它。这样的判断也应该取决于可用资源、工作安排、需要完成的目标、服务对象的期望和品位、保护处理技巧等——许多即使是专家也不能准确评估的因素。

想想那些震动了保护领域的关于清洗的争议吧。自从 18 世纪现代保护产生以来，一些修复师就因去除古老名画的光油层（批评者认为还有一些釉料）而激怒了公众（Keck，1984：73-87）。这些争议可以被看作艺术品特征，即光油层价值变化的例子。对一些人来说，老旧画作上的光油层并不是他们真

---

① 从技术的角度来看，价格和价值是不一样的。然而，出于可读性考虑，在这篇文章中，价格被理解
　为价值的货币表达。

正关心的——他们接受并欣赏它现在的样子。因为它们的存在不被视为损坏，所以它们消失也就意味着并没有得到什么——与此相反，清除光油层（清除部分釉料，削弱画作表层）可能带来的附加损害被认为是重要的损害。另一些人认为老化的光油层对画作会造成损坏。因此，画上任何残留的老化光油层都必须被清除，因为这意味着这幅画和它的观众将受益匪浅。

后一种做法在 20 世纪中叶对盎格鲁–撒克逊地区产生了深远影响，并从那里渗透到西方世界的其他地区。然而，即使是这样一个根深蒂固的想法也发生了改变：价值，这个可以决定一项交易是否能有收益的东西，是由人主观赋予的，而人的观点可能随着时间推移而改变。所以清除光油层的做法延续几十年后，旧的光油层已经变得非常罕见，它被认为是画作有一定年份且有价值的证明，也是过去盛行品位的见证。例如，2002 年《伯灵顿杂志》的社论讨论了耶鲁大学收藏的早期意大利画作所经历的保护措施。这些保护发生在 1952 年到 1971 年之间，现在被广泛认为是"过度清洁"的案例。因此，被作为"肮脏的实物教训"的未经处理的圣哲罗姆因保存了"非常早期的保存极其完好的光油层"被认为是有价值的。① 价值确实会改变，所以即使今天一件物品的价值增加了，明天它的价值仍可能会减少。反之亦然。

同样地，从今往后的 50 年间，收藏家、历史学家或非专业人士也可能以类似的方式欣赏旧电影海报上的折痕，将其视为有价值的历史印记（图6–19）；也许有一天，人们会发现老旧光油层中含有某种化学物质，可以用来精确地测定画作的年代；未来的研究人员可能用现在没人能想象的高科技设备从金属雕塑表面的痕量化合物中获取历史信息。因此，像作者这样的修复师可能已经（并将继续）永远地清除了潜在的历史见证。

这可能在将来成为现实，但在 21 世纪的第二个十年中，没有证据表明这将成为现实。确实有很多人，他们正在、将来也很可能会欣赏清洗后的绘画、

---

① 来自 2002 年 1191 卷 144 期《伯灵顿杂志》第 331 页的"社论"。请注意，这并不是说这幅画的清洗是错或对。最有可能的是，如果不是因为有这么多其他的画没有上过光油层，圣哲罗姆上的光油层可能从未被发现有价值（也不值得被《伯灵顿杂志》的一篇社论提及）。

图 6-19 处理前后的画。折痕太多让人难以欣赏这幅画，证明这幅画被保存得很差（它不是很有价值吗，难道主人不在乎？）。一旦痕迹消失，画能被更充分地欣赏，但是它们包含的信息永远消失了。如果保护处理被认为是成功的，那并不是因为对象被修复得与之前一样，而是因为收益大于损失，所以它的价值比之前更高。图片来自工业经济研究所（西班牙）财政部长，为萨尔瓦多·穆尼奥斯-比尼亚斯所有

漂亮平整的电影海报和干净的金属雕塑。事实就是，公众和研究人员不可能确定对象的某些特性在将来是否有价值，就像不能确定未来的研究者会多讨厌那些嵌在纸纤维中的粒子（图 6-20），甚至不能确定他们是否真的在乎。因此，我们能做的主观评估都基于猜测。

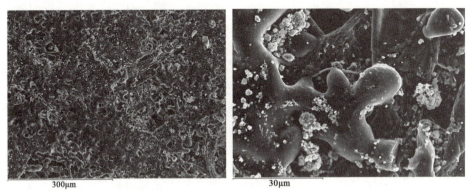

图 6-20　一种为延长其使用寿命而脱酸的静电印刷品的 SEM 显微照片（本书上显示的大约分别是 125 倍和 1000 倍）。其上有一些不易察觉的碱性化合物颗粒，在扫描电镜下显示为白色斑点。照片来自萨尔瓦多·穆尼奥斯-比尼亚斯

　　幸运的是，这些猜测是有足够依据的。在目前的知识框架下，多数保护项目在大多数情况下是有意义的，因为有理由认为预期的收益比现在和可预见未来的损失更大，或大得多。诚然，22 世纪学历史的学生可能会对某种保护方法感到遗憾，可能这种方法因为去除了某些当时被认为没价值的痕迹而使他或她的博士研究更加困难。同样，在那个世纪的艺术爱好者也可能怀念那些被岁月侵蚀了的肮脏褶皱的画作，这些画作都被我们这个时代最熟练、最著名的保护人员清洗、加固和平整过。如果是这样的话，可能研究人员或艺术爱好者将把保护处理当作文物生命中的另一个历史事件，这样，他们可能能够理解当时的决定是根据当时的需求和情况做的最好的选择。与我们同辈的人当然也是这样，毫无疑问，他们的需求和兴趣应该同样被满足。

西方的金缮修复：承认 C-IA

总之，我们很难准确判定保护措施所带来的好处，因为仍涉及技术上的和价值论、与价值有关的不确定性，这并不是说不可能对保护措施的优点做出合理的判断——完全不是这样的。判断可能很难，但至关重要，因而必须尽可能谨慎。如同在其他地方讨论过的一样，如果可以预料到保护过程中主体间的（而非仅仅是主观的）性质的话，是可以做出恰当判断的。如杰里米·边沁提出的幸福计算，或者说幸福指数，需要通过评估收益和损失来计算。[①]

但这个话题远远超出了本章讨论的范围。本章认为，保护措施类似于一场交易：有成本，也有收益。因为要考虑的影响因素（美学的、象征意义的、情感的、政治的、经济的、技术的）多种多样，它们都不能被客观准确地评估。要正确估计相对价值不能仅靠算术手段，还需要常识和情感。但另一方面，这是不可能做到的，因为需要考虑成本（所冒的风险，象征性、美感和信息的缺失，经济成本等），以及收益（美学提升、传递了有意义的信息、延长了寿命、增加了经济价值等），以便公平明智地判断保护措施恰当与否（图 6-21 和 6-22）。收益和成本的价值是不能客观衡量的，这一事实使得对得失的正确评估比简单将数据输入电子表格更复杂。如上所述，可能有不止一个正确答案，而它们的对错都是相对而言的。所以必须作出妥协，任何保护措施都是行不通的，除非在某种程度上它违背了保护自身，即被保护的东西以某种方式被改变。

今天，我们看到人们保护意识的增强——保护引起的改变渗透到保护行业传统的不应有错的文化中。这也许就是为什么许多保护者现在选择纯粹的预防（防御性？）态度，这种态度类似于乔纳森·阿什利 – 史密斯所称的“无为的道德”（Ashley-Smith，2008 : 6–15）。

因此，预防性或非干预性的保护目前比适当的干预性、会引发改变的保

---

① 可参见 Munoz-Vinas S, Contemporary Theory of Conservation, Oxford : Elsevier/Buttervoorth-Heinemann, 2005，第 150 页等多处提及。

没有风险	有风险
保留所有痕迹	抹去部分痕迹
没有争议	潜在争议
低成本	高成本
寿命更长（？）	寿命更长（？）
乏味的视觉效果	令人享受的视觉效果
陈旧老套	有新意
缺乏吸引力	对观众有吸引力
平淡无奇	可以炫耀

图 6-21　一张高度凝练的收益（橙色）和损失（灰色）的列表，是一幅画的预防性保护（左边）与介入式保护处理（右边）获得的收益和损失的比较。图片由萨尔瓦多·穆尼奥斯−比尼亚斯所作

护更受青睐。

　　这是一种谨慎的态度，也许也是最安全的保护方法，因为它在技术和专业性上都是无风险的。然而大多数情况下，即便它可能是最有利的（换句话说是最佳的）保护选择方案，它本质上并不比涉及 C−IA 的其他保护方式更好或更坏。当然，它既不能增加对象的趣味，也不能增强其可用性和价值。预防性保护和干预性保护都可以延长文物的寿命，但预防性保护对文物的功能性，即更好发挥文物的功能方面，并没有起到太大的作用。

图 6-22　对保护处理中涉及的收益和损失类型的初步总结。图片来自萨尔瓦多·穆尼奥斯－比尼亚斯

224

图 6-23 金缮修复，又称碎片拼合，是日本的一种传统技艺，使用显眼的金色胶水修复文物，通常是陶瓷。与西方的保护方法不同，金缮修复引发的变化是公开可见的。图片来自原谷户

为了克服这种自我约束，遗产界需要接受 C–IA。换句话说，必须承认遗产保护的非中立本质。我们应该有很好的理由承认，保护不是中立的，因为它使遗产变得更好。它使文物更有价值、更吸引人、更持久、更有效。保护改变了某些东西是因为保护改善了某些东西。

日本的金缮修复艺术在这方面很有趣。它修复损坏的对象并使修复清晰可见（图 6–23）。修复师所做的没有被掩藏，因为这并不可耻：它被公认为能提高对象价值。这种态度可以作为西方人更好地理解、判断、做遗产保护决策乃至整个遗产领域的一个榜样。假装保护不影响文物，不改变文物——没有发生，没有 C–IA——是不明智的，因为这与现实不符。归根结底，公开承认保护的交易性本质是一种更明智、更公平的遗产保护策略，因为至少，它可能为那些愿意理解遗产是什么、应该是什么、被如何保护的人提供更好的道德和理论依据。

里默尔·克诺普教授修改了这篇文章。他提出的宝贵建议在多方面完善了文本，在此感谢。

参考文献

［1］ Ashley-Smith J. The ethics of doing nothing［J］.［S. l.］: Journal of the American Institute for Conservation, 2018, 41(1): 6-15.

［2］ Beck J, Daley M. Art restoration: the culture, the business and the scandal［M］. New York: W.W.Norton& Company, 1993.

［3］ Berne E. Games people play［M］. New York: Grove Press, 1964.

［4］ Ghose T. Why this viral painting- restoration video gives experts the chills ［EB/OL］. (2017-11-16). https://www.livescience.com/60957-dramatic-video-restoration-all-wrong.html.

［5］ Iglesias-Campos M A, Ruiz-Recasens C. Surface cleaning of intaglio prints with microblasting powdered cellulose and erasing: treatment effects on inks and support texture［J］.［S. l.］: Journal of Cultural Heritage, 2015, 16(3): 329-337.

［6］ Kaumanns K, Munoz-Vinas S. The influence of conservation treatments on drawing with vulnerable surface. unpublished.

［7］ Keck S. Some picture cleaning controversies: past and present［J］.［S. l.］: Journal of the American Institute for Conservation, 1984, 23(2): 73-87.

［8］ Lory V, Figueira F, Cruz A J. Comparative study of washing treatments for pastel drawings［J］.［S. l.］: International Journal for the Preservation of Library and Archival Material, 2012, 33(2) : 199-219.

［9］ MacLaren N, Werner A. Some factual observations about varnishes and glazes ［J］.［S. l.］: The Burlington Magazine, 1950, 92(568): 189.

［10］ Marincola M, Maisey S. To err is human: understanding and sharing mistakes in conservation practice［C］// Bridgland J. Preprints ICOM-CC 16th Triennial Conference, Lisbon, 19-23 September 2011.

［11］ Matero F. Letter to the editor［J］.［S. l.］: AIC News, 2011, 7: 2.

［12］ Meacham W. The "restoration" of the Turin Shroud: a conservation and scientific disaster［J］.［S. l.］: E-Conservation Magazine, 2010, 13: 28-42.

［13］ Munoz-Vinas S, Farrell E F. The technical analysis of Renaissance illuminated manuscripts［M］. Cambridge, MA:［s. n.］, 1995.

［14］ Munoz-Vinas S. Contemporary theory of conservation［M］. Oxford: Elsevier/ Butterworth- Heinemann, 2005:124.

［15］ Munoz-Vinas S. The Frankenstein syndrome［M］// Hatchfield P. Ethics and critical thinking in conservation. Washingtor DC: American Institute for Conservation of Historic&Artistic Works, 2013: 111-126.

［16］ Munoz-Vinas S. La restauración del papel［M］. Madrid: Editorial Tecnos, 2010.

［17］ Munoz-Vinas S. The impact of conservation pressure-flattening on the dimensions of machine-made paper［J］.［S. l.］: International Journal for the Preservation of Library and Archival Material, 2009, 30(3): 181-198.

［18］ Murphy C. The treatment of an Odilon Redon chine colle lithograph, *L'art celeste*［J］.［S. l.］: Journal of the American Institute for Conservation, 1998, 37(3): 272-281.

［19］ Nielsen I, Priest D. Dimensional stability of paper in relation to lining and drying procedures［J］.［S. l.］: The Paper Conservator, 1997, 21(1): 26-36.

［20］ Rubio D. On the discrepancy between objects and things: An ecological approach［J］.［S. l.］: Journal of Material Culture, 2016, 21(1): 59-86.

［21］ Smith M J. Paper splitting as a preservation option［J］.［S. l.］: Archival Products News, 2000, 8(1): 1-3.

［22］ Torraca G. The scientist in conservation［J］.［S. l.］: Getty Conservation Institute Bulletin, 1999, 3(14): 8-11.

［23］ Wainwright O. Spain's Concrete Castle: A case of accidental genius［J/OL］. The Guardian［2016-03-10］. https://www.theguardian.com/artanddesign/architecture-design-blog/2016/mar/10/spain-concrete-castle-restoration-matrera-cadiz-accidental-genius.

关于作者

萨尔瓦多·穆尼奥斯–比尼亚斯博士，1963 年出生在巴伦西亚，并在那里生活和工作。他获得了两个硕士学位，一个来自巴伦西亚理工大学（UPV）的美术专业，另一个来自巴伦西亚大学的艺术史专业。1991 年，他以"意大利南部文艺复兴时期的装饰技术"获得了艺术博士学位。他是巴伦西亚理工大学遗产修复研究所的纸张保护实验室带头人。在他的职业生涯中，他曾在巴伦西亚大学历史图书馆担任纸张修复师，在哈佛大学斯特劳斯文物保护中心担任访问学者，并在纽约大学美术学院出任杰出访问教授。此外，他曾担任 UPV 保护学院秘书（1991—1996 年）及院长（2010—2012 年）。在他关于保护实践和理论方面的各种出版物中，有《文艺复兴时期装饰手稿的技术分析》（剑桥，MA，1995；与 Eugene F. Farrell 合著）、《当代保护理论》（2005，现已翻译为中文、波斯语、捷克语和意大利语）和《纸张修复》（2010），以及发表在期刊和文集上的大量文章。

Critically Exploring Heritage and Museums

Voices from Reinwardt Academy Amsterdam

可持续主义词汇表

重铸未来的七个词条——重新思考设计和遗产

米歇尔·施瓦茨

词汇是我们理解世界的第一个工具。《可持续主义词汇表：重铸未来的七个词条——重新思考设计和遗产》①为这个千变万化的时代列了七个词汇。米歇尔·施瓦茨提出"可持续主义"概念，并认为这将是下一个文化纪元的主题。基于此，他讨论了在我们的生活环境的"设计"中，一种新的理念和实践正如何悄然兴起。这份简洁的词汇表将带我们走进新兴的可持续主义文化——更强调联系、在地性、协作性、人性化的规模，因此从环境和社会的角度看更重视可持续性。文章通过以下七个词条，探索这方变化的领地：地方营造、连通性、本地、共有、循环性、相称性、共同设计。这七个词条不管是分开还是在一起都为我们提供了一幅未来的蓝图，同时也重新探讨了设计和遗产的相关问题。

---

① 本章符号设计者：乔斯特·埃尔弗斯（Joost Elffers）；田野笔记撰写者：里默尔·克诺普。

重铸文化

进入崭新的文化景观

—— **出发点** ——

词汇很重要。词汇是我们理解世界的第一个工具。在日新月异的时代，当传统概念开始与周遭环境格格不入时，更是如此。如今，世界正在"变迁"的言论不绝于耳，但我们用什么"术语"来表达我们对身在何处、将去何方的思考呢？

21世纪的文化在变革，我们的词汇也是如此。我们看到有些旧词被新词取代而淘汰出局，也有些旧词被注入了新的意义而重获新生。语言就是文化的签名。它为人类沟通交流创造了一个共同基础，但它也永远在变。正如文化史学家雷蒙·威廉斯（Williams，1976）提醒我们的那样："我们的词汇在变化，也在延续。"

词汇是我们所生活的时代的呈现。它反映出我们如何赋予世界意义，也展现了我们如何与世界相处。当我们的词汇发生变化时，我们在这个世界中的位置也变了。

词汇也是一切对话的核心。改变对话就像是开辟了通向未来的全新道路。

这份词汇表并非从一个中立的立场回顾词汇的含义，而是从一个特定的角度——我们称之为"可持续主义"（sustainism，详见下文）——来审视文化和时代思潮。从这样的角度，它试图绘制出文化改变的方式，以及我们改变文化的方式。通过大量的词汇和概念，这份词汇表从"可持续主义"的角度探讨了我们与人造环境和自然环境的关系正在如何发生变化。

可持续主义宣言中有一句格言如是说："我们必须为世界更名，才能为现世注入新文化。"[1]（Schwarz and Elffers，2010）

---

[1] 也可以参见：www.sustainism.com.

—— 文化的变化 ——

21世纪伊始,我们发现自己身处大变迁时期。这一点在经济和社会的众多领域正变得越来越明显。简而言之,如今,与其说我们生活在变化的时代,不如说我们生活在时代的变化之中。

确实,很多东西都在迅速发生变化。日渐崛起的社会企业(social enterprises)正在挑战传统商业模式。社群领导的活动和项目在城市里日渐壮大,而传统的城市规划和建设正在放慢步伐。在新技术和社交媒体的帮助下,新的社交平台正在兴起,它们通常具有地方性的特点。我们生活的世界正在日益全球化,但与此同时,我们也正在见证地方文化的复兴。总而言之,这些变化为我们理解周围的人造世界和自然世界创造了新的时代背景。

我们如何表达生活环境中正在发生的事情呢?虽然我们正在经历的变化常常出现于新建立的经济秩序或新突破的技术中,但其他领域也多有变化。不仅世界在变化,我们和世界相处的方式也在变化,同样,我们遵循的观念也在变。换句话说,我们正在见证文化的变迁。它标志着我们看待世界的方式发生了变化,相应地,我们珍视的东西以及我们想要塑造的生活环境也发生了变化。

—— 可持续主义文化 ——

我们正在经历的时代的变化具有深刻的文化性:我们的集体认知和价值观念正在发生转变。我们看到一个新的文化纪元正在开启。它或许成为21世纪的主题,正如现代主义是20世纪的主题那样。因此,我和设计师乔斯特·埃尔弗斯(Joost Elffers)合作的2010年的宣言定名为"可持续主义是新现代主义——一份可持续主义时代的文化宣言"[1](Schwarz and Elffer,2010)。新的可持续主义和20世纪的现代主义最大的区别在于思维模式和理念。可持续主义创造的是群体文化,更强调联系、在地性、协作性、人性化的规模,因此总体而言在环境和社会层面更加注重可持续性。

---

① 也可以参见: www.sustainism.com.

在 20 世纪四分之三的时间里，现代主义的理念和价值观占主导地位，深深影响着我们塑造生活环境的方式。现代主义引导着我们的城市规划、商业模式、产品价值评估以及对周围一切的设计，确立了我们个人、社会对于进步和发展的看法以及我们所认为的"品质生活"。

可持续主义对这一切进行了改造、重铸。现代主义钟情线性的、机械的、集中的和统一的，相反地，可持续主义垂青循环的、自然的、网络的和多元的。这不仅体现在风格的转变上，而且体现在我们如今看到的社会、经济发展的广泛层面上——蓬勃发展的社区协作、道德消费①、合作平台、共享经济、本地能源集体企业不过是其中的几个例子。注意，这其中已经包含了新生词汇。所有这一切都反映了我们对人造世界和自然世界、经济、社会问题、未来和历史的理解发生了变化。

2010 年，我和埃尔弗斯创造了新词"可持续主义"，我们把多元的发展汇总到一个框架中。它包括了从生态设计到社交媒体的崛起，从协作消费到本地创业的复兴，从开放资源和"创客运动"到城市中自下而上的社会活动等各个层面。

很明显，可持续主义的含义远远超过环保领域"绿色"的含义。当然，可持续主义文化是倡导环境可持续发展的文化，但它同样是关于共享、网络②和协作的文化，包含了我们如何看待社群、社区以及认识本地的新思路。可持续主义改变了我们对于财富和进步的态度。最近的经济衰退也部分加速了人们对于社会和精神价值而非经济和物质价值的追求。

总而言之，可持续主义代表一种新的文化范式。它用一套不同的价值和品质体系囊括了一个新的时代思潮，打造了我们看待、塑造社会和实体环境的方式。

---

① 道德消费（ethical consumption）指的是人们在日常消费行为中所体现出来的一种对人类自身、环境、动物的关怀，即不对自身、环境和动物造成伤害和剥削。

② 这里的网络不仅指虚拟网络，还包括人际、资本等各种网络。

—— 可持续主义实践 ——

也许这一切可能听起来比较理论化，但其实并非如此。可持续主义是现实的，世界各地都有社群参与到这样的实践中——虽然并没有很多人将之称为"可持续主义"。比如，我们可以从大约 100 万个基层组织中看到可持续主义的印记。这些组织至少代表着 2 亿人，这些人已经积极地参与到推动社会可持续发展进程的活动中，关注更健康、更公正、更协同、更生态的生活模式。美国环保主义者和企业家保罗·霍肯（Hawken，2007）曾将之形容为"迄今为止全球最大的运动"。

一个可以见到可持续主义文化付诸实践的地方就是我们的城市。在地性社会项目就像一股浪潮横扫世界各大城市：从城市农场、DIY 住房方案和咖啡馆维修活动到社区共享、合作平台、本地合作社和能源集体企业。在过去 5 年中，仅阿姆斯特丹一地便涌现出 300 多个市民领导的、街区和艺术家推动的项目。

我们正在见证的是新文化实践的兴起。在这些实践中，公民和社群在规划自己的生活环境中发挥着关键作用。在这里，和其他领域一样，实践似乎跑在了理论前头。当用于规划、政策制定和经济发展的现有模型受到挑战的时候，并非理论和专家知识，而是实践为可持续主义变革开疆破土。

实践先于理论，这样的转变与晚近的历史恰好相反。在过去长达一个多世纪里，都是科学和专业知识指导着实践。发展被看成是一条线性的进程，从科学实验和研究到"应用知识"最后到实践。但现在，越来越多的实践社群成了开路先锋。曾几何时，"实验室"这个词仅限于科学或工业企业；如今，我们的生活中就能发现实验室。

实践①和"营造"（making）的复兴也反映在我们的语言中。比如，让我们看一看有关我们城市未来的讨论是如何越来越多地体现在词汇中的。以前我们称"城市规划"（urban planning），如今我们讨论的是"城市营造者"（city

---

① 作者指的是类似于城市营造、地方营造等实践。

maker）①——这反映出我们关注的焦点已经发生了改变。2015 年在荷兰出版的一本书对这个话题进行了解释："'城市营造'已成为当下用来形容在城市经济中创造我们的生活环境的一个术语。"（Franke，et al，2015）各种各样类似的转变有很多，"地方营造"（placemaking）不过是其中的一个例子（正是因此，其成为本词汇表里的第一个词条）。这些转变重新构建了关于社群和城市未来的讨论。

—— 重构联系 ——

我们"营造"我们自己的城市。这个观点提醒我们，最终，是人和社群在创造城市体验，而非建筑以及基础设施本身。发展本质上是相互联系的，这事实上是可持续主义鲜明的特征之一。

现代主义没能诠释复杂性和多样性，而在可持续主义文化中，这些特征被视为前提。事实上，我们可以将这种新文化比喻成"网络"，即不管我们说的是城市、食物、生产、媒体、知识，还是可持续发展，在可持续主义文化中的每个人、每个事物都是相互联系的。今天，我们大多数的讨论是基于网络和关联、枢纽和节点的框架，这绝非偶然。

在可持续主义的时代里，我们需要从关系和连通性的角度来绘制新的地图。我们需要跳出传统的基于线条和网格的画图习惯，采用一个更加整体性的视角，强调对模式图和"结缔组织"（connective tissues）的绘制。现在和未来的地图上将必须描绘出连接和重叠区域，并标上恰当的术语。

在新文化中，有着部分重叠圆圈的文氏图（Venn diagram）可能会成为我们可持续主义地图的关键象征。根据这种图示，那些在过去看来是处于外围地位的阴影重合区域，现在却成了新的中心。这些交叉区域定义着新的视角，指导我们开拓出新的道路。

总而言之，我们开始从可持续这样一个有利角度，衡量城市中正在发生

---

① 2013 年以来，阿姆斯特丹的创意中心 Pakhuis de Zwijger（参见 https://dezwijger.nl/）开展了一项关于城市变迁的活动，起名"城市营造者"。

的事情，并且将城市生活的物理特征和社会特征纳入到一个框架中。我们需要关注这些特征是如何相互联系的。

重塑我们的生活环境：文化遗产邂逅设计

—— 我个人的小插曲：在交汇处落脚 ——

改变往往发生在交汇处。从个人经历来讲，我常常会被吸引到"交叉路口"，至少在我的学术和专业生涯中是如此。我对科技和社会变迁的兴趣促使我把"技术文化"①这个概念引入到公共和社会学话语中，这在 20 世纪 80 年代算是个新颖的理念（Schwarz and Jansma，1989；Schwarz，1993）。同样，我还把社会学、人类学与科技、媒体、技术融合在一起，来探索我们正在如何铸造我们的未来（Schwarz and Thompson，1990；Millar and Schwarz，1998）。而最近的"可持续主义"概念也只有在可持续性、连通性、本地主义和社会设计的交叉领域才得以诞生。

2013 年我受邀成为阿姆斯特丹艺术大学②（Amsterdam University of the Arts）的驻校艺术家，摸索"遗产"（荷兰语 erfgoed③）领域与建筑和城市设计领域的交汇地带。瑞华德学院和阿姆斯特丹建筑学院（Amsterdam Academy of Architecture）是分别代表这两个领域来负责我的驻校项目的两个学院：建筑学院拥有建筑、城市研究和景观建筑专业，瑞华德学院拥有文化遗产和博物馆学专业。那时，我感觉就像来到了我的主场。这倒不是因为我是这两个专业领域特别杰出的专家，而是我的可持续主义视角以及我做的可持续主义设计为这两大领域提供了一个有利的交叉点，从这个交叉点出发可以为这两大教育机构和专业领域牵线搭桥（Schwarz and Krabbendam，2013）。

---

① "技术文化"（荷兰语：De technologische cultuur）是由米歇尔·施瓦茨于 1987 年到 1993 年在阿姆斯特丹的文化中心德·巴里（De Balie）发起的一系列公共活动，它的形式包括讲座、辩论、研究、出版和文化节事。

② 那个时候还叫作阿姆斯特丹艺术学校（荷兰语：Amsterdamse Hogeschool voor de Kunsten）。

③ 这是一个非专有名词的荷兰语单词，这里保留了它原有格式。下同。

当然，我 2013—2014 年的驻校艺术家项目是由这两个学院共同发起的，而非两者之一。事实上，像我这种由两个学院共同负责驻校项目的例子在阿姆斯特丹艺术大学尚属首例。这也是人们对于新兴话题"遗产和空间设计"（荷兰语：erfgoed en ruimte）越来越感兴趣的结果。而这个话题本身也说明，我们的研究正在跨越学科和研究机构的界限。

要从可持续化的"镜头"中看遗产和设计正在转变的样子，我觉得很有挑战性。最开始，我开办了题为"可持续主义（再）设计"的系列讲座[1]，研究这两个领域的关联是如何把老问题重新塑造一番，再让这重塑后的新问题成为关注的焦点的。[2] 那便是这份词汇表的起点。这份词汇表让我对可持续主义时代词汇的思考有了具体的焦点：对我们的生活环境进行设计和再设计。

—— 建筑 × 遗产 ——

从可持续主义的视角看，我们与生活环境的关系也许最好用"栖息"来形容——它往往在生态学里使用。我们栖息在我们生活的地方：房子里、街道上、城市中。但与此同时，我们住的建筑有着它们自己的故事和历史、自己的精神和体验。从这个意义上来说，这些地方"栖息"在人类之中。我们是生态环境中的一部分，我们建造的环境也是如此。

社会环境和实体环境是相关联的，这一观点当然已经是老生常谈了，但有趣的是，文化遗产和城市设计领域的专家现在对这个观点越发感兴趣，或者更准确地说，他们越来越饶有兴趣地彼此分享这个观点。

---

① Sustainist (Re)Design: How the new culture of sustainism is reshaping our cities, landscape, architecture and heritage, Capita Selecta lecture series, Amsterdam School of the Arts, September-October 2013. 这个系列讲座的演讲人包括 Alastair Fuad-Luke, Aetzel Griffioen, Frank Strolenberg, Paul Meurs, Joost Beunderman, Jan Jongert, Dirk Sijmons, Mariet Schoenmakers, Hedwig Heinsman, Aart Oxenaar, Riemer Knoop 及 Michiel, 详情参见 Schwarz. https://www.bouwkunst.ahk.nl/en/news-and-events/agenda/2013/09/12/capita-selecta-sustainist-redesign/.

② 我开展这个驻校艺术家项目的第一个阶段的成果可见于：Michiel Schwarz, (Re)Design in the culture of sustainism, in *On Air: Skills of the 21st Century* (Amsterdam: Art Practice and Development research group, Amsterdam School of the Arts, 2014).

这两大领域的碰撞使其各自内部都发生了变化。遗产和博物馆学的变化主要是从注重遗产的保护转变成注重遗产的再利用，从注重遗产的历史价值转变成注重遗产的社会价值。原来与遗产相关的问题转变成了对其进行再设计和再规划面临的挑战。换言之，（再）设计成了遗产专家需要考虑的问题之一。而对于（城市和建筑）设计者而言，他们需要思考社会性、叙事性和意义，而这些则通常是文化遗产和博物馆学专业领域的事情。

—— 再设计 ——

在荷兰，有一个话题便处于遗产和空间规划的交叉领域，我们称之为"适应性再利用"（Adaptive Re-use，荷兰语 herbestemming，说实话，我也是在驻校项目开始之后才知道这个术语的）。这个术语兴起的背景是荷兰出现了一大批空置的历史建筑、废弃的农舍、关闭的教堂和闲置的办公大楼。高举"适应性再利用"的旗帜，对建筑和历史古迹进行再利用和再规划的实践活动便如火如荼地展开。因此，"适应性再利用"可以作为遗产和设计融合的教科书案例（虽然我不确定它是否已经出现在教科书中）。"适应性再利用"借鉴了设计和遗产这两个领域的专业知识并且进行了合作实践。

我们简单看一下"适应性再利用"。这个词有点别扭。从可持续主义的角度看，适应性和再利用这两个词都有些问题。"利用"暗示了一种实用主义的思路，而这个时候我们关注的重点却从建筑的功能性转向人与建筑环境的关系所蕴含的社会意义。"适应性"则暗示着建筑所处的环境是个外部因素。在可持续主义时代，我们的术语是"再设计"，这不是简单的让建筑去适应环境的问题，更多的是一个有社会参与以及与环境互动的过程。

年轻一代的专业人士尤其意识到这种思维转变的必要性。2015 年 6 月，瑞华德学院组织了第三次"闲置建筑周"（Week van het Lege Gebouw）[①]。50名学生接受了这次闲置建筑再设计的挑战。他们来自不同的专业，如建筑、遗产、房地产、哲学、规划、设施管理、地理和历史等，为阿姆斯特丹斯洛

---

① 关于这个活动，参见：http://www.weekvanhetlegegebouw.nl.

特代克（Sloterdijk）地区的一栋闲置办公大楼制订了一套方案。

这 50 名学生并没有把这个作业当作一项简单的再利用和适应性改造，而是提出了很多不同的方案。这些方案包含了从再设计、再规划、局部拆除到社会规划等内容，甚至对当地的生态系统做了一次全面改造。这些方案包括年轻毕业生和创业者的工作室、街边咖啡厅、一个有警示意义的场所：在那里进行还地于水和还地于海的活动，以及一个经营城市农场的"活力"中心。

在这些不同的学生"设计"的背后是一种意识，即这样的工作已无法局限在传统的建筑和城市设计范畴内。其间产生的各种干预涉及的不仅是实体和空间基础设施，而且还涉及社会价值、历史意义、本地企业精神、自然美景、（项目）时间性、社会福利住房以及城市品牌打造等问题。我们从学生的方案中还发现随着建筑的身份转变，一份新的词汇表诞生了。

新词汇

—— 设立地标 ——

回到可持续主义文化。可持续主义把我们带到了一个新领域。领域变了，我们的视角也随之变了。一些问题消失了，而另一些却进入了我们的视野。我们无法预测未来，但我们可以在一个新背景下回顾那些由来已久的问题，重新构建它们，并建立它们之间的联系。

将可持续主义当作一个启发式的视角进行采纳，我们可以衡量、评估我们如今正在经历的变迁。至少，可以看看我们是如何看待人与生活环境、人与文化资产的关系的——从而进入设计和遗产专业领域的核心。我在本章开篇就提过，我们需要创造新词解释新的现实情况。同样，我们也需要对旧词注入新的含义，让它们在当下的时代重获新生。

从可持续主义的视角看我们与文化遗产以及环境设计的关系，我们会看到很多概念的变化。这份词汇表勾勒出了七个这样的转变，从而为关乎未来的讨论打开新的大门。这些转变将在下文七个"关键词"或"词条"的讨论中展现给大家。它们就像是充满变化的可持续主义文化领域上的地标。①

—— 词条 ——

本份词汇表中的这些术语仅仅是进入这一新文化领域的第一步。本章中所谓的"词条"比我们在词典中看到的条目有更丰富的含义，每一个词条都是进入这个新的文化领域的切入点，它们共同描绘了这个领域的特征。它们为新兴的实践命名，并为文化正在何处且以怎样的方式进行变迁的讨论提供视角。

这些词条也试图开辟反思和讨论的空间。"文化正在如何变化"这一问题需要成为对话的内容。当我们得以辨认出一些新兴模式的时候，我们需要一起探索我们正在如何赋予这些术语意义。最终，我们需要问一问，这些术语对于专业人士、市民、政策制定者和教育者的工作有什么意义。

这份词汇表中的术语并不是各自独立的。每一个词条都只是一条路径，沿途都会与其他路径交汇。这些术语或单独，或一起，帮助我们发现这一领域，并找到进入其中的路径。

—— 看问题的方式 ——

一个小提示：这份词汇表和其中包含的词条反映的是一个理念。采用可持续主义的视角，在关于"站在什么角度"以及"探索什么"的问题上，我不可避免要有一个立场。它代表了我如何解读21世纪文化中正在发生的事情。

也许将可持续主义方法和现代主义方法区别开来的一个特点就是，前者认为分析是离不开标准的。它大大影响了我们看待什么是"知道""评价""行动"的视角。因此，这份词汇表不会脱离现实世界。它是朝着一个特定的方向寻找未来，一个我认为可以将我们引向更适宜生活的世界的方向——更人性、更持久、更有参与性。

这份词汇表，正如我所说的那样，描绘了我称之为可持续主义文化的景

---

① 新文化需要新的象征语言。这份词汇表里的每一个词条都有一个象征性的可持续主义符号（见下文），这些符号由乔斯特·埃尔弗斯设计。埃尔弗斯和我共同完成了2010年的可持续主义宣言——《可持续主义是新现代主义——一份可持续主义时代的文化宣言》。

观。我们需要新语言为我们在新领域上导航。对此，历史学家和摄影家约翰·斯蒂尔戈（Stilgoe，2004）的话非常让人信服："缺乏词汇描绘的景观是无法为人所见，无法被真正、有效到访的。"

不同的词汇不可避免地会有不同的故事和叙述。故事承载着我们对未来的规划。我希望我选择的词汇以及对它们的探讨可以引发有意义的讨论。

符号和田野笔记

—— 符号：可持续主义时代的可视化词汇 ——

人类文化都是有符号的。如果我们真的在见证可持续主义文化的出现，我们需要新的符号来表现它的精神和价值。从这样一个人类学的立场出发，符号创作家乔斯特·埃尔弗斯为一系列可持续主义符号创造了一个可视化词汇表。这些符号是我们 2010 年于纽约出版的宣言《可持续主义是新现代主义——一份可持续主义时代的文化宣言》的一部分。[①] 在本章呈现的词汇表中，每一个词条都会有一个乔斯特·埃尔弗斯设计的可持续主义符号。[②]

现代主义有它自己独特的视觉风格和符号——线条、正方形、立方体。同样的，可持续主义文化在形式和图像上也有其独特的呈现。我们的可持续主义符号把循环图样作为设计的关键原则，把三角形作为基础形式。三角形的三维几何图案是可持续主义符号的基调；三角形既是自然界中最稳定的结构，也是建筑和设计中的一个基础结构形式。

我们当中的一些设计师（可能是我们所有人）都是在等距斜格上设计符号的，用铅笔在纸上画，用的是三角形而不是正方形。在手绘稿的基础上，再转化成电子稿。手工技巧和高科技相结合，也可以看成是一个可持续主义模式的典型了。

与这份词汇表中的文本一样，这些符号都是开放的资源（体现了真正的

---

① 参见：www.sustainism.com.
② 另外，在本词汇表的结尾，我们提供了一个可持续主义的标志性符号。

可持续主义精神），可以在遵循"知识共享"[①]（Creative Commons，CC）的许可协议的基础上，在注明原作者的情况下对其进行再创作。

这些符号并不是插图，它们本身就是一种创意的表达，用直观的图形语言捕获可持续主义文化和设计的基本特征。它们超越语言并巩固了语言。

—— 田野笔记：研究者的田野观察 ——

这份词汇表让我们得以进入正在兴起的可持续主义文化的领地。这七个词条将从可持续主义的视角观察这一领地，从而探索其特征。

在每一个词条的最后，我们会从一个更沉浸式的立场发问：当真正站在"田野"里观察实践，我们看到了什么？这份词汇表包含了一系列简短的"田野笔记"——根据韦氏词典，即"研究者的田野观察"，由文化遗产学者里默尔·克诺普执笔，他站在遗产和博物馆学（也是我的驻校项目的一部分）的实践中，对每一个问题进行简短的回应。

它们被附在每一个词条的结尾。我请克诺普做的就是让他基于遗产领域，戴上"可持续主义的眼镜"，进行田野调查，从而在可持续主义的"地图"上做记号，从这些记号出发，我们也许就可以在这片新领地上探索前行。

词条

词条 1 地方营造：从空间到地方

三角形是可持续主义符号的基础形状，是自然界最稳固的结构，也是最简单的几何图形。在这个"地方营造"的符号（图 7–1）中，三个连锁的"房子"形成的共同区域是一个三角形——象征着基于人类群体的地方和生活环

[①] "知识共享"既是一个非营利组织，也是一种创作的授权方式。使用者可以明确知道所有者的权利，从而不侵犯对方的版权，并让自己的作品得到有效传播。本文作者列举了"知识共享"框架下所有者的几种权利：署名–非商业性使用–禁止演绎（by-nc-nd）。详情参见：https://creativecommons.org/licenses/by-nc-nd/4.0/.

境才有意义。这个共享的中心区域是一个直观的比喻，即我们是要创造有意义的地方，而非设计抽象的空间。

图 7-1　地方营造的象征符号，由乔斯特·埃尔弗斯设计

—— 从空间到地方 ——

"荷兰创造空间"是 2000 年德国汉诺威世博会上备受瞩目的荷兰馆官方标语（Schwarz，1999：76-144）。为了宣传荷兰这个世界上空间最小的国家之一，这条精彩的标语抓住了荷兰最主要的特色——"人造空间"。

在 20 世纪，不管是塑造人造环境还是自然环境，"空间"都是非常重要的一个概念。虽然与世界其他地方相比，这一点可能在荷兰更为突出，但整体而言，"空间"是体现现代主义设计的一个典型词汇。

在荷兰，空间规划者的工作在历史上被称为在地理地图上"填色"：红色代表城镇和建筑，蓝色代表水，绿色代表自然界。这说明空间是设计的中心目标。但人以及人与所处环境的关系明显被忽视了。社会情境似乎不存在于现代主义空间设计的理念当中，但时代在变化。

如今，话语的重点开始从"使空间有秩序"向"生活环境"（荷兰语：leefomgeving）转变。语言的这一变化反映了一个基本的概念转变：从空间到地方。

"从空间到地方"，这并不只是在玩文字游戏，它把我们要做的事情从空间设计调整为地方营造。"地方营造"把重点转移到了我们与我们居住地的关系上。这改变了一切。它代表着，我们感知周围环境的方式以及我们在塑造环境时扮演的角色发生了翻天覆地的变化。

空间可以是一个客观实体，但地方不是。空间是没有身份的，而人与地方却是有私密联系的。空间可以看作是现代主义的话语。用布鲁诺·拉图尔（Latour，2009）的话说就是："现代主义没有地方、地区、所在地、定点的概念。"只有当我们熟悉我们周围的环境后，才如人文地理学家段义孚（Tuan，1977）所说："抽象的空间变成了具体的地方，充满了意义。"同样的，地方这个概念还包括了经历和记忆。正如露西·利帕德（Lippard，1997）写的"空间定义景观，而空间结合记忆则定义了地方"。

视角上从空间到地方的转变，就好像是从房子到家的转变——这一点是我的社会设计师、同事兼朋友，来自印度的约吉·旁亥尔（Jogi Panghaal）提醒我的。造房子是一回事，要把房子变成家就是另一回事了。我们可以出去把造房子所需的材料都买回来，但要创造一个家必须要处理好如何让生活在这座房子里的人与房子产生联系的问题。

空间和空间规划是功能术语，但地方和地方营造关乎意义。从"功能到意义"的概念转变，在我看来是向可持续主义变迁的标志。参考文化遗产领域，意义是在被称为"遗产制造"（更学术的说法是"遗产的社会形成"）的过程中形成并流传的。从很多重要的方面来说，有意义的地方才叫地方。

—— 地方的可持续主义内涵 ——

我们生活在街道、社区、城镇和自然界中——在各个"地方"中，而非"空间"中。我们会谈到对一个地方的感受。我们身处某地的时候会觉得怡然自得或者格格不入。"地方"这个概念把社会、物理、生态环境联系起来，这是可持续主义视角的特点之一。从空间到地方让我们重新理解了"生活环境"的含义，因为我们可以感受一个地方并且塑造它。

基于地方的视角我们需要用一整套新的术语描绘我们的生活环境，这很有挑战性。如果说空间是人的缺席，那地方则是人的在场。现代主义时代的空间规划师在地图上填充的绿色、红色、蓝色区块缺乏与人类的联系，而这种联系现在是可持续主义的中心。在落实这种转变时，我们必须开始在我们的地图上也涂上社会和文化色彩，如果我们想要这些地图有意义的话。比如城市中行人走哪些路线？人们常常在哪里见面？什么影响了人们在社区里的社会体验？这些问题通常没有表现在城市规划师的地图上。[①]

---

① 有一个有趣的实验是关于利用这样的城市社会数据绘制地图的，可参见阿姆斯特丹大学应用科学的市民数据实验室（www.citizendatalab.org），以及丈量阿姆斯特丹项目（www.measuringamsterdam.nl）。

从这个角度重新思考设计和遗产引导我们要联系地方认同、社群和社会价值。测量空间维度是一回事，梳理一个地方或建筑的历史叙述、故事和社会体验又完全是另一回事。由于地方营造这一概念包括了后者这些体现我们如何塑造环境的属性和特质，它扩大了我们领域。

我在阿姆斯特丹艺术大学两大学院的经历让我意识到这就是为什么我们需要让城市设计师和遗产专家进行对话。前者精通地方的物理和空间设计，后者则善于挖掘赋予地方社会文化意义的价值和身份认同。

—— 地方营造和社区营建 ——

如果我不得不指出一个现下正在改变我们与城市环境关系的社会发展现象，我认为是自下而上、由市民发起的各类活动，它们在世界各地都如火如荼地进行着——从社区花园、自建住房开发到社区集体企业和地方循环商店。

我将这些市民发起的活动称为可持续主义实践，它们也可以被看作是地方营造的形式，尽管它们的发起人可能并没有使用这个术语，或者没有意识到这些活动正发挥着比他们预想的更大的影响力。这些活动本身超越了功能性，以提高地方的品质为中心。它们建立在地方的关系上，并且为创造地方的意义作出贡献。

这类活动证明了社区是地方营造的核心所在。确实，"地方营造"这个术语最先是由美国非营利组织"公共空间项目"（Project for Public Spaces）引入到公共话语中的。它暗示着以社区为核心的设计流程。正如他们对自己观点总结的那样："我们需要一个地方来创造一个社区，也需要一个社区创造一个地方。"①

因此，地方营造和社区营建就像是一个硬币的正反两面。麻省理工最近的一份报告称之为"地方营造的良性循环"——"社区改造了地方，反过来地方也改变了社区，再反过来社区进一步改变地方，如此循环往复！"（Silberberg，2013）因此地方的含义不仅是基于地点，而且是基于社区。

————————

① 参见：http://www.pps.org/reference/what_is_placemaking/.

—— 参与的形式 ——

从地方营造的角度出发设计我们的生活环境要求我们回答一个问题:谁来营造地方?在可持续主义的时代里,城市营造是每一位市民的核心事务,而不是单单由空间设计师或城市设计师坐在城市规划办公室完成这件事。市民要积极打造这座城市以及城市体验,市民成了他们自己的生活环境的"设计师"或者"再设计师"。如果没有那些真正居住在这个地方、赋予这个地方意义的人参与其中,我们就不能谈论地方营造和城市营造。这已经超越了传统城市设计的范畴,我的很多案例都是关于这个方面。从很多方面看,"遗产制造"——遗产的社会形式——可以看作是地方营造的一种形式。

地方营造是一个动态概念,过程和结果一样重要。这就是为什么成功的地方营造项目强调地方和社区的"营造"、联系的建立、共享体验的创造。在地方营造的过程中,我们与周围环境的关系同地方本身一样重要。很明确的是,在这个过程中,我们是在赋予这个地方意义。

因此,从本质上来说,地方营造是关于参与形式的。我们要思考我们如何和我们的街道、邻里和城市产生关系。这是关于我们身处何处以及如何物理地和社会地参与到周围环境中去的问题。正如查尔斯·蒙哥马利(Montgomery,2013)在他的书《快乐城市——城市改变我们的生活》中提醒的那样:"只要改变你在城市中的一隅之地,你就可以重塑你与城市的关系。"

地方营造也意味着更有策略地参与,甚至是政治性地参与。这样,人们和社区就可以成为主动的参与者,影响他们自己的生活环境的设计。其为不同形式的合作性的社区设计提供了发挥空间,这就是阿拉斯泰尔·富德-卢克(Fuad-Luke,2009)所谓的"设计行动主义"。因此,地方营造这个观点就响应了可持续主义设计的精神。它不仅旨在为社区设计,更是在社区中设计以及和社区一起设计(Schwarz and Krabbendam,2013)。它强调"共同设计"在当前这个时代的重要性——本词汇表中的最后一则词条会就这一点进行明确阐释。

—— 为"地方营造"创造地方 ——

当我们的观念从空间变为地方，我们就可以重新讨论这对于设计师、遗产专业人士以及其他人而言意味着什么。地方营造成为活跃的关注点之后，一整套新的问题就变得清晰明了。首先也是最重要的一点，城市规划者的设计方案里必须包括社会属性，比如邻里的价值或地方认同，这一点迄今为止在大多数情况下被当作次要因素（如果有被考虑在内的话）。但是，远不止于此。重视地方营造还代表着一种理念。事实上，我把地方营造作为第一词条是因为它能给我们一个特定的可持续主义的视角，让我们能通过这个视角看待本词汇表中呈现的其他术语①。

把地方营造放到社会和城市规划中为更多由价值驱动的设计打开了空间，如此一来，社会价值而非仅仅是功能特点将影响我们如何塑造和体验我们的生活环境。如果我们真的想要创造有意义的地方，亲近、人性化规模和社群等价值相关因素必须成为我们设计方案的一部分。这些问题还会在本词汇表的其他词条中讨论。

地方营造这个观点也表明我们可以塑造我们与周围环境的联系，塑造我们对于某个地方的理解。地方营造暗示着我们可以重新构想我们所希望的"地方"意味着什么，并相应地对它进行重新设计，至少在一定程度上进行重新设计。我们可以在世界上拥有一隅之地，就像在社区中、在邻里间一样。"地方营造"这个概念是新兴的可持续主义景观中的一个"观景点"和地标。

---

① 围绕"地方营造"的概念形成的这样一种视角可以体现在一个叫作"美妙城市"（FabCity Campus）项目的系列活动中，它是由一个名为德·茨微兹厥仓库（荷兰语：Pakhuis de Zwijger）的文化机构发起的，作为"人民建设的欧洲"（Europe by People）项目的一个部分。详情参见：https://dezwijger.nl/special/europe-by-people.

田野笔记 1

一棵树不需要安妮·弗兰克（Anne Frank①）的名字才能成为历史遗迹——不过那棵花园里的粟子树确实是因为出现在了安妮的日记里才逃过一劫。大约 20 年前，遗产这个概念有了复兴的势头，"荷兰历史遗迹开放日"（Dutch Open Monuments Day）理事会在学生中间组织了一场比赛，让孩子讲一讲他们最珍视的历史遗迹的故事。理事会成员主要是一群中年的中产阶级男性，非常具有权威化遗产话语（Smith，2011）的资历。他们很好奇，下一代会对于他们为荷兰文化遗产传承所做的努力有何感受。不过结果出人意料。第一名颁给了奈梅亨（Nijmegen）地区的一个女孩，她的故事是关于一棵古老的生长在她居住的街区中心的大树。这棵大树为她和朋友会面提供了一个地方，并在夏日里为她撑起一方荫凉。这棵树反映了她情感和社交的故事。这棵树的意义不是因为它的历史、纯正的树种或年龄，也不是因为它美丽的外表或完美的树荫，而是因为它成了这个女孩的情感世界的一部分，它在女孩对生活环境的体验和感受中有着不可替代的位置。

一切创造了意义或者帮助我们创造意义的东西都值得珍惜，它们传到了下一代，便获得了遗产价值，而不是反过来，先给这些东西赋予遗产价值，然后再来创造意义。如果有什么可以从这则树的故事里学到的，那就是，和地方营造一样，遗产也是人创造的。那场"最珍视的历史遗迹"的活动的结果并不在理事会这些男士的意料之中，不过，这引发了他们的思考。现在人们越来越接受一个观点——"遗产"既不是一个特定的、国家批准审核的物品，也不是（所谓的）客观的专家赋予的抽象品质，而是一个"遗产制造"过程的最终结果，遗产的社会意义与其实体一样重要。

---

① 二战犹太人大屠杀中最著名的受害者之一。1942—1944 年，她和她的家人、朋友藏匿于阿姆斯特丹的一处隐秘处所里以逃避纳粹的搜捕和迫害。她将她的二战亲历写进了日记，即后来在她遇难之后出版的举世闻名的《安妮日记》。

词条 2 连通性：从物品到关系

连通性是可持续主义文化的一个标志。"连通性"的符号（图 7-2）形象地表达了一个观点：人类建立的关系所具有的特质，即特质本身的关键所在——每一个组成部分的"身份"，在某些程度上取决于它与其他部分的关系。三角形（最简单的连接闭合图形，由短线构成）像一个共享平台，代表着连通。通过将三角形连在一起，我们可以在一个连通的"等距斜格"上建立网络。

图 7-2　连通性的象征符号，由乔斯特·埃尔弗斯设计

—— 从物品到关系 ——

2010 年，由大英博物馆馆长尼尔·麦格雷戈（Neil MacGregor）主播的英国广播公司电台系列节目《100 件文物中的世界史》（*A History of the World in 100 Objects*）收获大片好评。这一系列共 100 集，每集 15 分钟。每集会展示大英博物馆的一件藏品，并讲述与之相关的一部分人类历史。这一系列的电台节目以及转录的书都风靡全球（MacGregor，2010）。该档电台节目的播客下载量突破 1000 万次，而书则成为企鹅出版社的畅销书之一。自那以后，出版社和博物馆都纷纷效仿这种形式，选"100 件实物"来讲述一个主题的历史。

从表面上看，我们可能会认为对于实物的重视恰恰说明了"东西"比其他一切更重要。但实物并非一切，它们也不是为自己发声。正如麦格雷戈在介绍这一电台节目时说道："创造东西，然后依赖这些东西，正是这一点让我们与其他动物不同，最终我们变成了如今的模样！"因此，这 100 件藏品真正的地位大大超出了它们的物质价值，它们是一个大叙事的一部分，即诉说着人类是如何应对世界的。

换句话说，这些故事并非关于这些物品本身，而是关于我们和它们的关系。正是这一点让麦格雷戈的故事意义深刻：这些故事告诉我们，人类与物品的联系如何赋予了物品意义，以及反过来物品如何给人类的生活创造意义。

正如设计师蕾·伊姆斯和查尔斯·伊姆斯（Ray Eames and Charles Eames）多年前说的那样："我们（与他者）的关系具备的特质，即特质本身的关键所在。"探讨这句话对于遗产、设计以及其他所有东西而言意味着什么，我们需要"跟踪建立起来的这些联系"并接受可持续主义文化中连通性这一概念。如果我们想要真正理解周围快速变化的世界，我们必须了解人和物件、人和人以及人和居住地之间的关系的特质。

—— 从组成部分到联系 ——

所有事物和所有人都是互相联系的，这是可持续主义视角的标志性观点。在过去，技术、社会和环境发展在很大程度上被认为是独立的领域，但在今天绝非如此。比如，当我们说到可持续的生活方式的时候，我们不可避免会谈到我们的技术依赖以及价值观念——这不是一个关乎环境物理状态的问题，我们无法孤立地处理它。

关系和连通在可持续主义时代是关键。那是我们看物品以及其他所有事物的有利角度。这意味着我们必须质疑这样一个观点，即物品可以客观化，其价值可由其自身决定，而与时代背景或人没有关系。相反的，我们坚持的立场是，一个"物品"的意义来源于人类对它的理解。这就是我们所说的从物品到关系的概念转变。

这并不是什么特别新鲜的观点。人类学家和社会学家早就向我们展示了我们的生活方式和价值观与我们的关系的本质有着千丝万缕的联系，包括人与人之间的关系、人与自然的关系以及人与物质世界的关系。但有一点是新的，即在一个关系不断加强的世界里，我们正从一个强调鲜明的个体色彩的现代主义视角转向一个更强调整合的视角。在可持续主义的视角中，我们探寻的既有各个部分相互关联的本质也有各个部分的特质。如此一来，"连通性"便成为一个切入点，让我们重新关注我们建立的关系的特质，其是创造一个更具有持续性的世界的决定性因素，包括社会和环境层面。

—— "网"文化 ——

可持续主义文化可以说是可持续关系的文化，包括人与人之间的关系、人与人造环境的关系、人与自然环境的关系。这在不同情境下有不同含义，要找到这些含义非常具有挑战性。但是，除此之外，还有其他现象正在产生，它关乎将我们联系在一起的关系的形式和本质。这就是"网"文化。

可持续主义文化只有在如今社会学家马努尔·卡斯特尔斯（Castells，1996）称之为"网络社会崛起"的背景下才会出现。"网络社会"这一观点的核心是世界的技术、社会、经济逐渐以网的形式组织起来。我们只要想一想"脸书"和社交媒体网络就可以感受到这种巨大的变化。以前的系统是线性的，只有一个中心，而在如今的系统中，每一个网上的节点实际上都是这张网的中心，并且每一个节点都与其他节点以及其他联系相连。

更准确地说：在很多系统中，我们都正在从按等级组织的、中心化的设计向我们所谓的分散式网络转变。在分散式网络中，每一个点都与其他点相连，建立起"渔网"结构，没有等级。我们可以看到科学、商业、政府以及诸如医疗等社会领域都在发生这样的变化。当然，媒体也不例外。从这个角度来说，我们将互联网称为"网"真是再准确不过了。

—— 连通性的价值 ——

网是可持续主义文化中至关重要的部分。我们见证了 P2P（peer to peer lending）平台以各种形式崛起——从本地分享平台到参与式博物馆，从维基住宅（WikiHouse）的开放建筑资源到艾特思（Etsy）手工艺品电商平台。这些平台在出现之初看起来各不相同，但却都有共同的发展方向，即朝着新的组织方式、联系方式发展。它们都体现了可持续主义分享和互联的精神。我们所有人都可以清楚地看到，我们访问并联结技术和社会网络，已经成为当代生活方式的重要特点。但在可持续主义的时代，我们说的并不是"连接性"，而是"连通性"，后者强调连接的程度以及建立有意义的连接的能力。

连通性让我们在关注什么与什么相连的同时也关注相连的方式。它已然成为一个切入点，让我们重新思考整体与部分的关系、系统与构件的关系，或者历史与物品的关系（想想《100件文物中的世界史》）。连通性这一概念将我们的视角转向我们建立的关系在事实层面具有什么特质。它重新构建了我们塑造环境的方式（设计），以及我们赋予环境意义和价值的方式（遗产）。从这个角度看，不管我们是建筑师还是城市设计师，是博物馆馆长还是艺术史学家，我们都可以开始追溯联系的本质。

—— 城市作为枢纽和接口 ——

从连通性的角度重绘地图时，我们看待环境的方式就变了。就拿我们的高速公路系统这个人造环境设计为例。在现代主义模式下，公路属于基础设施建设，它们是真实存在的、有序的结构体，将人从甲地输送到乙地，连接着城镇。但在可持续主义的时代里，基础设施的观念已经不能满足现在的需求了。从连通性的角度看，我们将城镇看作是枢纽更有道理，城镇也确实是位于各条道路的交汇点上。枢纽是根据其所连接的东西定义的。

同理，把城市和地方看作"接口"也很有道理。"接口"本是一个计算机术语，指"系统与系统以及系统内部各个部分之间交流或相互影响的地方或区域"。[1] 从很多方面看，城市已经成为"接口"，人们在城市里见面、交流，互换物品和想法。

正如马丁·德·瓦尔（de Waal，2014）所说的那样："城市是一个接口，在集体实践下塑造成形，而当集体实践发生改变时，物理环境的形态和意义也随之改变。""接口"这个词用得尤其恰当，"因为它不再关注空间角度，而是关注关系本身"。

—— 连通性设计 ——

不管是在城市环境方面还是在涉及文化遗产的相关问题的时候，接受、认可连通性这一观念对于我们的设计和再设计的理念都有着重要的意义。我在之

---

[1] 参见：www.merriam-webster.com.

前与他人合作完成的一本关于可持续主义设计的书中提出，"连通性"应该作为一条设计准则（Schwarz and Krabbendam，2013）。连通性作为一种设计标准引导我们从设计和再设计人与自然、人与社区、人与居住地以及人与历史的关系角度出发，重新定义挑战。

联系自然界的生态学这个概念，有助于我们探索"连通性设计"的含义。生态系统这个概念讲的就是万事万物都是基于相互依赖和相互联系的。（关于生态系统，也可见第 5 个词条"循环性"。）系统内部各部分的连接建设得越好，系统运行得就越好。正如景观建筑师兰道夫·T.赫斯特（Hester，2006）曾说过的："连通性……将生态系统、城市或独立场所的各个部分之间的社会和生态利益最大化了。建立连通性就能做到这一点，缺乏或阻隔连通性则反之。"

用编织做比喻可以帮助我们想象连通性设计：一股股纱线织成各式图案，相互交错连接，创造出不同样式和结构——在这里，运用"城市结构"这个词就再恰当不过了。设计和再设计就相当于建立连通、阻断连通以及重建联通。

—— 连通和再连通 ——

将连通性作为切入点，我们可以根据城市、建筑以及各种地点的连通属性，对它们进行重建。一幢建筑对于居住其中的人以及整个社区而言意味着什么？建筑中发生的事与建筑外发生的事有什么联系？建筑的设计会在多大程度上促进人们见面以及相互交流？

在这样的背景下，我举一个我认为最为创新的"连通性再设计"的案例：纽约市的"高架公园"。过去 15 年间，曼哈顿西部的一条废弃的高架货运铁路线被改造成了一座长达 2 公里的城市"公共公园"。现在，它一部分是漫步道，一部分是城市广场，一部分是植物园。这座公园位于距离地面 25 米高的空中，郁郁葱葱的步行道、公共区域以及鲜花和灌木点缀在旧铁轨中。漫步道下方便是街区。公园与周围的街区紧密相连，成为生机勃勃、生态环保的城市公共区域。

若是把"高架公园"归为适应性再利用或者城市开发，那就没有抓住它成功的真正要点。如今，每年有 5 万名游客来到"高架公园"。它如此受欢迎的关键是它创造了一个全新的体验，而这个体验就是关于连通性的。它的成功并不是因为它的建筑结构或者历史渊源，而是它与周围建立起了新的联系，而这种联系也让它成了一个在当代有意义的地方。它不仅把工业遗产和自然连接起来，还把到访的人与这个城市、一个有社会内容的地方、一种城市绿色体验连接起来。它重新编织了一副"城市织锦"。这就是一个对于人与他们周围环境之间的联系进行设计、加强的例子。

在我看来，"高架公园"的（再）设计反映出明显的可持续主义的态度。它减少了对其自身基础设施的技术性以及物理特征的关注，更多地关注人与人的联系以及人与环境的关系。在这里，值得提及荷兰裔美籍建筑师西姆·范·德·赖恩（Sim van der Ryn）的"移情设计"（empathic design），它有意识地尝试"将设计和人以及自然元素连接起来"。这样的方式反映出当下设计以及其他领域"以人为先"的趋势，从人的价值观念和关系，而非结构和技术出发。

—— 连通文化机构 ——

最后，让我简单回到本词条开始的地方——遗产领域、博物馆和藏品上。当代很多项目旨在创造"参与式博物馆""包容性博物馆"和"开放博物馆"，这本质上都是要搭建新的联系。博物馆学领域正在重绘地图，将博物馆与社群、不同的公众相连，也与其所处的城市环境建立新的联系。①

位于阿姆斯特丹的荷兰国家博物馆发起了一个名为"国家博物馆工作室"（Rijksstudio）的项目。该项目将该馆 12.5 万件数字藏品公布在网上，无版权约束，公众可以在新的设计作品中使用并且改造这些原始图片（已有超过 25 万人这样做了）②，该活动取得了巨大成功。它把博物馆的藏品和所有能上互联网的人联系起来。这些人又会创造出新的设计，把博物馆和它的用户（观众）

---

① 例如：Peter van Mensch & Léontien Meijer-van Mensch，New Trends in Museology（Celje，Slovenia：Museum of Recent History，2011）.

② 参见：www.rijksmuseum.nl/en/rijksstudio.

相连，把博物馆的实物与人们的体验和故事相连。

为了有一个更加普遍的意义，我们可以用"连通机构"来形容荷兰国家博物馆——是"联系"重新定位了这个机构，并且塑造了它的身份。连通性，也就是连接的能力，对于可持续主义时代的文化机构而言至关重要。它为我们提供了一个框架，让连通性这种特点明确融入我们的设计和实践中。

田野笔记2

大约10年前，我出席了由荷兰文化委员会组织的专家会议，讨论关于国家博物馆系统的未来。不同寻常的一幕出现了：英国收藏信托（British Collections Trust）理事长尼克·普尔（Nick Poole）介绍了博物馆生态系统这一概念。藏品、表演、展览、课程、巡展、文物商店、设计局、画廊、创意产业，所有这一切都可以看作是新的博物馆运营背景下的一部分。这些聚在一起就产生了众多"博物馆服务"，提供了多种多样的文化产品、场所和活动。对于当时出席会议的荷兰博物馆专家而言，生态系统这一概念实为大开眼界。这个概念颠覆了他们先前的观念：每一个博物馆不再单独关注自己可以提供的东西，而是把各种服务之间的相互关联性作为博物馆的中心。

博物馆生态系统强调多样性和互补性的力量。它明确了所有参与者（包括博物馆）的连通性，确保整体效应比所有部分单纯叠加要大。对于博物馆来说，这也是使21世纪的博物馆观众满意的关键，同时它也满足了博物馆崭新的社会角色。不是关注个体机构的产出，而是关注连通性可以带来的这类产品和服务——普尔的话语打开了新空间。现在可以想一想能创造什么附加值了。

很多组织，比如教育团队、小规模的口译服务或者语音导览供应商现在正活跃在文化活动中，这些文化活动过去被认为属于博物馆范畴。在当今瞬息万变的环境中，博物馆作为一个自成体系、有围墙的机构这样的观点面临着严峻的挑战，此外，生态系统这个观点开辟了一个新视角，由此，博物馆与博物馆外的世界之间的关系所具有的特质以及这些关系的可持续性变得至关重要。于是，一个新的公式就变得很明显了："参与式博物馆＝连通的博物馆"（Nina Simon，2010）。

词条 3 本地：从全球化到本地化

开放的六边形是可持续主义词条——"本地"的符号的基础形状（图 7–3）。它意指在全球化的背景下，根植于本地的品质、价值观和体验。这个六边形既象征人类所筑的城市堡垒也象征自然界的蜂巢。开放的六边形反映的是一种开放的文化。开放是可持续主义的一大特点。三个六边形连接在一起反映了一个观点——所有在本地的事物都一定程度上通过社交媒体和共享网络与全世界连接在一起。

图 7–3 本地的象征符号，由乔斯特·埃尔弗斯设计

—— 从全球化到本地化 ——

我几年前住在加州伯克利的时候，最喜欢的地方之一就是周六的农民集市。它给了我一种真正融入当地的感觉——与人们、社区以及当地环境连接在一起。正是在农民集市上，我结识了我的烘焙师爱德华多·莫雷尔（Eduardo Morell）以及其他所有种植并为我提供本地有机食物的农民。农民集市也是一个聊天和见面的好地方，功能与意大利村庄、城镇中心的比萨店类似。

本地农民集市并不是新鲜事物，但近年来，可以看到很多农民集市有了复兴势头。在美国，本地食品集市的数量比 10 年前的两倍还要多，如今，已有8000 多个集市——是食品经济增长最快的部分[1]。

---

[1] Agricultural Marketing Service, United States Department of Agriculture, 2015. http://www.ams.usda.gov/services/local-regional/farmers-markets-and-direct-consumer-marketing.

农民集市的复兴也意味着在这个空前全球化的世界里，人们正在重新发现本地的价值。特别是在城市里，产自本地的产品和在当地发展起来的社区项目正在崛起。呼吁本地文化正在成为全球热点。"本地化是新的全球化"。①

我们正在见证本地主义的复兴。但是它和过去的本地主义不同。以前，"本地"是"全球"的反义词，但现在不是了。我们说到"本地"的时候意味着什么？这个词在可持续主义的时代里传达着什么意思？

"本地已经消失了"，《纽约时报》专栏作家托马斯·L. 弗里德曼（Thomas L. Friedman）说道，因为在现在这个超链接的世界里，不管你说什么做什么，很快全世界的人都能知道。他认为，"本地"这个词正在被淘汰，我们需要一起把它从词汇表里删除（Friedman，2014）。我却不这样认为。"本地"比以前更强调关联性，但这是指被赋予了新意义后的"本地"。随着全球化不断向前推进，新的本地主义思潮正在崛起。要认识到本地新具有的文化价值，我们需要接受这个术语并且赋予它新的意义。

毋庸置疑，我们如今生活在空前全球化的世界中。全球化就在我们身边——它体现在技术中、我们制造和消费的产品中，以及我们的社交网络中。从城市提供的体验、商品和服务以及城市的设计和建造方式来看，城市也已成为全球化的城市。

全球化的文化已应运而生——让我们想一想音乐电视，全球企业的建筑，冉冉升起的"明星建筑师"，在世界各大博物馆巡回的、轰动的艺术展览等例子。我们谈谈"本地"的全球化，就可以看到全球化正如何逐渐影响我们在本地层面的生活。②

但大约在 10 年前，这股浪潮开始变化。一部分是为了应对全球化带来的同质化现象——想一想那些全球品牌——于是，我们目睹了一场本地事物

---

① 这句话曾被我用在乔斯特·埃尔弗斯设计的一个关于可持续主义的海报上。这个海报的出处是：Yes Naturally: How art saves the world, Gemeentemuseum, The Hague, 2013。这句话也成了一个章节的题目出现在这部著作中：*The Huffington Post* by trend spotter Marian Salzman (4 June 2010)。

② 2003—2004 年荷兰空间研究所以及阿姆斯特丹的德·巴里文化与政治中心举办的活动中有我的系列公开讲座，我用的标题是"本地的全球化"。

复兴的开始。我们并没有拒绝全球化这个大环境，不过，我们发现我们自己、人们、社群开始寻找一种新的对地方认同、地方归属感的理解。

我们可以觉察到，经济和社会正朝着本地化的方向发展。很多新的社会创业以及市民项目本质上都是在本地发起的，甚至在商业中，我们也看到转向本地经济的势头。[①] 人们对于本地产的或者个人制作的商品或提供的服务越来越感兴趣，这被视作"本地革命"的一部分。[②]在社会领域也有相同的趋势，人们更青睐本地方案以及在本地发起的自下而上的创新。博物馆和影院等文化机构，越来越针对当地群众的口味。同时，本地文化节的数量也在与日俱增。[③]

所有这一切都让我们从"本地"的特点出发，重新审视我们的生活环境。但本地在当代的含义是什么？（再）本地化以及新的本地化思潮将如何帮助我们打造更宜居、更持续化的生活环境呢？

—— "本地"的新含义 ——

在用"本地"这个词时，我们想表达什么？我们都可以感受到"本地"不仅仅意味着一个地理位置，但我们通常没有真正承认这一点，因为长久以来我们都以一个地理术语来解释"本地"。在可持续主义文化中，我们意识到"本地"这个词代表的是我们能够在当地发现的某些特质。一个根本性的认识

[①] 在经济领域，我们看到"地方经济"用得更为广泛。在美国，对地方商业和地方发展的兴趣在滋长。相关例子可见"服务地方经济的商业联盟"（Business Alliance for Local Living Economies，BALLE）的活动，该组织的口号是"做一名本地主义者"。参见：https://bealocalist.org.

[②] 艾特思（Etsy.com）是为地方生产的、大多数是手工制作的产品提供服务的电商平台。它的成功是一个很好的风向标。有时候它被形容为一场"本地化的创作运动"——这已经成为一个全球现象。到 2014 年底，艾特思社群已经有 140 万名创作者，为 2000 万名活跃的客户提供产品。参见：https://www.etsy.com/progress-report/2014/community.

[③] 阿姆斯特丹市每年举办逾 300 个节日，见：*The Summer of Amsterdam - The Festival Guide June-August 2015* (Amsterdam: I amsterdam，2015). www.iamsterdam.com/en/visiting/whats-on/festival. 在美国，有逾 5000 万人每年至少会参加一个地方性的手工艺品展销会或户外节日。参见：*Live from Your Neighbourhood – A National Study of Outdoor Arts Festivals* (Washington，DC.: National Endowment for the Arts，2010).

转变正在发生："本地"并不仅仅代表一个地理位置，更多的是表达一种内在的价值理念。它是我们渴望的某种东西。我们或许可以称之为"新本地"。

在这里，我们又一次感受到"词穷"。我在编这个词汇表的时候，想过用其他词取代"本地"——场所、地方、本地主义者、本地化——但似乎没有一个词能够涵盖所有的意思。既然没有一个更好的术语，我们似乎就只能沿用"本地"这个词了。如此一来，我们现在要面对一个集体挑战了——通过契合可持续主义时代的方式来解释这个术语的含义。

—— 新本地主义 ——

简而言之，新本地主义正在兴起。新本地主义中，本地和全球已不再是对立的概念。如今我们既是本地居民，同时也是世界公民。我们住在某个地方，但同时我们时时刻刻都与地球上的其他地方相连。我们都有本地的"小家"，但也把地球当作我们的"大家"。基于本地的项目和活动也与全球问题息息相关，比如气候变化或公平贸易。我脑子里还能想起那著名的标语"全球思维，本地行动"。有人提出了一个新词"全球本地化"（Glocal）来表示我们"本地"和"全球"叠加的生活现状。这种敏锐的意识给我们所谓的"本地"以及对"本地"的价值判断注入了新含义。

当代的本地主义不是指回归到小镇或者农村生活。和过去所谓的本地不同，它不是局部区域性的。用沃尔夫冈·萨赫斯（Sachs，1992）的话来说，现在正在兴起的是"世界性的本地"。[①]这种本地的新含义倡导一种以地方为中心的多元化，每一个地方可以寻找其独一无二的身份，但同时，每一个地方又是这个全球化的世界的一部分。正如我在《可持续主义是新现代主义——一份可持续主义时代的文化宣言》中所写的那样："所有地方（的事物）都以全球化的方式相互联系着。"

从可持续主义的角度看，新本地主义重塑了本地文化以及本地经济的概念。可持续主义视角下的本地主义不认为产生于本地的事物是全球发展的微

---

① 2009 年重印的版本里用了新的引言。

缩版本，恰恰相反，正是以本地社区和本地经济为中心，才出现了大规模的全球发展。20 世纪主流的规划和设计理念一直采用全球"自上而下"的视角，而可持续主义恰恰相反。同样，新本地主义让我们重新评估地方特色的价值，以及它们在可持续发展社区和生活环境的建设中能够发挥的作用。

── 我们为何重视本地主义文化 ──

可持续主义中"本地主义"概念的核心就是基于本地的关系——人与人之间的关系、人与本地环境（包括人造环境以及自然环境）的关系。不管我们说的是本地社区、本地经济，或本地食物，基于本地的关系都是关键。其中，规模和距离很重要。超出了一定的规模，社区这个概念也就瓦解了。如果一个街区太大了，它给人的感觉也就不像社区了（关于合适的规模这个问题可以参见第 6 个词条"相称性"）。

城市规划者会告诉我们，一个城市越扩张，那么居民之间的联系就会越少。反之也是成立的：缩小人与人之间的距离，那么人与人之间的互动也会加强。本地文化的价值至少有一部分是依赖于"邻近"关系的。加拿大作家查尔斯·蒙哥马利（Charles Montgomery）曾经称之为"邻近红利"，即城市里的关系越紧密，生活其中的人们就会越幸福[①]（Montgomery，2013）。

在理解距离对于本地文化影响的同时，我们也必须小心，不要把所谓的"邻近"仅等同于地理距离近。也许用"亲近"一词来讨论可持续主义视角下的本地概念更合适。想想我们常说的"一位亲近的朋友"，显然，我们说的并不是这位朋友住得离我们很近（尽管也有这种可能）。"亲近"指的是我们与某人或某物关系中的那份情感，比如友情。我们可以觉得与一个社区，与某个人，或某件物品很亲近，也可以感到与自然和土地亲近。

---

① 新闻记者 Pieter Hilhorst 倡导的一场公共"邻近政治"（politiek van nabijheid），参见：Pieter Hilhorst,
"Wij doen het zelf. Hoe burgers de publieke zaak heroveren en wat dat vraagt van de lokale politiek",
14th Wibaut Lecture，24 November 2012，Amsterdam. http://www.collective-action.info/sites/default/
files/webmaster/_POC_ART_Wibautlezing-Wij-doen-het-Zelf.pdf.

—— 本地：一种宝贵的特质 ——

我们越来越重视事物具有的本地特色。这种新的本地主义思潮从我们对待食物的态度的转变就可见一斑（食物往往是文化变迁非常好的指向标）。过去 10 年，本地农民集市的大量增多就很好地体现了这种转变。这反映了可持续主义视角下的本地主义的一些特点：生产者和用户关系亲密、本地取材、社区团结、环保。

这些特点表明，本地主义的转向从本质上来说是一种价值观的转变。我们想要"本地化"地、可持续地生活，其实看重的是在本地发展起来的关系、产生于本地的体验、本地的社区以及我们根植于本地的自然环境以及人造环境中的根。"本地"的意义并非在地理层面，而是在于只在那个特定地方存在的社会属性。从设计的角度看，如何能把这样的属性融入设计中是个巨大的挑战。同样，它也促使我们联系本地主义的宝贵特质，重新理解遗产问题。

—— 本地主义（再）设计与遗产 ——

可持续主义视角下的本地主义为我们重新构想本地环境和本地体验提供了一份"设计要求"。一方面这是呼吁专业的城市规划者和建筑师在设计中体现本地特色，这要求他们思考如何在社区、街道、房屋、公园、市场、商店和聚会场所的设计中嵌入本地关系。这也引导他们拷问自己的设计是否增强了社区的团结，创造了更多让居民见面的机会，促进了店主和顾客以及农民和农产品消费者之间的交流；自己的设计是否通过"邻近"真的打造出了基于本地的关系和具有本地特色的社会属性。通常，城市规划者会设计出非常普遍化的方案（比如针对安全或住房问题的方案），但是这些方案最终会被用到规模并不大的地方（关于规模问题可以参见第 6 个词条"相称性"）。

另外，本地主义设计不仅意味着在新设计中融入本地特色，同样也要求对现有的进行再设计，呼吁可持续地进行"本地化"和"再本地化"，加强本地价值。这可以运用到城区和景观的再设计，也许与"适应性再利用"的实践尤其相关！在此声明一下，我们说的"再设计""再利用""再本地化"中的"再"并不是倒退还原的意思，而是重新再来一次的意思。

在文化遗产领域，强化本地价值也成了争论的核心问题。我们如何对遗址或者历史建筑进行"再本地化"？我们如何增强现存的遗产的本地含义？我们如何使"本地"成为评估将来的遗产的一部分？

同样的，与现在的博物馆紧密相关的是可持续主义时代的"本地博物馆"是什么样的？显然，它肯定不仅仅是一个拥有本地藏品、展出本地实物的博物馆。重新建构了本地主义这个概念后，城市设计和遗产领域的实践者如今都有了挑战，即找到新的方式连接本地社区和地方经济。只有建立了这样的联系，才能涌现出讲述这个地方过去、现在和未来的有趣故事。

—— 作为切入点的本地 ——

当下"回归本地"已经成为可持续主义文化兴起的重要表现。什么是"本地"这个问题对于构思我们渴望什么样的文化非常关键。不过，不管如何定义，"本地"这个概念恰恰就是我们当下讨论的想要塑造什么样的生活环境这一问题的核心。以"转型运动"为例，它是一个由世界各地的群体形成的一个虚拟网络，旨在发展一种新型可持续经济。它现在由来自全球 40 个国家的 1000 多个"转型城镇"组成。这是凭借地方社区以及强劲的地方经济的力量推动一种可持续的谋生方式（Hopkins，2013）。本地是当下文化转型的关键。

本地，出现在这份词汇表中，也就意味着它是一个切入点，让我们重新思考那些基础问题，包括我们与环境的关系、我们的文化价值、我们"设计"一个各方面都可持续的生活环境的能力。我们虽然仍然用了"本地"这个词，但是因为赋予了它新的含义，我们讨论的东西已经发生改变。

田野笔记 3

与其说地方是一个物理实体，不如说它是一个概念。1990 年，保加利亚发生了政治和社会巨变，为了巩固巨变的成果，新一代艺术家和活动家发出了他们自己的声音。当时，保加利亚首都索非亚缺少展览、辩论、讲座和示威运动这样的社会文化活动，也没有公开的、可参与的、能对话的场合。政府意识到了这一迫切需要，于是就指定了一处历史建筑作为一个合适的文化空间。这个地方便是索非亚市中心的"红房子"——保加利亚雕塑家安德里·尼科洛夫（Andry Nikolov，1878—1959年）的故居和工作室。因为被废弃多年，这个具有纪念意义的国家建筑需要几年时间重修、翻新才能成为多功能的艺术空间。与此同时，艺术家们还成立了一个非政府组织，叫作"红房子文化和辩论中心"。这并不是一个空有名号不办实事的组织。其成立不久，艺术家便开始以"红房子"的名义在索非亚市的各个角落举办各种活动。因此，4年后当红房子重新对外开放的时候，虽然这个场地是新的，但从精神层面上来说，人们来到这个地方，会有种重回家园的熟悉感。到2004年，"红房子活动"凭借其重视探索和社会参与度高的特点，已经在索非亚市活跃了相当长时间，并且取得了越来越大的成功。很多人觉得为一处实际处所附加一个有意义的、已经存在的本地叙事并不突兀。但是，"红房子活动"仅仅是与"红房子"建筑同名，从实际功能角度来说，城市的其他地方也是可以举办"红房子活动"的。我们在此处所谓的"本地"和本书中其他地方提到的一样，指的是其社会意义，而非其地理意义。

词条 4 共有：从公有／私有到协作共有

  "共有"这个理念的核心就是大家一起照料好共同利益或者为共同目的努力。"共有"的符号将共有这个概念形象地表示为一个圆圈，中心是一个共有区域（图7-4）。只有被一个社群簇拥，所有共有的事物才能存在。符号中这个封闭的圆也象征着共有的力量和可持续性。而一旦这个圆圈有了缺口，比如有一部分变成了私人空间，那

图 7-4 共有的象征符号，由乔斯特·埃尔弗斯设计

么共有的特征也就消失了。

—— 从公有 / 私有到协作共有 ——

2005 年 11 月，旧金山一个名叫瑞巴（Rebar）的城市艺术和设计团队"解放"了一个停车位。一开始这只是个实验：在市中心的一条街道上，该团队的设计师发现了一处闲置的停车位，于是就在那儿铺了一块草皮，摆了一把公园长椅，放了一棵盆栽树。瑞巴的联合创始人约翰·贝拉（Bela，2015）解释道："我们把一块小地方变成了一个现代的'公园'，我们把这一天称为'公园日'。"因为在英语中"park"有公园和停车场两个意思，所以这一天被称为"公园日"有一语双关之意。"公园日"本是旧金山当地的活动，如今已经成为世界性的年度活动。在这一天，人们把停车位变成现代的社区公园或者其他社交空间。在 2011 年的"公园日"里，有 35 个国家的 160 座城市参与了这项活动，出现了近 1000 个小型公园。

这个想法如今已经成为城市实践的一部分。自 2010 年，旧金山市开始有了人行道改造项目，将一些马路边的人行道改变为小型公园或休闲区，至今已经建立了超过 50 个永久的"小公园"或休闲区，每一个有 1～3 个停车位那么大（Martin，2015）。这些项目的资助群体很不一般，是由当地的商人、社区组织、艺术团体、非营利组织、当地居民以及市交通部共同出资的。其他城市也出现了类似的项目，如费城、芝加哥、墨西哥城和奥克兰，人们真真正正地重新利用了街道上这些闲置的空地。

"公园日"这一运动改变了城市环境的组织方式。运动的原发起人称之为"用户生成的城市主义"和"改善公共区域的暂行策略"①。但这个运动真正创造的是城市共有的一种形式——既非公有也非私有，而是共有的空间。

在这里，我想强调的是"共有"由来已久，只是有了当代的含义，意味

---

① Rebar Group，"The Park(ing) Day Manifesto: User-Generated Urbanism and Temporary Tactics for Improving the Public Realm"，San Francisco，2011. http://parkingday.org/src/Parking_Day_Manifesto_Booklet.pdf.

着那些共同享有的东西。"共有"这个理念正在复苏。它跳出了传统的私有和公有或者市场和政府这种两元对立概念，代表着一个第三领域，基于市民社区和共同管理的理念。

共有概念是可持续主义文化的核心。它包含着共享、对资源的协作管理、社群治理以及社会和自然可持续发展的设计等。我们的词汇中多了这一词条，可以让我们重新思考：共享和协作实践如何帮助我们打造并珍惜我们的生活环境。

—— 共有 ——

第一眼看到"共有"这个词，你或许会觉得这是整个词汇表里最艰涩的术语。但是越深入地思考，我们越会发现我们身边到处都体现着共有这个理念。我们可以在最近很多具有可持续主义文化特色的项目中看见共有的影子。本章中的很多例子，从社区花园、自下而上的城市营造，到社区共享平台以及开放博物馆藏品资源，都以这种或那种形式折射出共有这个概念。它们都基于共有资源、共同价值观、协作实践等理念。

共有这个概念并不是当代才出现的。它有着悠久、丰富的历史。传统村庄里的共有区域或者原住民们共享自然环境和水等自然资源的方式，都是例子。共有的东西是属于大家的，是大家要一起照料的东西。美国作家杰伊·沃贾斯珀（Walljasper，2010）将他关于共有概念的著作取名为《我们共享的一切》，并简洁地表达了共有概念的精髓。

说起共有的东西，我们会想到自然界里的海洋和河流，在文化层面上，我们会想到村庄中的井、公园、图书馆、科学知识，以及许多我们称为文化遗产的东西。本地化管理的社区公园就是现代城市共有的一个简单却有力的例子，因为这些公园是由当地的社区成员共同打理的。这里的关键词是社区，社区成员就是这些共有区域的管理者。

如今的共有资源可以包括众多集体管理的东西，从城市花园、历史景观到线上共享平台和维基百科。也许，现代最大的共有资源便是互联网——只要它不私有化并一直保持开放。当下关于"网络平等"和知识产权的辩论本质上就是关于数字共有的。

在众多的表现形式中，"共有"这一概念有力地支持了许多以社区为基础的可持续主义实践。它使我们的关注点发生了改变——转而关注涉及自然环境和共同地方的共同责任和治理上。共有明确了可持续主义文化的一个中心概念，即关于我们如何看待我们的生活环境以及我们要用什么样的理念来塑造未来的生活环境。

—— 关于共有的语言 ——

在过去的 10 年里，不管是在实践，还是在社会和经济理论中，共有概念都得到了新的认可。[①]在当代关于社区所有制、环境管理和可持续生活的争论下，共有这个概念正在现代语境里产生新的含义。"共有"这个词正重新成为我们常用的词汇——如今天我们常说的"城市共有""创意共有""数字共有""共有行动"等。[②]

从语源学的角度来看，commons（共有）这个词和 community（社区）和 communal（共同的）一样，有拉丁语词根"com"和"munus"，前者意为"一起"，后者意为"义务"。如今，共有代表着观察和行动的特定方式。它已经成了一种概括性术语，指对于任何共有的东西要承担共同责任，从共有的居住环境和文化资源到我们所喝的水和自然环境都是如此。

在可持续主义时代，共有话语正在成长着。共有话语包含着共有概念，共有是一个一般术语，指共同照料共有资源这一组织原则。"共有"[③]可以与通常所说的"市场经济"中的"市场"概念形成对比。同样的，其他带有"共有"二字的词汇也重新被人们使用。最引人注目的就是"共有着"（commoning），

---

① 当政治学家埃莉诺·奥斯特罗姆（Elinor Ostrom）因为其整个学术生涯对"公共"的研究而于 2009 年获得诺贝尔经济学奖之后，"共有"这个几乎被学术圈忽视了数十年的概念才普遍获得全世界的认可。

② 相关例子参见：http://www.onthecommons.org.

③ "共有"这个词可以有单数的意思，也可以有复数的意思。比如，当我们说一个社区公园的时候，这里的"共有"可以指整个公园，但是也可以指公园里的树林和多条河流。

它不仅仅指"共有"的状态，而且是通过把"共有"变成动词，形容创造或保持共有的行为，也就是说把"共有"这个概念付诸行动。我已经讨论了"共有"的诸多含义，因为正是"共有"这个概念的复兴带来的深度和广度让共有具有非常重要的文化意义。

在不同的语境中，共有概念的理解和应用也有很大不同。因此，如果你要寻找一个精准并且通用的定义，那是做不到的。让我们再提醒自己一次，这份词汇表并不是给词汇下定义的词典，而是来探索我们这个变化的时代中正在兴起的词汇。词汇作为文化的产物，其含义也在不断变化。我们把"共有"作为切入点，了解我们的集体认识以及实践正在发生变化。共有这个词汇越来越频繁地被人们提及，这个事实也正是可持续主义文化正在崛起的标志。

—— 超越私有和公有 ——

共有概念背后是共享和协作，而非所有（权）和竞争。它提供了一种切实可行的通过社群管理资源的方法。长期以来，私有和公有是两种我们熟知的主宰着我们管理资源和组织社会的方式，而共有所提供的恰恰是与两者截然不同的范式。

共有概念在如今如此重要，原因是它让我们能够以一种超越传统的私有和公有二元对立的思维方式，重新构想共有资源。在 20 世纪的"现代发展"中，经济和社会问题几乎完全是由两种治理方式解决的：或公或私——或者用政治学家的话来说，就是政府或者市场。不管是自然资源、城市发展、技术、经济或者文化机构，公 / 私范式已经主宰了我们的思维和设计。

但现在我们开始看到，其实还有第三种选择。这种方式已经有人尝试并证实可行，能够让社群公平、可持续地管理资源：用共有的方式。换言之，共有代表着第三领域，非私非公。共有为我们提供了第三种组织框架，来处理自然、地方、商品、信息和遗产的问题。它的基础是，大家为了社群的福祉而管理资源。有时，社群是城市中的社区，或者合作企业，也可能是整个地球。

—— 社群 ——

共有这个词不仅仅意味着大家共享的东西或者经济学家所谓的"集体资源"，它还代表着基于社群对那些资源进行共同管理的思路。正如共有研究的重要学者和活动家戴维·博利尔（Bollier，2014）所说，"当一个社群决定共同管理资源，特别重视人人平等的使用权以及可持续性之时"，共有就出现了。总而言之，共有就是我们选择与大家共享的东西，以及我们共享它们的方式。

在城市规划中，我们可以清楚地看到，大多数争论都限定在"公有空间"与"私有空间"的对立框架中，而共有一直被忽视。共有的地方——比如由社群管理的社区花园——并不能简单地归为"私有"或者"公有"，因此常常被忽视或误解。从本质上讲，这些地方算是共有的场所，但常常被归为公有空间。但公有空间和共有空间不是一回事（Bollier and Helfrich，2012）。公有空间主要是负责公共事务的政府机关的范畴，而共有空间主要是社群的事务。正是社群支撑着共有这个概念。

—— 协作共有 ——

共有这个概念是鲜活的、振奋人心的。不管我们是否用这个词，共有现象在如今众多自下而上由社群推动的项目中随处可见，经常被称为"市民经济"。[1] 越来越多的土地信托、合作社以及线上 P2P 平台也证明共有这个概念正在崛起。

我们可以看出共有精神在社会中站稳了脚跟。它并不是以竞争和市场价值为基础的，而是基于共享和社会属性。美国经济学家和社会思想家杰里米·里夫金（Rifkin，2014）称之为"协作共有"。他认为我们正开始从市场经济转向共有经济，在共有经济中，我们认为商品、服务、体验和资源的使用权比所有权更重要。他指出了"协作时代"的到来，越来越多的人更重视

---

① 参见建筑公司 00 的出版物：*Compendium for the Civic Economy: What Our Cities, Towns and Neighborhoods Can Learn from 25 Trailblazers* (Haarlem, Netherlands: Valiz/Trancity, 2012).

协作而非竞争。

协作共有背后的动力是人们愿意也有能力为共同的目标共享事物。用里夫金的话来说，"共享文化就是共有精神的全部"。确实，共有的崛起与可持续主义另一个主要特点如影随形，即所谓的共享经济。如今越来越强劲的共享文化被视作当代两大发展的产物：社会朝着协作的方向发展，技术和社交媒体朝着创造协作平台的方向发展。这两大发展为共有提供了肥沃的土壤，让其蓬勃发展。

—— 为了"共有着"设计 ——

共享和协作实践是创造共有的基础。反过来，"共有着"这个概念——我们以可持续和平等的方式管理我们的地方和资源的动态模式——促使我们明确地去探索如何能让我们对生活环境等的设计更具有"可共享性"。

因此，在《可持续主义设计指南》中我们提了这样一个问题："为了实现共享的设计可能是什么样的呢？"（Schwarz and Krabbendam，2013）这听起来似乎是个简单的问题，但其实不是。在所谓的"价值驱动的设计"实践中包含"共享"这种价值观，还是比较新颖的。同样，我们需要为了进行"共有着"探索新的设计和再设计方式。比起理论，从目前市民发起的项目实践入手可能更好。由市民发起的、集体管理的新地方有很多，我们都可以学习借鉴。在新市民经济中，"创造共有"的成功和失败案例可以指导我们建立共有模型。

同样，不管是在城市设计还是在文化遗产或者其他领域，要沿着这样的思路走下去，我们必须转变视角，重新构建问题。我们如何重新构想我们的城市和街区，将其设计成可以实现"共有"的地方？我们需要什么样的设计原则？或者：从共有的角度，我们怎么设计博物馆？博物馆或历史遗址什么时候以及如何变成共有的，什么时候又不是呢？

要回答这样的问题不是一件易事。但共有的理念以及随之发生的生机勃勃的共有过程为我们指明了方向。既然我们已经标明了当下形势中的"共有"特点，那么与之前相比，我们可以更加敏锐地发现当代生活中共有的事物和

"共有着"的行为。城市里大量社群推动的项目涉及一些协作共有和共有行动，它们就是我们的起点。既然我们已经明白什么是共有，那么就可以规划当下的实践，开始为将来建立模型，创造工具。

田野笔记 4

有一些具有重大历史意义的地点，政府弃之不理，私人机构也毫无兴趣。瑞奥尼·撒尼塔（Rione Sanita）就是这样一个地方。它位于那不勒斯的卡波迪蒙特宫（Palace of Capodimonte）下面的山谷里，十分贫困。这里的火山下层土中埋藏着大面积的古老的地下墓穴和教堂遗产，它们在地下默默地消亡。但10年前，一个当地社区扭转了这种局面。当地的一群年轻人、学生合作社、志愿者以及无业者主动复兴了这个地方。秉着一腔创业精神，他们投入了大量时间，成功说服当局政府允许他们进入早期基督教地下墓穴，并让它们重获新生。[①] 在成功募集到资金支持之后，他们交出了答卷：1万平方米的古迹探访之路、有向导的观光游览、书店和咖啡店建立了起来，它们都由合作社经营。这一实践非常成功。如今，这个地方每年接待超过4万名游客，创造了就业岗位，并成立了基金会以确保未来的可持续发展。这个地下墓穴项目成功的关键是社群的合作本质。

这一著名的参与式遗产行动的重点不在于修缮了文化遗址或建筑群，而在于其社群参与的方式，由社群合作管理这个地点。这种共同复兴文化遗产的方式让他们为这个社区的"历史、艺术、文化、饮食，以及最后必须要提到的信仰"赋予新的含义——我直接引用了原话。这是"一个极度贫困地区的复兴的起点"。一开始，这个合作社遭到了市政府和教会的反对，但随着一步步的成功，它越来越受到尊重。该行动取得的成就一点也不比"创造共有"少。同时，这一行动也开辟了遗产保护

---

① 参见：http://www.catacombedinapoli.it/en/about.

的新途径。给后人提供的经验：不要只着眼于历史遗迹本身，要着眼于大环境、人以及他们共有的东西，这样，遗产的价值才能被认可。

词条 5 循环性：从环境到生态

可持续的循环模式是将各个环节连接起来，创造闭合的圆。"循环性"符号形象地展现了一个闭合（图 7–5）的圆内有着循环的流动系统，就像自给自足的生态系统。每一个箭头既是一个循环的开始也是另一个循环的结尾，象征着"从摇篮到摇篮"的原则。在这个图形中，三个箭头彼此相连，形成了一个动态的新陈代谢系统——三个箭头中间的空隙形成的"飞轮"象征着动态。这个符号可能会作为循环城市或循环经济的标志。

图 7–5 循环性的象征符号，由乔斯特·埃尔弗斯设计

—— 从环境到生态 ——

2015 年夏天，奥巴马总统在他的推特账号上发布了美国航空航天局的一张照片"蓝色大理石"：从外太空看到的整个地球。为了替他的可持续计划赢得更多的支持，他配文道"美丽的提醒：我们需要保护这颗星球"。①

时光退回到 1970 年。那年也发布了一张相似的"地球全景"照片，呼应全球首个"地球日"。也许你会问，那么这几十年过去了，在应对可持续性这个问题上有什么变化吗？可持续性这个问题什么时候能解决呢？我们常常忽略的其中一个显著的不同就是我们谈论这些问题的方式不同了。20 世纪 70 年代，几乎没有人使用"可持续性"这个词；人们讨论的是"环境"

---

① Twitter President Obama, @POTUS - 20 July 2015 (7:27 am). https://twitter.com/potus/status/623137065341952000.

的状态的问题。①

随着时间的流逝，辩论的词汇已经发生变化。"环保"变成了"绿色"，并且讨论的范围更广了——想一想"绿色生活""绿色消费""绿色经济"。而在过去的二三十年里，"可持续性"也成了公认的囊括这一切的术语。

我们大多数人可能都渴望一个更"持续"的世界。但"持续"到底是什么意思呢？我们需要问问我们大家一起给了它（或者想给它）什么定义，而不是试图去同意一个客观的定义。这样便出现了一个问题，我们想要可持续的理念包含什么特质呢：材料使用、碳足迹、回收利用、责任消费、自然的价值、生活方式，所有的这些？

现在，在可持续主义时代，可持续性话语中又多了一个新术语：循环性。这个词指的是生物和人造系统中循环的本质，反映了我们如何设计"可持续性"的视角的变化。也许这意味着一个可更新的、更包容的、生态的视角。我们越来越意识到人（和技术）也是生态的一部分，就像地球上的自然界和其他物理特征一样。很明显，世界并不是如从太空中看到的那样，只由蓝色的海洋构成。换句话说：有助于可持续发展的"循环"的方式开始体现在我们周围，我们人类要在这个循环中找到自己的位置，而非缺席。

— 循环性 —

环境问题依然困扰着我们。很明显，我们给切切实实的环境问题进行了分类命名并没有解决实际问题，比如气候变化、环境恶化、垃圾制造等。不过，如今这个新兴术语——循环性给了我们一个非常不同的角度来看待"可持续性"。

我将"循环性"纳入这份词汇表的原因之一是"循环性"可以作为一个切入点，帮助我们回答"可持续设计"是什么！而且，不管可持续性是如何定义的，有关可持续主义文化的词汇表中肯定会谈到可持续性问题。毕竟，

---

① 根据谷歌词频统计器（Ngram Viewer）对出版物的词语的使用频率的统计，可持续性（sustainability）这个词在 2008 年的使用频率比其在 1970 年的使用频率高出 1000 倍之多。

可持续主义范式是植根于——至少部分植根于——全球环保运动以及"可持续发展"的理念。① 在本词条中，我们会阐释在可持续主义时代，将如何重新构建可持续战略的含义和实践。

所以，问题不是关于如何定义的——定义是字典的内容。我们生活环境的可持续设计由什么构成，这在当下以及未来都是一个充满争议的问题。我们在本词条想要明确的是，在可持续主义时代，可持续战略的含义和实践是如何重新构建的。

今天，我们正在见证一个新词汇的出现：我们谈论着"循环城市""循环经济"，还有最近的"循环设计"。人们对于循环模型的兴趣并非是纸上谈兵：城市规划者、建筑师、设计师、政策制定者都在使用这个新术语，这反映了观念的转变。所谓的循环方式已经应用到城市、经济、设计层面，可见其产生的影响已经超出了有限的环保层面。对于物理、生物过程和人类行为如何一起创造可持续生活环境这个问题，这些方式体现了一个更系统、更循环的观点，即这三者构成一个完全自给自足的"生态系统"，就像一个闭合的圆一样。

—— 循环模式 ——

在本词条中，我并非要列一张循环设计的要素清单，而是要提供视角，重新构建我们如何明确地解决可持续性问题的方式。在我看来，循环性与其说是蓝图，不如说是参考框架。

虽然我们无法下个准确的定义，但我们可以描绘出循环方式的大致轮廓。可持续性循环模式既关注局部也关注整体。其诞生之初与材料和能源的循环使用相关，主要特征是具有连接流②和闭环结构，因此我们用一个象征循环的圆圈表示。这些模式让我们不再局限于线性的"取材、生产、丢弃"的索取

---

① 一些人认为 1970 年 4 月 22 日的第一个地球日标志着全球环保运动的开始，那一天有数千万人走上街头游行。1987 年，联合国世界环境和发展委员会发布了题为《我们共同的未来》布伦特兰报告，在那之后，"可持续发展"这个词才广泛地出现在公共话语中。

② connecting flows，这个 flow（流）可以是物质的，也可以是非物质的，包括材料、能源、技术、信息等。

模式，而是采取循环、可恢复的方式。

比如，在产品的生态设计中，"减少使用、重复使用、循环使用"的观念就可以被视作"循环"的一个表现。[1] 同样，如今广受支持的"从摇篮到摇篮"的设计原则旨在形成材料和能源循环的闭合圈——类似于生物界中某一环的"废弃物"可能是下一环的食物这样的系统（McDonough and Braungart，2002）。"从摇篮到摇篮"不仅指循环使用，还包括升级再用、重复使用和变换用途再用。

近年来，循环模式的范围正在扩大。尽管该模式一开始只连接两大领域——技术和自然界，但目前在社会和经济领域也越来越活跃。"从摇篮到摇篮"的先驱威廉·麦克多诺（William McDonough）和米歇尔·布劳恩加特（Michael Braungart）在他们开创性巨作问世 10 年后称，对于我们整个社会的设计也要采用他们提出的这个框架：不仅在设计地毯时，在设计家、工作场所、产业、城市时都要应用这一点（McDonough and Braungart，2013）。

—— 实践团体：循环城市 ——

世界各地的城市实践都打着"循环城市"的旗帜。[2] 在越来越多自称为"循环城市"中出现的实践团体展现着许多本词汇表中指出的可持续主义发展的特点——扎根本土、自下而上，由市民主导，由一个致力于地方营造的集体过程推动。

我不需要走多远就能看到一个"循环城市"。阿姆斯特丹北部地区布克斯罗特汉姆（Buiksloterham）正在进行循环城市发展实验。它起初是一个市民发起的项目，后来发展成一个雄心勃勃的发展计划，涉及 3500 个家庭，覆盖100 公顷面积，被称为"生活实验室"，实验室的名字是"布克斯罗特汉姆循

---

[1] 对 Jacqueline Cramer 的引用，见：*Circular Economy: From wish to practice* (The Hague: Council for the Environment and Infrastructure RLI, June 2015).

[2]《卫报》最近的一篇文章谈到在新加坡、墨尔本、底特律、伦敦和阿姆斯特丹这些"循环城市"进行的项目。"城市正创新性地向循环经济的方向发展。"参见：http://www.theguardian.com/sustainable-business/2015/aug/05/how-cities-are-innovating-towards-a-circular-economy.

环"。它有一个雄伟的目标，即计划约在未来10年间设计和打造一个生活环境，一个包含不同元素的循环系统。这个计划有趣的地方在于它包含了我们生活环境中的一切特点，并将它们"编织"进一个循环设计中。过去会单独处理（甚至根本不处理）的问题如今被纳入到一个框架中进行再设计。这里的方方面面都体现了循环的理念：从近100%循环材料流和废水资源处理的零垃圾社区计划到本地交通零排放以及完全可再生能源供应。同样，"布克斯罗特汉姆循环"也将"本地创业、社会属性、健康的生活环境"包含在其宏大的循环规划中。①

阿姆斯特丹北部这个实验是一种"循环的地方营造"。其参与者非常多元，共有不少于24家本地组织和机构联合参与，这也能看出它包容性的特点。"布克斯罗特汉姆循环"2015年的宣言上有建筑师、景观设计师、社区企业、房产公司、设计公司、能源集体企业、水资源部门、电力委员会、研究机构、废品管理公司、市政府规划者和本地居民组织的签名。10多年前，我们无法想象会有如此大范围、多样化的组织和市民联合加入这样的计划。

正是循环方式助力可持续性设计这一理念推动了上述的实践，它不仅仅涉及技术流和实物流，而是真真切切在尝试连接环境和社会可持续性（因此我称之为"可持续主义"）。荷兰"循环城市创新组织"最近的著作中总结了他们这种独特的方式："在循环城市中，生态不再与该城市的经济、社会和文化割裂。"② 较之于许多传统的可持续性策略，这标志着一个真正的改变。

—— 从"环境"到生态 ——

"循环"这个词正被用来形容更整合的、实现可持续性的方式。采用循环模式，我们开始从完整的"生态系统"角度看待"可持续城市"和"可持续设计"。"生态"这个词需要在此稍作进一步解释。虽然"生态"经常被用来指代"环

---

① *Circular Buiksloterham – Transitioning Amsterdam to a Circular City*, *Executive Summary* (Amsterdam: De Alliantie/Waternet/Ontwikkelingsbedrijf Gemeente Amsterdam, 2015).

② Ruimtevolk & Innovatiekring De Circulaire Stad van de Agenda Stad, *Het perspectief van de circulaire stad* (Amsterdam: Agenda Stad and Ruimtevolk, 2015).

境"，但循环方式是一个更包容的框架，是真正的"生态"——这体现在"生态"这个词的原生含义就关注有机体和它们所在环境的互动。我们常常忘记，生态（ecology）这个词的希腊语词根是 oikos，意为住户，也就是说"生态"指的不仅仅是外部的物理环境，还包括居住在里面的人。如果我们进行可持续设计，不应该仅从"环境"角度思考，而应该从"生态"的理念出发。也就是说，本质上，对循环性最全面的解释就是：把我们的生活环境作为生态系统来设计，人类——也就是社会和文化因素——与自然界和物理世界一样都是生态的一部分。[①]

纵观城市主义的发展历史，将城市视作生态系统这样的观点并不新鲜。写到这儿，我想起了已故的美国都市题材作家和活动家简·雅各布斯（Jane Jacobs）的作品。早在半个世纪前，她就主张我们应该把城市看作生态系统（Jacobs，1961）。她把建筑物、街道和社区看作是动态的有机体。人们与这些有机体互动的方式影响着这些有机体的身份和意义的变化。我把雅各布斯称作超前的可持续主义者。在可持续主义时代，当我们就"循环城市"展开争论的时候，雅各布斯提出的这些想法有了新的意义。

—— 重绘人类生活环境的地图 ——

循环方式重新构建了我们看待生活环境的方式——将其看成是一个流动、循环的系统。关于"城市新陈代谢"这个比喻在最近几年越来越有影响力——这个生物学概念指一个有机体的生命依赖于各个元素互动的过程以及它们与

---

① Pope Francis 在他的书中提到我们有必要拓展我们关于生态的理念：*Encyclical in Climate Change & Inequality: On Care for our Common Home* (Brooklyn/London: Melville House, 2015)。他在书中提到"整合生态学"，包括"环境、经济和社会的生态学"。对于我来说，这些都指向了"可持续主义"的视角。

环境的关系。^①这意味着老一套只关注物理基础设施和空间布局的城市规划图已经无法满足要求了。循环模式包括人类的"社会流动"。因此，人类行为这一元素将要求我们重新绘制地图。

又或者说，需要绘制不同类型的地图，使用不同的图例，把不同层次的联系变得清晰可见——社会和经济的，物理和生物的。在物理层面，要绘制能量和材料流已经很困难了。但要绘制人类行为和社会流，更是难上加难，我们是在一方未知领域上探索。但是，这一难题现在变得清晰明了，这归功于最近我参与的一个阿姆斯特丹社会规划组织"海滩"的本地项目。^②这个项目叫作"社区生态"（荷兰语：Wijkecologie），从社会认知和本地居民的现实生活入手，探索"可持续"生活环境的含义。在这样做的同时，该组织开始从各个层面绘制"本地生态"。绘制社区的能量和材料循环是一回事；从社交、路线、关系和习惯绘制"人的流动"就是另一回事，更别提包括这些人的故事和文化历史。

在此要表明的一个一般化观点，即循环视角引导我们用一种不同的方式设计可持续的生活环境。比如，用循环方式来体现社区这个概念，很明确要求我们在设计物理和生物基础设施（路、建筑、绿化带、公共空间）的时候，必须同时将它们和社会属性联系起来。同样的，我们在进行物理和空间设计时，要遵循设计要求，把社会价值和本地社会属性作为起点。这是新的挑战。正如我们在《可持续主义设计指南》中主张的那样，在我们的设计中，除了通常要考虑的环境和物理特征外，还必须要包括社会特质，比如实现分享和亲近。我们所谓的"可持续主义设计"的本质是要一同考量社会和环境的可

---

① Anna Leidreiter, "Circular metabolism turning regenerative cities into reality", The Global Urbanist, 24 April 2012. http://globalurbanist.com/2012/04/24/circular-metabolism-oakland. 联系城市规划简要讨论新陈代谢观念的文献可参考：Mendel Giezen & Gerard Roemers, "The Metabolic Planner: Reflection on Urban Planning for the Perspective of Urban Metabolism", Master Studio Urban Planning, 2014-2015, University of Amsterdam。新陈代谢是第六届国际建筑双年会议的中心概念，参见 http://iabr.nl/en/editie/urbanbynature。

② Wijkecologie Wildeman: Onderzoek naar ontwerpen voor delen als sleutel in de circulaire stad. 参见：https://www.thebeach.nu/nl/page/358/wijkecologie-wildeman.

持续性。

—— 设计和再设计 ——

"循环性"这个词带给了我们有关设计和遗产的一系列不同的问题。把丰富的循环性"生态"原则融入地方营造、社会凝聚力或者建筑遗产的再利用上，意味着什么？拿"适应性再利用"作为例子：作为可持续主义的一个词汇，循环性在这里不仅仅是指这些建筑的功能上发生了什么变化，更是指一种升级再利用的形式——使用新旧原料并赋予它们新的含义和价值。①它向那些关心遗产的人提出挑战——在重新设计遗产时，如何让遗产与文化"生态系统"中的其他元素联系起来，成为价值的源泉。

建筑和城市也是同理，在我们对街道、公园、博物馆或公共场所进行可持续化设计时，循环方式让我们看到不同层面的"生态圈"，包括人类价值观、社会属性、人类体验，以及生物和物理属性。要替包含这些因素的包容性循环理念找到设计工具、模型和方法并非易事。但在我们重构的框架中，这就是我们大家要一起面对的挑战。

—— 整个地球 ——

循环模式给我们提供了看问题的新方式和新实践（虽然还在新兴阶段）。到最后，循环性这个词可能只是一种方式，以让我们意识到：我们需要一种更包容的、更整合的、可修复的可持续路径，其包括人类，就像包括科技和自然一样。

从可持续主义的角度看，设计和再设计可持续生活环境的关键或许是着眼局部的同时还要认识到关注"整个系统"的价值。谈到后者，我们可以在20世纪60年代后期出版的《全球概览》这本杂志的基础上继续努力。其第一版的封面是类似于"蓝色大理石"的地球全景特写。正如《全球概览》的发

---

① 适应性再利用被里默尔·克诺普看成是一种升级循环的形式，他在和我讨论建立这个词汇表的时候提出了这个看法。

起人斯图尔特·布兰德（Brand，1986）写道："理解整个系统意味着我们要研究比我们习以为常的生活环境更大和更小的范围，并且通过我们自己形成的循环把一切看得清清楚楚。"①

田野笔记 5

科特斯特拉特 23 号（Ketelstraat 23）是一幢于 1924 年建的学校建筑，它是海牙东部很大区域内最后一处 20 世纪城市布局规划下建造的建筑。这个地点位于充满社会问题的北拉克（Laak Noord）街区。由于该地区学龄人口少，这所学校已经停办很久了。2008 年，出于用商业开发振兴该地的目的，政府决定拆除这所学校。但 2008 年的经济危机给了这幢学校建筑重生的机会，它成了当地临时的社区活动中心，由市民合作社艾根威兹泽（Coöperatief Eigenwijzer）经营管理。②尽管如此，城市委员会仍然沿用 2008 年前的市中心开发计划，直到社区群众通过媒体表达了强烈的反对，该计划才停止。当地社区居民认为：市政府难道不应该负责支持本地工艺、小企业和社会创业吗？难道不值得研究一下，具有潜在价值的文化历史建筑是否可以进行适应性再利用吗？作为遗产领域的专家，我参加了研究该学校建筑的文化价值的项目，并担任顾问。这幢建筑可以看作是先前的城市景观的一个地标建筑，之前的城市规划由著名建筑家亨德里克·伯尔拉赫（Hendrik Berlage）完成，所以建筑本身极具本地建筑的优点。但有趣的是，建筑价值或者城市历史价值都不是最后决定这个建筑命运的决胜点。最吸引人的论据（受到市议会多数议员的支持以反对当时的市政官）是这个学校内及其周围产生了一个系统——用我们的术语来说叫作"社会和文化生态系统"。正是这种草根的自我治理方式及其与社区建立的联系，使这个学校拥有了社会

---

① 参见：The Essential Whole Earth Catalog（New York：Doubleday，1986）.

② 参见：https://www.facebook.com/pages/category/Community/Vrienden-Van-Ketelstraat-23-465674616857728/.

可持续性。在 2014 年晚些时候，市政府决定保留这所学校，并且以一个合理的价格卖给市民合作社，让市民合作社升级改造这个地方。这个案例说明：我们对待一处遗产的时候，应该从社会层面考量相关因素，对已经存在的东西继续设计开发，而非从外面找些东西空降其上。但是，首先你必须得有能力看得到这些已存在的东西。

词条 6 相称性：从规模到适合

"大"和"小"是相对而言的。"相称性"符号（图 7-6）中，每一块"积木"的大小只能和其他几个相互参考比较才能做出判断。这个符号象征着众多元素的集合，它形象地说明了合适的大小与关系有关，而非一个绝对的测量数值。对"相称性"的不断调整（re-proportioning）意味着改变元素间的相对距离和关系——比如因此在这个符号的中心形成了一个五角星的形状。

图 7-6　相称性的象征符号，由乔斯特·埃尔弗斯设计

—— 从规模到适合 ——

"小的是美好的"是经济学家 E.F. 舒马赫（E. F. Schumacher）最被广为引用的名言。20 世纪 70 年代后期，舒马赫的著作《小的是美好的》风靡全球，且影响深远（Schumacher，1973）。这本书抨击了 20 世纪盛行的、舒马赫称之为"巨大化"的信条，向支撑着大生产和大消费的"越大越好"的观念提出挑战，激励了当时许多其他文化运动。如今，"小的是美好的"这个观念正在复苏。在过去一个多世纪中，宏大设计和总体规划塑造着我们的生活环境，但现在的发展趋势似乎转向了小规模、本地社群和街区。

但不要搞错。舒马赫所谓的"小的是美好的"要表达的关键并非"小"

是我们所有问题的唯一答案。它强调的是"人性化规模"，找到"合适的大小，那才是以人为本的方式的关键"。从这个角度来说，舒马赫著作的副标题"把人当回事的经济学研究"和主标题一样，不管怎样都说明了其著作的内容。

《小的是美好的》中包含的许多观点在当下仍然是有意义的。别的不说，这些观点让我们审慎看待大小和比例问题。如今，人类的很多活动已经达到空前全球化的规模，但同时，"越大总是越好"的观点却在衰退。

越来越多的人正在认识到，我们必须把"人类维度"纳入到我们的生活环境和生活方式之中，我将之视作可持续主义文化的特征之一。我们在设计和再设计我们的世界时，什么是合适的衡量标准？关于大小和规模问题，要大到什么样的程度才足够？我们要如何认识到什么时候一件事物确实是小一点更美好呢？什么时候更倾向于小，而非大；倾向于亲近，而非距离；倾向于舒缓，而非高速？这些问题都将影响我们对生活环境的设计、我们的体验、我们对地方以及时间的理解。当我们向可持续主义文化过渡时，规模问题转变为相称性问题。

—— 规模 ——

对于设计师来说，不管设计什么东西，规模都很重要。规模决定我们如何衡量事物。规模也决定了我们所能看到的东西：规模会让我们聚焦在某一些东西上，同时也会让一些东西留在我们的视线之外。把国家地图或城市地图和世界地图做对比，就会发现两者在信息的取舍上有着非常不同的选择。世界地图通常省略道路，但没有标明街道的城市地图就没有什么实际用处。

暂时撇开地理学的观点，我们可以将规划、设计的"规模"与相机镜头的变焦联系起来思考——你可以从一个"远景"推近到局部细节，在这个过程中，每一次都会看到不同的东西。其实这就是设计师雷·伊姆斯和查尔斯·伊姆斯在他们1977年的开创性纪录片《十次方的力量》（*Powers of Ten*）中做的事——每一步将镜头缩小十分之一，根据数量级展现宇宙的相对规模。[1] 伊姆斯的外孙伊姆斯·德梅特里奥斯（Eames Demetrios）称："不同的规模会产生新的地理学。他认为'如果在今天这个时代你不懂规模的话，那你就是文盲'。"[2]

理解规模意味着欣赏大小、距离和速度的力量。拿城市体验作为例子。走在曼哈顿第五大道上的感觉肯定与走在阿姆斯特丹老市中心街道上的感觉不同。两座城市不管在纵向还是横向上的建造规模都不一样，城市内部不同的容量和距离也让我们对它们有不同的感受。同样的，我们走路的速度不同，对于时间和地方的体验也不同。同一条街道上，走路和开车时我们观察到的东西是不一样的。每一种运动方式——走路、骑车、开车，都会给我们带来不一样的街道体验。从更广泛的角度说，与特定规模相关的社会和空间特点将影响我们对周围环境的体验。相反，我们在设计生活环境时，事物的规模成了重点考虑因素。

—— 不做小规划 ——

如果现代主义城市有一个决定性特征，那便是规模。当我用规模这个词时，我们常常先想到大规模，而非小规模。不管是按照建筑的体积、地理意义上的大小，还是居民或基础设施数量来算，20 世纪的城市规划和设计体现了大体量、大规模的特征。不管是不是被刻意设计的，过去一个世纪中，全世界的城市都是发展成为大规模的居住地。我们甚至还创造了一个新词"特大城市"来指代超级大都市——通常拥有超过 1000 万人口。1950 年，只有纽约市的人口达到这一数量级，如今在全球这样的城市已有 35 座，东京以 3800 万人口居于榜首。

---

① 雷·伊姆斯和查尔斯·伊姆斯创作的 9 分钟纪录片《十次方的力量》是伊姆斯出品的最家喻户晓的纪录片之一。自从 1977 年其诞生以来，世界上数百万的观众观看过这部片子。它是以荷兰教育学家奇思·博伊克（Kees Boeke）的著作 *Cosmic View: The Universe in 40 Jumps* 为基础的。参见：http://www.eamesoffice.com/the-work/powers-of-ten。

② 参见：http://inoutdesignblog.com/chat-in-a-chair-eames-demetrios/.

从很大程度上说，"现代主义城市"是城市总体规划者和城市设计者创造的城市。正是他们的雄心和宏大计划缔造了我们如今生活的城市——面积大，人口多。最近阿姆斯特丹的一场有关"城市制造"的公共活动提醒我，一个世纪以前，当时最负盛名的美国城市规划师丹尼尔·伯纳姆（Daniel Burnham）提出了著名的言论"不要做小规划——它们不会让人热血沸腾，也不会自己变为现实"。① 伯纳姆1909年做的芝加哥规划也许是用现代主义方式规划大城市的典型案例：大规模以及自上而下。这种思想自此成为城市设计的主导思想。

在文化领域，更具体一些应该说是在遗产领域，也有类似的关于大小和规模的现象。② 比如，我们可以看一看"现代博物馆"。在这里，主导的观点也是"越大越好"。在过去的半个世纪里，不管是体制上还是建筑上，博物馆都变得越来越大。世界上大多数博物馆——那些想要与国际旅游景点一争高下的博物馆，如今每年接待数百万观众。从它们现在的扩张计划来看，它们还希望有更多观众。这些博物馆确实要达到世界级规模，它们的目标群体并不仅限于当地访客，也（更）包括国际游客。即使是小一些、不太大的博物馆，最主要的目的也是取得规模性的经济利益。从这一点上也可以看出，博物馆成功与否，通常是用访客数量来衡量的。

—— 小的是美好的 ——

很显然，大并不是唯一的衡量标准。现代主义流行的升级、大规模的观念并不是全部。如果我们看看如今的城市文化，就更加能够证明这一观点。本词汇表中着重介绍的大多数城市创新案例都代表着另一种思维模式和实践。从可持续主义的视角看，我们可以看到向本地和小规模发展的趋势。社群领

---

① 2015年10月27日，特雷西·麦兹（Tracy Metz）的脱口秀"城市生活"［"Stadsleven"(City Life)］参见：http://www.stadslevenamsterdam.nl.

② 译者注：在这里，大小更是针对遗产和（或）博物馆的建筑，规模不仅和建筑的大小有关，而且还涉及它们的运营、管理等。当然，一个博物馆的建筑如果比较大，通常它的运营和管理规模也会比较大。

导的城市发展的势头高涨的背后是一种以地方为基础、小规模并有意控制范围的思想，比如城市花园、本地食品集市或社区活动等的发展。这些都不是大城市总体规划的产物。它们的成功也不是依靠规模，或扩张和升级的能力。事实上，恰恰相反。

我们城市中很多基层活动很可能仅限于在本地可行，并不能大范围推行。仅限于本地范围，这一点是基础。它们也许可以在不同地点进行复制，但如果只是简单地扩大规模，很多活动都将很快失去它们的核心特点，比如与当地社群的联系。在这些案例中，小的确实是美好的。但这并不是说小的好过大的，而是说在这些情况下，小范围、小体量更适合——规模要适应于情境和目的。

在设计中找到合适的规模需要做更多精密的规划，而非一味地舍小求大或舍大求小。需要的是一种相称法。什么时候小的是美好的，什么时候不是，是取决于具体情况的。相称法，第一就是要对情境敏感。第二，我们需要根据地方和当地居民的情况，评估合适的大小和规模。如果用户或生产者离得不远，那么通常不需要大规模的规划（最糟糕的情况是过大的规模非但没有带来好结果，反而产生了消极的结果）。第三，规模相称设计需要对用户的价值观和特点保持敏感。简而言之，相称性的理念给我们提供了思路，在设计和再设计我们的生活环境时要注意寻找合适的规模。

—— 相称性 ——

当我们根据合适的规模重新构思设计的时候，我们就会看到不同的关于规模的观念。例如，在城市设计中，我们也许会超越规模在地理层面的概念——其只关注空间和物理特征。如果基于社群的规模设计城市和地方将意味着什么呢？事实上，很多本地项目已经开始这样做了，由当地社群决定开发的规模。[①] 在这里，"合适的规模"首先要取决于当地人在一个地方的体验是怎样的，以及他们是如何营造一个地方的，而不应该首先取决于测量出来

---

① "转变运动"（transition movement）就是这样的一个例子，参见：https://www.transitionnetwork.org.

的空间大小。

在《可持续主义设计指南》中，我们提出"相称性"应该作为为了社会可持续发展进行设计的设计要求的一部分。相称性设计不是规模设计，它可以应用于对速度、时间、距离以及地理意义上的大小的规划上。"慢食（Slow Food）运动"中的"慢"就有这样的深意。这里的"慢"不是指像计算车速一样用距离除以时间计算出来的，而是一种定性的测量方式，反映的是一种态度（在"慢食运动"中就是指我们与食物的关系）以及一种感受和心态。同理，我们说到慢城市，也是赋予我们和城市环境之间的关系一种特殊的含义。"慢"成了一种品质和社会价值，通过这一点，我们可以使我们的设计更适合于人、社群。我们可以提出这样的问题："慢博物馆"会是什么样的？我们可以在哪里发现"慢"的优点——在体验、空间、展品、媒体、叙事中？

—— 相称设计 ——

我们现在看到的是潮流正在向慢、小、本地转变。这些成了可持续主义文化中塑造生活环境越来越重要的特点，比如，越来越多的设计者想把"街区"作为一个单位来观察并设计生活环境。我有意给"街区"一词加了引号，因为在可持续主义时代，我们对于周围环境的理解和规划正在变化。

现代主义对街区的定义主要是空间层面的——某一区域在地图上的定位，如今我们可以在其中加入人和社会层面。如果我们真想设计有意义的地方——参见第一个词条"地方营造"——我们需要想一想如何从物理层面以及社会层面绘制这个地方的地图。① 这样一来，我们就重新构建了规模的理念：从一个地理位置的问题变成了一个从社群和亲近性角度出发的、与"街区生活"的本质相关的定性问题。

从相称性入手，我们会问"社区设计"意味着什么（以及我们想要用这个词表达什么）。比如，"街区博物馆"（neighbourhood museum）的理念，从

---

① 这是本地可持续设计项目"街区生态"的重要关注点。参见：https://www.thebeach.nu/nl/page/358/wijkecologie-wildeman.

可持续主义的角度看，它的意思明显不只是刚好开在某个空间意义上的街区范围内的博物馆。把这样一个博物馆定位在传统的城市地图上将无法揭示它对于当地社区的意义。换句话说，"街区博物馆"必须受到生活在该街区的人们的认可。它需要有社会属性，比如包容、准入、归属以及本地参与。在这里，相称性变得很重要：只有这个博物馆有合适的"人性化规模"，这些特征才能实现。

—— 升级小规模 ——

可持续主义对于"街区"的观念再一次让我们意识到"小"和"大"是相对的概念，只有在具体应用的情境下才有意义。同时，它也强调了，在我们的设计中，我们需要考虑合适的规模。换句话说，我们必须学会用一种"相称性原则"看待我们对城市环境、博物馆或再利用的历史遗址的（再）设计！

随着我们把设计方法从规模转向相称性，我们可以构思"小规模"、本地化的对策，但是因为这些对策同时又被其他的本地社群分享，因而还具有交错联系、广泛分布的特点。这样的方法象征着一种不同的关于"升级"的理念，标志着小和大的两者之间可以发生改变的关系。正如设计和创新作家约翰·塔卡拉（Thackara，2015）在其出版的书中写的，我们可以看到世界各地大量的本地可持续性对策是由社会基层创造出来的。在可持续主义时代，由于这些对策是非常多元且相互联系的，它们传达了一条鼓舞人心的信息："小的能改变大的！"[1] 关键是找到小规模对策的那些社群能够相互学习。这正是发生在P2P网络时代的事情。

也许在当下的时代，对相称性的呼吁就是在全球化的世界中呼吁"人性化规模"。甘地曾提出互联自治的"村庄共和体"的愿景，或许如今相称性的呼吁会产生一个21世纪的版本。用甘地（E.F. 舒马赫称他为"人民的经济学家"）的话说——"为了自己的重要需求，每一个村庄都是一个完整的共和体，但也因为许多其他因素而彼此依赖，就这些因素而言依赖是必须的"（Gandhi，

---

[1] 参见：https://dezwijger.nl/programma/how-to-thrive-in-the-next-economy.

1942）。用更现代的角度看，这样的设计思想与开放资源、共享运动以及它们广泛分布的网络有异曲同工之妙，因此小规模的本地发展与大规模的全球发展相互联系。

田野笔记6

　　街区博物馆有很多，以几家位于阿姆斯特丹的为例，比如范·伊斯特伦博物馆（Van Eesteren Museum）、佩伦·奥斯特（Perron Oost）博物馆、北部博物馆（Museum Noord）、拜尔默博物馆（Bijlmer）、船博物馆（Het Schip）、印度社群街区博物馆（Indische Buurt）。聚焦本地的博物馆已经出现很长时间了，但最近，到处都在新开这种类型的博物馆。它们是在回应那些目标是每年接纳上百万游客的大型博物馆的发展吗？可以肯定的一点是，对于访客的巨大需求以及商品化的文化产品很容易使本地观众对这些大型博物馆退避三舍，而且影响城市的宜居性。虽然小规模博物馆有便利的周边环境且可以服务本地观众，可能对地方政府有一定吸引力，但官方对待它们的方式常常是背道而驰的。政府官员往往看不到这些博物馆的小型规模及其在街区里的角色有什么价值，他们总是期待它们产生一定规模的经济效益。政府鼓励这些博物馆进行合作，在合作项目中整合功能，共同加入合作协调性项目。"否则，我们无法给予资助。"当地政府如是说。政府似乎没有意识到这些街区项目的优点正是根源于它们把自己定义为小规模的，主要服务于一定地理区域内的特定观众的（但是也不排斥外来的观众）。市政府官员常常没有看到这样的街区博物馆的王牌正是它们能够积极回应在当地有限的区域内出现的问题。小型本地博物馆常常只有在街区居民的资助下才能勉强生存，因为那些传统机构常常没有看到"小"博物馆在地方层面上的力量。但也有例外。让我们看一看海军博物馆（Mariniers Museum）取得的成功。它位于鹿特丹的皇家海军总部附近，馆长马里安·格罗宁（Marjan Groen）说："我不想接待比现在更多的观众——那会迫使我们

> 采取与这座城市规模不相称的措施。"这个也许可以成为教科书案例，供我们学习如何根据合适的规模思考和行动。

词条 7 共同设计

共同设计的符号（图 7-7）形象地体现了社群和专业设计师（如建筑、城市研究、遗产等领域的专家）共同参与的合作设计过程的包容性本质。每一个箭头都指向另一个箭头，象征着共担责任和共同意义。这个符号体现了参与、互相交流的精神（一个可持续主义设计和遗产制造过程的特点），反映了"和谁一起设计"的思想，而非"为了谁设计"。

图 7-7 共同设计的象征符号，由乔斯特·埃尔弗斯设计

—— 从"为了谁设计"到"和谁一起设计" ——

走在阿姆斯特丹东部特然斯伐尔（Transvaal）区的街道上，你很有可能经过当地的街区博物馆，理由很简单：这些街道和街区都是博物馆！这儿不是旅游景点，也没有宏伟的建筑物。但是，这里有一个植根于本地的项目，旨在将社区居民与他们的生活环境和历史联系起来。2012 年开始，热心市民和本地企业家开始积极提出"没有围墙的博物馆"（荷兰语：Museum zonder Muren）这个想法，其后来就成了这个城市实验吸引人的名字。

整个街区都是博物馆，建筑的立面和窗户以及公共场所、公园都成了展览空间。经过这些地方的路人都成了观众。居住在这个社区的成员以及他们的故事都是展览内容。这个项目的发起人认为这是一次创造参与和社会联系的实践，同时也是艺术和文化活动。对于遗产专业人士而言，这就是最近兴起的创造"参与式博物馆"的一个例子。（Meijer-van Mensch and van Mensch, 2011）

这个阿姆斯特丹的项目让我们提出这样一个问题：我们所谓的"博物馆"是什么——如果这个项目所在区域如它的名字一样是个博物馆的话。但最重要的是，联系到我们生活环境的塑造这个问题，它让我们思考它的设计：为这样一座没有围墙的博物馆提供内容和形式的设计师是谁？将没有围墙的博物馆与最传统的文化机构区别开来的关键特点是，它是合作设计的产物，当地居民和专业遗产专家的参与度不分上下。换句话说，它是由某种"共同设计"的形式创造出来的。

可持续主义精神的势头越来越强劲，体现设计师和非设计师合作的共同设计也正在变得越来越常见。如今社区参与设计人们的生活环境和文化机构的趋势越来越盛，上述的"共同设计"正是其中的一部分。正如我们在《可持续主义设计指南》中提出的，挑战是不仅要为这个社会设计，而且要和这个社会一起设计。或者，就像这个阿姆斯特丹的博物馆案例一样，和当地街区成员一起设计。在可持续主义时代，"共同设计"用来指代所有正在兴起的、将我们的视角从"为了谁设计"转变为"和谁一起设计"的合作实践。这样一来，对于设计和遗产制造提出的新挑战就成了重点。

如何设计以及与谁一起设计？

说到设计和再设计——我们已在本词汇表中解释过——用批判的眼光来看待我们设计的东西当然是很关键的。但在变化的可持续主义实践的背景下，问一问我们如何设计以及与谁一起设计也同样关键。

随便看看就能发现，在 21 世纪，我们"设计"我们的居住地和文化机构不总是遵循老式的、"由专家领导的、自上而下的方式"。在新兴的市民经济中，社群和市民经常绕开官方规划者和城市设计师，"自下而上"地推动设计发展。[1] 在这个充满变化的领域中，我特别想要给"设计"加上引号，就像我在本段第一句话中做的那样。这并不是说我们城市中的本地和基层项目

---

[1] 参见建筑公司 00 的出版物：*Compendium for the Civic Economy: What Our Cities, Towns and Neighborhoods Can Learn from 25 Trailblazers* (Haarlem, Netherlands: Valiz/Trancity, 2012).

不是城市设计的形式，而是说"设计"的含义和实践在发生变化。

我们的生活环境的"设计"朝着更基于本地以及更体现市民领导的方向变化——我把这与可持续主义的崛起联系在一起。它有很多形式，从 DIY 建筑项目、众筹创造公共空间到街区城市农场和市民运营的本地博物馆。在本词汇表的其他词条中，这样的例子不胜枚举。也许它们看起来各不相同，但是它们的"设计过程"有很多共同点。从可持续主义的角度看，有三个特点非常明显：合作、包容以及开放。这三个特点是可持续主义时代共同设计的标志。

—— 共同设计体现了一种"'和'逻辑" ——

"共同设计"这个词在近几年变得越来越流行，它准确地形容了随着用户和市民越来越高的参与度，设计实践正在发生大变化的现象。它标志着设计语境内以及设计语境外的全面发展，从朝着用户生成设计以及参与式设计方法论的变化到基层市民设计和社会设计中的社群实践都是很好的例子。"共同设计"这个术语在公共话语中流行起来，就是设计朝着参与式实践方向发展的标志。

字典中，前缀"co"的意思是"共同"或"一起"，那么"共同设计"就意味着一种合作形式。在可持续主义时代，"共同设计"是与社会、社区、街区一起设计的简称。

对共同设计的兴趣越来越大，表明我们的视角以及实践正在发生变化：不仅为人设计还要和人一起设计。这不同于现代主义的大众文化。现代主义的大众文化中，商品和服务是直接传递（出售）给顾客和用户的。研究创新的先锋思想家查尔斯·利德贝特（Leadbeater，2009）提出共同设计反映了一种新的"'和'逻辑"，强调更合作、更开放和更注重共享。正如本词条的副标题写道的那样，当下正在经历着从"为了谁设计"到"和谁一起设计"的变化！

—— 包容的设计 ——

共同设计的理念让设计变成一个包容的过程。我们所有人都可以成为某种设计师。特别是在这个时代，设计更是成为一种社会创新的工具，用设计思想家埃齐奥·曼齐尼（Ezio Manzini，2015）的话来说，我们正在进入一个"全民设计"的社会。当然，他并不是说我们都有建筑师、城市设计师或遗产专业人士的专业技能。但这确实反映了关于所有权的新观点，"我们拥有城市"将这种观点表达得非常到位（这是一本关于市民推动城市发展建设的书的书名）（Miazzo and Kee，2014）。这也意味着我们必须重新思考专业人士和非专业人士之间的关系。更关键的是，我们需要重新构建城市发展和遗产领域的设计和再设计，让用户、居民、博物馆观众和市民参与进来，使其变成一个合作的过程。

同样的，理论需要实践配合。特别是在基层项目、街区合作社以及社会企业推动的市民经济中，体现合作的共同设计与实践充满活力、态势喜人。在专业的设计领域，向合作转向的势头也很明显，过去 10 年间，共同设计的项目稳步发展。有很多说法来指代共同设计——以用户为中心的设计、参与式设计、合作设计、开放设计、社会设计，这几个是最常用的表达。[1] 创客运动以及自建住房开发在很大程度上反映的就是共同设计精神。

在博物馆领域，同样，我们已经看到包容、合作和参与式方法的兴起。这一趋势在过去被称作"新博物馆学"，如今已经广为传播。它包含一整套促进观众参与和社会参与的方法。它们同样也有很多不同的叫法，比如"参与式博物馆""生态博物馆""社区博物馆"（Meijer-van Mensch and van Mensch，2011）。这象征着艺术和文化机构朝着促进公众参与的方向发展。

换句话说，"共同设计"这一词条为我们的设计战略指出了向合作、包容

---

[1] 有关设计实践改变的例子可见：Joyce Yee, Emma Jefferies, Lauren Tan, *Design Transitions* (Amsterdam: BIS Publishers, 2013). 和博物馆相关的，以人为中心的设计方式和设计理念也在发展。旧金山湾区的咨询机构"深度设计"（Designing Insight）的博客就是提供了这样的例证。参考：http://designinginsights.com.

和根植于社群的发展方向。可持续主义术语"共同设计"翻译自英语单词"co-design"，我们也可以认为其前缀"co"（共同）代表另两个单词"community"和"collaborative"，即社群（或社区）与合作。这样一来，我们又有了一条探索变化中的可持续主义文化图景的路径。

—— 合作实践 ——

采用共同设计视角不仅改变了设计过程及其参与者，而且重新定义了关于设计或再设计的对象的整体观念。因此，我们需要新词和新概念匹配新形式，比如"共同设计的城市"或"共同设计的博物馆"——尽管我们才刚刚开始讨论这些术语到底有什么含义。

举个例子，荷兰城市设计和战略公司乌惹哈翰（Urhahn）提出了"自发城市"这个概念。"自发城市"被称作"城市变革的新形式"，"由它的居民打造……（在这里）个人以及由居民、商人组成的集体重新使用或组织公寓区、办公场所、公园和街道的空间"（Urhahn，2010）。"城市用户"是这个方案的中心，城市规划专业人士与本地项目发起人（因此就包括居民和用户）紧密合作。乌惹哈翰公司称："共同设计、共同创造、共同所有、共同负责不再仅仅是时髦的术语，而是从可持续城市发展角度受认可的设计形式。"在我看来："自发城市"是一种可持续主义城市设计战略，它向传统的"城市设计"理念提出质疑。①

还有许多其他共同设计的城市、地方、街区的案例——可能采用的是不同的说法。我们现在可以明白，在本词汇表中详细列举的很多可持续主义城市项目都可被认为是不同形式的共同设计的案例。

用共同设计的视角看遗产领域和博物馆学，我们同样也可以看到这种合作的趋势。在如今日渐流行的"参与式博物馆"中，这种思想就非常明显。博物馆设计改革家、美国加州圣克鲁斯艺术与历史博物馆（Santa Cruz Museum of Art & History）执行馆长尼娜·西蒙（Nina Simon，2010）的设想

---

① The Spontaneous City International 公司的宣言。参见：http://thespontaneouscityinternational.org/manifesto/.

也许为我们指明了方向。她设想未来的博物馆会是一个"全方位参与"的博物馆，它以"互动式参与"（participatory engagement）为基础，在那里，"人们受博物馆邀请，在一个设定的、有明确目标的环境里，就博物馆的体验与内容做出贡献、互相合作、共同创造，并且共同做出选择！"她进一步解释道，这意味着"参与式博物馆"可能与传统博物馆有着本质的不同，包括博物馆的内容以及其与社群和观众的外部关系。西蒙又说道，像波士顿的儿童博物馆，从一个"关于"儿童与家庭的博物馆变成了"为了"儿童与家庭的博物馆，这已经是一个巨大的创新了！她的下一个问题是："如果发展成'和'儿童与家庭共同设计、合作管理的博物馆会是什么样的呢？"

—— 开放资源（再）设计 ——

共同设计原则在可持续主义文化中很重要。网络环境中发生的变化也许是这一点最好的佐证。"网"并不是自上而下的系统，而是一个网络系统，互联网也正是取意于此。互联网是人们可以自由联系和分享的开放平台。[①] 它的广泛使用秉持着一种资源开放社群的精神，在这里所有人都可以互相交流。原则上，没有等级之分，人人平等。从我们关于互联网开放的辩论中可知，只有在每个人都能够使用网络并且人们愿意交流和分享的前提下，这个原则才能实现。遍布世界的"知识共享"组织的资源开放许可协议体系就是帮助这个原则实现的一次尝试。[②]

这种资源开放的方式在建筑和设计领域有一个非常深刻的例子，即维基住宅。由伦敦的设计工作室"00（零零）建筑"创建的维基住宅是一个"开放的建筑资源系统"，几乎可以让所有人，不管其技术水平如何，能够下载设计方案并建造负担得起的房子。[③] 设计方案免费分享给任何人，大家可以自行使用、完善或改进。这个项目的理念基于共享与合作，具有可持续主义的鲜

---

① 第二个词条"连通性"也讨论了可持续主义文化里的网络与平台的核心特质。

② 参见：http://creativecommons.org.

③ 参见：http://www.wikihouse.cc/.

明色彩。它也鼓励就地取材，而设计则是全球共享。这样的理念和实践也体现在其他项目中，如最近兴起的"开放设计运动"，其在传播的过程中允许人们直接使用其产品和系统的设计（van Abel，et al，2011）。

共同设计简而言之代表着合作过程，在这个过程中，专业人士和非专业人士在开放地交流知识和技术的基础上进行设计。在数字领域，这也变得越来越常见，毕竟这是 P2P 平台以及在社交媒体和互联网上自由分享信息的基础。但在物品、城市、建筑和遗址所在的实体世界，这样的共同设计实践才刚刚起步。

—— 社会参与 ——

方法论上，共同设计还没有被当作一种新的好用的设计工具，而是代表一个在设计意义和设计过程方面的特定立场——将包容、合作、开放作为价值考量。同样，在当下的背景中，"共同设计"代表着一种新型实践，将专业人士和相关组织、群体联系起来。首先，共同设计是一种社会设计的形式，只有嵌入社会才能成功。在这里，和可持续主义的其他方面一样，社会参与是中心。从可持续主义的角度看，如果人和社群没有参与塑造我们生活环境和文化机构的过程，那么共同设计这个概念将毫无意义。[1]

将共同设计看作是社会设计的一种形式，明确了从"为谁设计"到"和谁一起设计"的转变，就意味着这是一项社会事务。当然，设计、城市创造、遗产制造、文化机构创造等多种多样的进程一直也都是社会行为——如果没有与社会价值观和社会实践联系起来，这样的行为无法存活，也毫无意义。但从"为谁设计"（现代主义设计模式）转变为"和谁一起设计"（可持续主义模式），社会参与就变得前所未有的重要了。这意味着它成了设计师和建筑师工作的一部分，而不是在项目落实的时候才考虑社会参与。

---

[1] 强调参与交往的、行动主义者的设计项目也可以参考：Alastair Fuad-Luk, Anja-Lisa Hirscher, Katherina Moebus (eds), *Agents of Alternatives: Redesigning Our Realities* (Berlin: Agents of Alternatives, 2015).

从"专家主导"变成"社群主导"的设计也涉及政治维度，因为它需要一个"平等的工作环境"，平等的地位和使用权是前提。因此，共同设计也意味着"专家"和"市民"分享权威，分担责任——我们称之为从绝对"权力"到"赋权"社群的转变。

—— 可持续主义共同设计：重新定义"设计" ——

共同设计是本词汇表中唯一带有"设计"这一动词的词条！其他词条都是关于在可持续主义时代，我们如何看待和解释设计和共同设计，而没有把设计本身作为重点。现在我们面临着一个悖论：探索"共同设计"让我们从根本上质疑"设计"一词的含义。比起其他词条，在这一词条中，我尤其喜欢给"设计"一词加双引号。对可持续主义的共同设计的研究让我们不禁自问，我们在说"设计"我们的生活环境或文化机构时，到底是什么意思。在如今这个变迁的时代，提出这样的问题也许才是最重要的。我的直觉是答案将来源于实践。

使用"设计"这个词——就像我在这里做的——形容一系列社会进程和社会情境不是在滥用这个词。相反，我认为这是我们在变迁的时代搜索意义和新词汇时不可避免的事。把该词条包括在本词汇表中，我们不仅把"共同设计"这个新生的实践提上议程，我们更是把它作为一个切入点发问：在可持续主义时代，什么是"设计"，怎么"设计"，和谁一起"设计"？

本词汇表以摸索设计和遗产领域的交汇地带开篇——把适应性再利用作为一个具体例子。现在，特别是在"共同设计"这个词条中，我们可以看到，在这两个专业领域中，"设计"的理念都需要进行重新定义和定位，要强调我们设计生活环境的方法需要包括由价值驱动的社会设计和共同设计。同时，在文化遗产和博物馆学领域，设计思想和设计实践应该成为专业技能的一部分。至于这些将把我们领向何方，以及在可持续主义时代，我们是否需要新词来代替"设计"和"共同设计"，是开放并需要继续探索的问题。

田野笔记 7

若问如今最具有可持续主义色彩的参与式博物馆是哪一个，你的答案会是什么？基于第一手资料，我会毫不犹豫地说是阿姆斯特丹的儿童博物馆。这是一个于2015年做的名叫"创造欢乐儿童博物馆"（Gangmaker Kindermuseum）的实验。[①]儿童创造了这个博物馆——这是给他们的同伴、成年人等所有人创造的博物馆。在它开放的两周里，它重新定义了博物馆，听到这你也许会感到惊讶。或许500年前博物馆刚诞生时，人们的心情也是如此。该倡议的发起人迪伦·海曼（Dylan Hyman）先前是电信公司职员，后来改行成为蒙特梭利老师。她问我能否帮"她的孩子们"做点事。她的19个极具天赋的孩子来自阿姆斯特丹"新西部"（Nieuw West）地区的几所小学。她希望这些孩子可以认识"博物馆"。我没有把她介绍给市博物馆或者其他类似机构的教育部门，而是帮她联系了新西部区一个提供创意工作坊的本地组织。

于是一个有趣的项目便诞生了。连续六周的周三下午，孩子们都会受到鼓励和启发，就他们生活环境中的物品、博物馆，以及这两者如何或者可以如何联系起来提出问题。一位视觉艺术家和一位社会设计师指导并帮助孩子们创造、建模，这些孩子最后得出了许多不同寻常的答案。从他们坚定的目光中可以看出，他们在打造梦想的博物馆。他们有许多想法，其中有以公共交通票形式出现的"世界护照"，一套"让生活有价值"的色彩系列，一个展现自然价值的装置，他们认为这是"全人类福祉的前提"。

在这个博物馆中，孩子们都被认真对待，他们就是创造者，而不是还未成熟的小大人，我们只能用勺子喂他们吃无聊的"遗产知识"。经过共创和共同设计，一个真正新颖的想法成形了。博物馆是一个创造奇迹、想象世界和梦想世界的参与式平台——除了将过去已经获得的历史

---

① 参见：https://www.thebeach.nu/en/page/4192/kindermuseum-inspiration.

> 成就"固化"，还可以将能够被想到的东西以"物质"形式体现出来。[①]
> 这种共创方式给博物馆打开了一个新的未来。从可持续主义的角度看，
> 博物馆变成了一个让人们建立联系、交流思想、进行对话的地方。在这
> 个过程中创造的成果就变得很有意义，值得保存，并转化为藏品。那便
> 是遗产。

开放的结尾

未来的路

—— 可持续主义文化的地标 ——

为世界更名是让文化改变可见的方式之一。我一直认为我们需要新的词汇，跟上我们在可持续主义时代正在或将要面临的问题。写到这儿，我想起作家、环保活动家比尔·麦吉本（Bill McKibben）曾说："我们缺乏能让我们有效思考这颗星球和人类未来的词汇和比喻。"确实，在当下朝着可持续主义文化变迁的过程中，我们正在寻找新的还未确定下来的词和概念。同时，我们需要重新解释旧词，赋予它们新的含义。

这份词汇表的功能就是如此。当然，它远远不够全面，但是这七个词条让我们认识到现在所在的位置——时间和空间意义上的位置。我们可以把这些术语当作新领地上的"地标"。"地标"取自英国作家罗伯特·麦克法兰（Macfarlane，2015）的新书的书名，可定义为"景观中的一个实物，由于它的显著性，从而成为人们行程中的指向标"。这七个词条也代表看待可持续主义的七个有利位置——这反映了麦克法兰的看法"地名通常暗示着观察这个地方的位置"一样。我的位置很明确：从可持续主义的视角看文化、设计和

---

① 参见：http://www.nieuwwestexpress.nl/16177/nl/kindermuseum.

遗产。这份词汇表描绘了一幅可持续主义时代的未来愿景。在此，我附上乔斯特·埃尔弗斯设计的可持续主义符号（图7–8）。这个可持续主义符号形象地表达了可持续主义文化和可持续主义世界观。它象征着自然与人造世界的关联，也表达了万事万物是相互联系又相互依赖的。这个三维的"三叶结"（理论家称之为"最简单的复杂结"）象征着可持续主义生活中有的无穷尽的环，它们既是统一的，也是循环的。

图7–8　可持续主义的象征符号，由乔斯特·埃尔弗斯设计

这个符号是在一个有着百年历史的符号的基础上设计出来的，它的三个环的形状又是基于三角形而来——三角形是建筑、设计以及自然界中的一个基础结构形式。

—— 一份不长的词汇表 ——

我发现本章是对一个全新领域的首次探索——对于这个我称之为深刻的文化变迁的时代的第一份"地图"。这份词汇表并不长，只包含了七个词条，还称不上语库，但它确实让更多人看到了可持续主义文化。这七个词条让我们进入了一个全新的景观，解决旧问题，同时发现新问题。

通过探索新兴的可持续主义词汇，我们获得了一个新视角来考量文化是如何变化的，以及文化的变化如何对人造环境的设计、遗产和博物馆学等领域产生重要影响。这七个词条是我们的切入点，我们将从这些切入点出发，绘制新领域的地图并找到深入其中的路径。很多其他的路径还在摸索或开辟中。这七个术语提供了一幅有关我们时代变迁的愿景。由此，它们创造了反思和辩论的空间。

—— 开放式结尾 ——

这些"结束语"并不意味着终结。恰恰相反，这份词汇表只会以开放的结尾结束。我从三个角度看待这个开放的结尾。

　　第一，几个术语肯定无法将一门语言或一个人使用的词汇（这是字典中"词汇"的定义）说明白。我们需要更多的标志描绘我们的变迁的时代的语言。另外，词汇总是变化的；这就是语言和文化的本质。所以，这个开放的结尾也是邀请大家为本词汇表增加内容，扩充它，改善它。

　　第二，本词汇表采用开放式结尾是因为可持续主义的概念才刚兴起，它的界限还是比较模糊和暂时的。文中详细阐释的术语本身是很复杂以及多层面的，而且还在形成当中。我们需要进一步探索、反思、改善和批评，让它们发挥作用、产生意义。如果希望把它们应用到生活环境的设计中，以及文化和博物馆学领域中——这两大领域为本书提供了背景——我们尤其要这样做。这是对于实践者和教育者提出的挑战。

　　第三，这是一个"开放的结尾"是因为我们肯定要继续进一步探索可持续主义文化景观。不仅要建立新地标、找到新路径，还要开辟新的道路，朝着我们理想的方向前进。有这份简洁的可持续主义词汇表在手，让我们来讨论我们想要前往何方，以及我们想要如何到达那里。也许麦克法兰的话可以再一次用来启发我们："词语就像指南针"。

参考文献

[1] Bela J. Hacking public space with the designers who invented Park(ing) Day. Next City [EB/OL] [2015-02-14]. https://nextcity.org/daily/entry/hacking-public-space-designers-parking-day.

[2] Boeke K. Cosmic view: the universe in 40 jumps [M/OL]. [S.l. : s.n.] 1957. http://www. eamesofice.com/the-work/powers-of-ten.

[3] Bollier D, Helfrich S. The wealth of the commons: a world beyond market and state [M]. Amherst, MA: Levellers Press, 2012.

[4] Bollier D. Think like a commoner: a short introduction to the life of the commons [M]. Gabriola Island BC, Canada: New Society Publishers, 2014.

[5] Brand S. The essential whole earth catalog [M]. New York: Doubleday, 1986.

[6] Castells M. The rise of network society [M]. Malden, Mass: Blackwell Publishers, 1996.

[7] de Waal M. The city as interface: how new media are changing the city [M]. Rotterdam: Nai010 Publishers, 2014.

[8] Franke S, Niemans J, Soeterbroek F. Het nieuwe stadmaken [M]. Haarlem, Netherlands: Trancity, 2015.

[9] Friedman T L. Four words going bye-bye [J]. New York: The New York Times, 2014, 20.

[10] Fuad-Luke A. Design activism: beautiful strangeness for a sustainable world [M]. London: Earthscan, 2009.

[11] Gandhi M K. Every village a republic [M] // Gandhi M K. India of my dreams. Ahmedabad, India: Navajivan Publishing House,1942.

[12] Hawken P. Blessed unrest: how the largest movement in the world came into being and why no one saw it coming [M]. New York: Viking Press, 2007.

[13] Hester R T. Design for ecological democracy [M]. Cambridge, MA: The MIT Press, 2006.

［14］Hopkins R. The power of just doing stuff: how local action can change the world ［M］. Cambridge: UIT/Green Books, 2013.

［15］Jacobs J. The death and life of great American cities［M］. New York: Random House, 1961.

［16］Latour B. Lecture at Harvard University graduate school for design［J］.［S. l.］: Harvard Design Magazine, 2009.

［17］Leadbeater C. The art of with: an original essay for cornerhouse, manchester［M/OL］.［S. l. : s.n.］2009. http://homemcr.org/media/the-art-of-with-essay/

［18］Lippard L. The lure of the local: senses of place in a multicentered society［M］. New York: The New Press, 1997.

［19］Stilgoe J. Shallow water dictionary［M］. New York: Princeton Architectural Press, 2004.

［20］Macfarlane R. Landmarks［M］. London: Hamish Hamilton, 2015.

［21］Mac Gregor N. A history of the world in 100 objects［M/OL］. London: Allen Lane, 2010. http://www.britishmuseum.org/explore/a_history_of_the_world.aspx.

［22］Manzini E. Design, when everybody designs. An introduction to design for social innovation［M］. Cambridge: The MIT Press, 2015.

［23］Marti C. When the parking space becomes a park［J］. New York: The New York: Times, 2015,1.

［24］McDonough W, Braungart M. Cradle to cradle: remaking the way we make thing ［M］. New York: North Point Press, 2002.

［25］McDonough W, Braungart M. The upcycle: beyond sustainability – designing for abundance［M］. New York: North Point Press, 2013.

［26］Meijer-van Mensch L, van Mensch P. New trends in museology［M］. Celje Slovenia: Muzej novejše zgodovine, 2011.

［27］Miazzo F, Kee T. We own the city: enabling community practice in architecture and urban planning［M］. Haarlem, Netherlands: Trancity, 2014.

［28］Millar J, Schwarz M. Speed–visions of an accelerated age［M］. London:

Whitechapel Art Gallery, 1998.

[29] Montgomery C. Happy city: transforming our lives through urban design [M].
London: Penguin Random House, 2013.

[30] Rifkin J. The zero marginal cost society: the internet of things, the collaborative
commons and the eclipse of capitalism [M]. New York: Palgrave Macmillan,
2014.

[31] Ruimtevolk & Innovatiekring De Circulaire Stad van de Agenda Stad.
Het perspectief van de circulaire stad [M/OL]. Amsterdom: Agenda Stad
and Ruimtevolk, 2015 [2020-05-12]. https://agendastad.nl/wp-content/
uploads/2015/02/DeCirculaireStad-def010415.pdf.

[32] Sachs W. The development dictionary: a guide to knowledge as power [M].
London: Zed Books, 1992.

[33] Schumacher E F. Small is beautiful: a study of economics as if people. mattered
[M]. London: Blond & Briggs, 1973.

[34] Schwarz M. Het Nederlands paviljoen [M] // Holland schept ruimte: Het
Nederlands paviljoen op de wereldtentoonstelling EXPO 2000 te Hannover.
Blaricum: V+K Publishing, 1999:76-144.

[35] Schwarz M. The technological culture: opening the political and public debate
[M] //Durant J, Gregory J. Science and culture in Europe. London: The Science
Museum, 1993:203-209.

[36] Schwarz M, Krabbendam D. Sustainist design guide: how sharing, localism,
connectedness and proportionality are creating a new agenda for social design [M].
Amsterdam: BIS Publishers, 2013.

[37] Schwarz M, Elffers J. Sustainism is the new modernism: a cultural manifesto for
the sustainist era [M/OL]. New York: Distributed Art Publishers, 2010.

[38] Schwarz M, Thompson M. Divided we stand: redefining politics, technology and
social choice [M]. London: Harvester-Wheatsheaf, 1990.

[39] Schwarz M, Jansma R. De technologische cultuur [M]. Amsterdam: Uitgeverij

De Balie-S.Franke, 1989.

[40] Silberberg S. Places in the making: how placemaking builds places and communities [M]. Cambridge, MA: Massachusetts Institute of Technology, 2013.

[41] Simon N. The participatory museum [M]. Santa Cruz, CA: Museum 2.0, 2010.

[42] Smith L. All heritage is intangible: critical heritage studies and museums [M]. Amsterdam: Reinwardt Academy, 2011.

[43] Thackaram J. How to thrive in the next economy: designing tomorrow's. world today [M]. London: Thames & Hudson, 2015.

[44] Tuan Y. Space and place: the perspective of experience [M]. Minneapolis, MN: University of Minnesota Press, 1977.

[45] Urhahn G. The spontaneous city [M]. Amsterdam: BIS Publishers, 2010.

[46] van Abel B, Evers L, Klaassen R, et al. Open design now: why design cannot remain exclusive [M]. Amsterdam: BIS Publishers, 2011.

[47] Walljasper J. All that we share: a field guide to the commons [M]. New York: The New Press, 2010.

[48] Williams R. Keywords: a vocabulary of culture and society [M]. London: Croom Helm, 1976.

[49] Yee J, Jefferies E, Tan L. Design transitions [M]. Amsterdam: BIS Publishers, 2013.

关于作者

米歇尔·施瓦茨，独立思想家、博物馆馆长和顾问，研究兴趣为文化如何塑造未来。他是 2010 年可持续主义宣言——《可持续主义是新现代主义——一份可持续主义时代的文化宣言》的作者之一（另一位是乔斯特·埃尔弗斯）。也正是在这个宣言中，诞生了"可持续主义"这个词（参见 www.sustainism.com）。他还与其他学者、机构合著了《可持续主义设计指南：共有、本地主义、连通性、相称性如何成为社会设计创造新议程》（*Sustainist Design Guide : How Sharing, Localism, Connectedness and Proportionality are Creating a New Agenda for Social Design*）、《速度——加速时代的愿景》（*Speed-Visions of an Accelerated Age*）以及《科技文化：开启政治和公共辩论》（*The Technological Culture : Opening the Political and Public Debate*）。米歇尔·施瓦茨长期在阿姆斯特丹工作，目前正在开展"可持续主义实验室"旗下有关可持续主义文化、设计和遗产相关的文化项目和合作项目。

Critically Exploring Heritage and Museums

Voices from Reinwardt Academy Amsterdam

基于街头价值观的社会复杂性研究

（2015—2017 年）

里默尔·克诺普　米歇尔·施瓦茨

遗产重塑

在社会和文化转型时期，"遗产"在我们生活环境中的作用和意义正在发生转变。这种论断以遗产与城市设计之间的新兴实践为基础，是为期 3 年题为"街头价值观"的探索的起点。[①] 其前提是，必须将我们生活环境中遗产形成的动态作为空间和城市设计过程的一个组成部分加以处理。在这个公民的专业知识、社区的力量、自下而上的城市化和参与性的实践日益增长的时代，我们认为有必要重新审视和塑造遗产在社会和城市环境中的形成方式。

该项目从古迹的"适应性再利用"等发展中得到启示，旨在探索"遗产"和"空间"如何不再被视为对立的两个领域，而被看作一个（城市）设计和遗产的社会形态相遇的交叉领域。在此过程中，我们认识到了价值观对遗产的支撑是如何体现在生活环境的设计之中的，由此我们改变了对于遗产问题的看法。所以该项目的标题为"街头价值观"。"街头"象征着我们与环境的关系，以及我们如何体验和塑造环境；对"价值"的提及则清楚地表明，我们对社会价值及其与社会意义、此意义形成过程的关系感兴趣。

我们的概念框架反映了从现代主义到可持续主义的文化变迁，它提醒我

[①] Straatwaarden: In het nieuwe speelveld van maatschappelijke erfgoedpraktijken Schetsen uit het Heritagelab-onderzoek Straatwaarden2015-2016. Riemer Knoop，Michiel Schwarz（eds）. Amsterdam: AHK 2017.

们重新审视了遗产形成的社会过程，并引导我们把目光落在遗产形成与生活环境中社会规划过程的联系上。它使我们看到在 21 世纪的社会中，我们可能需要从根本上重新思考如何处理有社会争议的遗产问题，与之相关的专家是哪些人，以及如何最好地决定关于遗产未来的公共决策。

开场

这是一个文化和社会广泛变革的时代。我们目之所及的许多领域都处于社会化的进程中。公民们有了发声空间，专家不再垄断话语权（Janssen and Beunen，2014；Harrison，2015：24-42）。就像参与藏品的估价和选择一样，越来越多的外行人参与到遗产保护中。

公众的参与和支持已成为遗产可持续利用的重要条件，然而正规遗产管理机构的作用和传统观点的权威性正变得不那么重要。这个规律同样适用于城市规划中的空间政策。在这里，就自我建设、可持续利用、公民主导以及合作实践等方面而言，"社会化"已然成为通向可持续发展过程①中的一个特征，例如共有。如果没有参与者更深入、更广泛的参与，这些特质的形成是不可想象的。简而言之，现代主义的那种自上而下的、普遍的、以专家为主导的解决方案，在面对遗产和空间的问题上似乎都面临压力。接下来的问题是，新的实践是什么样的，以及当我们组成机构、作为专家或者教育未来的遗产从业者时，如何为这些新的实践做出贡献。

街头价值计划正在探索这个问题：这些新的实践在城市的公共空间设计中对处理遗产问题有何启示？遗产从业者在此扮演的角色是什么？将这个问题落实到实际中就是：如何使我们的生活环境获得意义？哪些新的公共场所和体验正在涌现？遗产和设计在这当中扮演什么样的角色？不重视现存的遗迹，反而去启动制造具有空间意义的社会进程，就为了产生日后被认作"遗产"的价值与特质，这样做的意义是什么？

我们的研究侧重于探索空间与遗产间的相互作用：在城市的物质和社会

---

① 荷兰《环境与规划法》(2016 年) 的立法改革就是一个很好的例子。

环境中，哪些价值观，角色和参与者处于危险之中？因为这个是关注重点，所以我们把项目命名为"街头价值观"。"街头"象征着我们与环境的关系，以及我们如何去感受和塑造它；关于"价值观"，我们指的是我们所感兴趣的社会价值观及其与有意义的社会进程的关系。

社会化

在调查非专业人士在遗产和空间设计中的作用时，我们并没有过多地关注围绕特定对象或情况的背景，而是在遗产形成过程和城市生活环境设计过程中，仔细审视社会动态、权力、影响力的变化。我们试着跳脱出遗产与空间设计二者是独立于彼此的思路，在一种"你中有我，我中有你的关系中"定义它们。

遗产的构成是由社会领域的动态决定的，城市空间的鉴赏也是如此。当考虑到遗产与空间的交叉区域时，我们的视角从"遗产"转向"遗产形成的过程"，从"空间"转向社会和空间设计过程——再转向遗产制造和地方营造。我们试图从新展开的实践中理解遗产的形成和生活环境的设计，并由此提出了关于"遗产和空间"的问题。

我们想知道的是"社会化"包括什么？它以何种形式出现？我们如何解释这些形式？而不仅仅是社会层面越来越多地介入到有关空间和遗产形成的过程中，也不仅仅是遗产相关的问题越来越得到社会的重视。这恰恰源于以往的非专业机构与社会人士进入遗产保护领域所带来的更大的影响，这结合一系列社会进程而产生不同的结果。于是社会化成为与以往不同的活动，有了一批新的参与者，以及另一个目标。社会化对我们在遗产和生活环境下所共同渴望理解的内容有着深远的影响。

对我们来说，一个重要的事实是，社会本身需要经历一个渐进的变化。就集体认识、集体价值观和集体意义这三个方面而言，文化也在发生变化。这种社会文化的转变在我们与生活环境的日常交流中随处可见，同样它在地方价值观和参与式实践中的重要性也越来越明显。从某种程度来说，如今我们站在了 20 世纪现代主义力量和当今全球化文化的对立面。在"可持续主义"

的主题下，米歇尔·施瓦茨正确地看待了许多这样的当代现象，以便更好地理解这种文化转变（Schwarz and Krabbendam，2013；Schwarz，2016）。这是一种通向建设可持续发展社会过程的转变。"新的"集体价值观出现了，比如有福同享有难同当，以及我们在与生活环境打交道时一些具有特殊意义的进程。

我们把这种"可持续主义"的观点作为我们研究的概念框架。它提供了一个"视角"，提出了许多概念——地方营造、共有、协同设计。这些概念成了我们研究的切入点。

这些概念不是偶然因素。它们遵循从遗产转变到创造遗产的逻辑，需要其他的协作项目，甚至是能够实现真正协作设计的替代社区概念。这三个概念在现实实践中共同发挥作用。

视野

为了解决与空间"遗产化"相关的遗产社会化进程问题，我们设计了一系列符合这一逻辑的研讨会。从地方营造（社会意义是如何起作用的），到共有（集体社会实践是如何起作用的，以及在其中发挥作用的是什么）再到协同设计（不同的参与者之间是如何相互联系的）。

这种与遗产接触的新形式探索为我们提供了以下见解。

—— 规划过程中的"遗产和空间" ——

通常，遗产被认为是博物馆里陈列展示的某个物件，或者是那些被列于遗产名录上的受保护的古代遗迹、传统习俗。但这些定义并不是一成不变的。定义变化的过程与"遗产"分配纠缠在一起，具有高度的互动性和动态性。因此，"遗产"是一个连续的过程，与其说它是一个动词，不如说是一种存在的状态。"遗产"的动态特性影响了我们的研究。在一个不断变化的社会中，仅仅考虑"遗产"本身是不够的，社会的实时动态会影响遗产本身的意义。这一结论与我们正在构建的遗产和空间发展（"遗产作为载体"）的方法相一致。在我们的团队中，马丁·德·瓦尔进一步区分了一种双重动态：围绕着遗产，各种观众和团体应运而生，同时，我们所理解的"遗产"的定义是由这些观众和社区的互动决定的。换言之，当我们讨论到遗产的"社会化"时，我们谈论的是一个不断变化的对象。"遗产"的角色和意义确实在发生变化。我们的结论是，须真正地开阔我们的视野：从关注遗产本身到关注遗产的形成，从继承遗产到遗产制造。

关于"地点"的定义，我们看到了一个类似的动向：从场所本身到地方营造。如果地方营造能消弭一个普通地点和一个有意义的地点之间的差别，例如一个抽象意义上的空间和现实中具体地点的差别，或房屋与家的差别，那么很明显，如果我们不继续在此基础上再接再厉，这种暂时的成果就会消失，所以要致力于这种联系的创造。如果某个地方能让人有家的归属感，这就体现了它的关系价值。从"空间规划"到"地方营造"的转变是最基础的：居住环境的设计演变为一个持续的社会规划的过程，在这个过程中，地点的含义和价值以及社会人士的参与行动，都被重点关注。

对比遗产制造和地方营造的过程，我们可以辨别出它们的一致性和关联性。两者都可以被看作是设计的过程。城市的总体规划可以有多种方式与可能，但当它们明确地被视为社会设计过程时就不是这样了。毕竟，在遗产/空间的设计中，市民、公众和社区——与专业人士一起——在遗产/空间的设计中发挥着作用。这样，一个围绕遗产的社会设计过程就产生了，这与"社会设计"领域的最新发展有很多共同点[1]（Manzini，2015）。

目前，人们对规划空间的重视远远超出对其功能设计的关注。特别是在地方一级，它们是建立在价值和意义基础上的地方营造的过程——因此这个过程与遗产制造的过程密切相关，尽管它可能不仅涉及过去和现在，而且还涉及未来。更确切地说：通过参照现在和过去，我们正在创造未来的价值。因此，遗产是一种选择，你认为它极具价值，以至于你想让它在未来的世界占据一席之地。这包括就此进行的协商：选择什么以及为什么这样选择，以

---

[1] 有关社会设计的社会可持续变体，参见：Manzini E，Design，*When Everybody Designs. An Introduction to Design for Social Innovation*，Cambridge，MA: MIT Press，2015.

牺牲什么为代价，未来应该在什么条件下把它置于一个什么样的位置？这种情况下，我们就有必要将类似于选址和城市化过程的遗产制造的实践视为一种社会设计过程。但如果是这样，我们有必要问问谁才是"设计师"。

这个问题在遗产领域并不十分正统，我们对它的讨论仿佛是关起门来自娱自乐。但是，事实证明，我们应该组建高度多元（化）的团队，将专家、利益相关者和管理人员跨学科组合来解决这个问题。[①]

—— 不断变化的工作环境 ——

在我们的研究中，我们从可持续主义的角度审视了遗产的形成过程。除了加强社会人士的作用及自下而上的社会动态之外，我们还看到了这个项目以及它工作环境的显著变化。当利害攸关的问题影响到项目本身时，不同的参与者会呈现出不同的自己。所谓的遗产"社会化"不再只是环境因素之一，它重新定义了整个过程，并创造了新的、独特的价值观。如今，遗产中通常被称为"社会背景"的因素被视为遗产形成过程中的核心。这就是"遗产作为载体"在社会领域的运作方式。在这个工作环境中，我们可以更好地理解人们以前认为的"载体"。因此，为了加深讨论程度，我们换了一种方法来思考这个问题，可以称其为"遗产即平台"（图 8–1）。

工作环境中不断变化的结论引发了一个问题：谁可以参与到这个项目中，或者更确切地说：谁有发言权。除了民主化和参与性之外，这还与叙事方式[②]（McLeod, et al, 2012）和故事内容有关，换言之，它具有公共意义和共享意义。因此，遗产除了有表达和反思的作用之外，还构成了文化的持续核心——或者说是文化的基础，因为正是在故事中，人类的记忆功能被清晰地

---

① 关于多样性，另见 Glaser M, et al. *The City At Eye Level. Lessons for street plinths*, Delft: Eburon 2016.

② 也可参见: *Storytelling, Design, and Cultural Heritage in the Twenty-First Century* (Thought Leadership Forum Washington, DC, July 20, 2015),Washington:American Architectural Foundation/Center for Design and Cultural Heritage,2015.http://docshare04.docshare.tips/files/28322/283226452.pdf.

展现出来。① 我们可以在思考遗产保护传承、发扬光大、更新迭代的同时，将复述看作一种文化实践。除了表达和反思两种基本的文化模式外，当我们将叙事视为遗产的核心要素时，遗产毫无疑问可以被看作第三种基本的文化模式。② 接下来的问题是，是否所有的故事都具有同等的价值，如何判定，谁来决定，以及如何保证百花齐放、百家争鸣。③

哲学	现代主义	后现代主义	流动的现代主义	可持续主义
管控理念	等级制度	网络	连接	平台构建
遗产焦点	物品导向	区域导向	发展导向	遗产制造
焦点探索	单学科	多学科	跨学科	构成整体
规划中的遗产①	隔离	扎根	启发	参与
管理体制	博物馆化	再利用	长远发展	共同设计
遗产–规划②	对比	接触	联系	交叉

① 原文中此处为 Heritage in RO，但是在该表格的出处表格中，作者 Janssen 使用 Heritage in planning 来表述，所以译者在此处将 Heritage in RO 译为规划中的遗产。

② 原文中此处为 Heritage-RO，但是在该表格的出处表格中，作者 Janssen 使用 Heritage:planning 来表述，所以译者在此处将 Heritage-RO 译为遗产–规划。

图 8-1 对"遗产和空间"的解读方式：部门、因素、载体、平台④

---

① 参见阿姆斯特丹博物馆项目和之后建立的独立网站：Het Geheugen van Oost (https://geheugenvanoost. amsterdam)，网站中包括故事；即使是新的鹿特丹的故事小屋 Belvédère，也是一位杰出的"故事讲述者"(www.beveldererotterdam.nl)。

② 劳拉简妮·史密斯在 All Heritage Is Intangible（Smith，2011）中发表见解，她认为所有遗产都依赖于故事，遗产是故事的物理结果，并且为反复出现的仪式提供基础。

③ 瑞华德学院进行过对故事和情感的协商及其形成的关系网络的研究，见Dibbits and Willemsen，2014 "Stills of our liquid times", in Elpers S and Palm A. Die Musealisierung der Gegenwart . Von Grenzen und Chancen des Sammelns in cultural historians Museen, Bielefeld: Transcript Verlag, 2014, 153-174。

④ Sector-Factor-Vector 几栏取自 Janssen, et al. 2013 [2014] - Character sketches National Heritage and Spatial Development Research Agenda part 1 - Research Agenda , Amersfoort: National Public Service for Cultural Affairs Heritage.https://dspace.library.uu.nl/bitstream/handle/1874/306449/Charactersketches_060214. pdf?sequence=1.。

在我们的实践中，从遗产赋值到设计的过程并不是一帆风顺的，是参与者之间产生的一系列互动使这个过程产生了意义。在这些互动中我们意识到，相较于遗产工作者们围绕特定的遗产逐渐构成的环境背景，他们在拟剧论框架下遗产制造的方式更为重要（Hajer，2005：624-647）。拟剧论强调了参与者之间的互动是有计划、有脚本的（Rana，et al，2017：977-988）。在遗产制造的过程中，遗产本身似乎没有参与者（和非参与者：谁可以参与？）之间的关系和联系重要（Schwarz，2016）。此外，选择恰当的形式，参与遗产形成与发展的过程和关系构成，比将文化遗产（当成一个物体）管理和保护更为重要。为了更深入地研究，看看如何组织这样的工作和剧本是很有趣的。

—— 以遗产为平台 ——

现在，如果遗产制造和地方营造是不同参与者实现价值观和意义方面的集体（设计）过程，那么观察参与者之间的互动就显得很重要。平台的概念是必不可少的。在我们的所有研究案例中，平台和平台构建都被认为是一个有用的解释性概念。我们需要一个相对开放的过程使不同的参与者——公民和地方社区以及专业专家——能够共同为遗产赋予形式和意义。对于遗产平台的概念，乔斯特·邦德曼（Joost Beunderman）提供了一种适应新的社会实践和"实践的社区"的方法。形式可能会有所不同（马丁·德·瓦尔）：

——从成为重要的装饰（比如利物浦贫困的格兰比四街地区的复兴，在共有的基础上，充分开发现有的地产，并通过社区土地信托实现自治）；

——到成为一个故事的主题（一座 19 世纪的教堂被一个新的游客中心取而代之，是为了创造一个地方能让普罗大众了解其更久远的历史，所以这要成为这个游客中心的主题）；

——最后成为一个更直接意义上的平台，例如南阿姆斯特丹的殖民范赫茨纪念碑，它被刻意保留为一个有争议的地点，从而继续唤起人们关于记忆、价值和身份的讨论。[1]

---

① 阿姆斯特丹著名的殖民纪念碑 (1935 年) 在 2007 年被重新命名为"印尼 - 荷兰纪念碑 1596—1949"，以便永久促进关于后殖民主义和奴隶制的对话。

—— 遗产专业人员在新工作环境中扮演的角色 ——

新角色需要新的专业知识——这是一种不同寻常的顺序。在现代主义的工艺技术观点中，技术知识占主导地位。毕竟，功能是决定性因素：这件东西有用吗？但我们研究中的思维方式是基于这样一个问题：它是什么以及它应该为谁工作。

在我们研究的所有案例中，遗产专家的作用都被视为支持有关社区和促进社区的自我赋权。建筑历史学家可以帮助活动的积极分子制定他们的议程，甚至能成为历史论证研究的推动者。博物馆负责人与博物馆周围的社区进行接触，使收藏对象从一个目标变成一个工具，负责人自己也从演员变成编剧。在整个遗产领域，具有更强大作用的流程被人们认为是取代了专家的角色。因此，文化工作和社会工作之间的界线似乎消失了。但我们想要划定边界本身就是遗产领域中社会动态的一部分。

还有多少空间留给传统技能和学科知识？对于某种类型的遗产价值，传统技能和学科知识很可能继续具有现实意义——特别是当遗产作为一个部分或因素在空间规划中发挥作用的情况下：就好像固态力学与液体、气体的关系那样。但在更多社会遗产实践的动态中，我们需要更新的、开放的过程角色。为了适应这些需求，需要开放的平台，这个平台欢迎批评、矛盾和好奇心，并为更多的专业知识提供发声空间。我们将不得不面对这样一个事实，即新的参与者的进入不得不侵犯现有参与者的空间和作用。

重新审视"遗产与空间"：行动和行动主义

街头价值观的研究加强了人们对发展的理解，它可以用两个词来概括：行动和行动主义。根据一种主动模式去行动，这种主动模式实现了从名词到动词的跨越，（在这种模式中）我们希望能将空间和遗产联系起来：营造地点感（不是空间设计）和遗产制造（不是把遗产视为一个"物件"）。而行动主义是强调越来越多的社会参与者是如何积极参与到遗产制造和空间设计的工作领域的，同时遗产专业人士本身也将采取更为激进的立场。

我们强调行动模式，重点是地点的营造和空间的创造，这与早期的研究很吻合，这些研究认为遗产不是一个物件，而是一个动态的过程。[①] 它不仅强调了看到从内容和物件向关系和过程转变的重要性，而且还把我们的注意力吸引到过程的组织和设计上——因此我们对戏剧感兴趣。

将遗产制造和地方营造视为社会过程，可以让我们清楚地了解"遗产和地点"（有意义的地方）是如何作为理想未来设计中的副产品而产生的。有时，它们甚至可能成为其发生的催化剂。一个引人注目的历史建筑的存在可以推动社区发展，开启自我管理的进程，该建筑会促进社会功能的完善并使新意义的产生成为可能。或者，文化历史为整个城区的再发展可能所作出的贡献可以换个说法，与其说是一个目标，不如说是为未来准备的更深思熟虑、规模更小、层次更广的方式的一种手段。因此从原则上来说，白板和脚本[②] 之间是有区别的，它们不是一个事物发展的不同阶段。这带来了新的困境。

例如，地方和遗产的分层给我们带来了挑战。应该听取谁的解释？你如何同时允许几个分层的存在？谁来做这个决定？我们从研究中得出的一个重要结论是，一个地点或地方的质量和价值不能先验地或基于客观的专业知识来确定。它们正是我们想要联系起来的东西。与此同时，我们必须质疑"我们"的概念。品质、意义和经验以复数形式与社区联系在一起，其复数形式为："受众""集体"。不可避免的是，社会的设计过程必须采取协同设计的形式。遗产和空间规划专业人员都有责任与民间社会参与者一起设计"遗产"和地方。那么，新的问题是，在遗产制造和遗产价值创造的过程中，可操作的参与形式是怎样的？这意味着许多不同的参与者在"工作环境"中的定位，以及对遗产价值的不那么客观的看法。因此，我们提出街头价值观，而不是多元的街头价值。这样做，我们就与公民参与的寻求同步，就像在战术都市主

---

① 参见：Shanks M, *Let Me Tell You about Hadrian's Wall: Heritage*, *Performance*, *Design* (Reinwardt_ Memorial Lecture 2012), Amsterdam: Reinwardt Academy，2013，以及国际研究项目 HeritageFutures （参见：www.heritage-futures.org.）。

② Tabula scripta 也是建筑学院讲师 Floris van Alkema 自 2015 年起担任首席政府建筑师的研究项目，参见：http://tabulascripta.nl/.

义（Lydon and Garcia，2015）和遗产行动主义[1] 中一样。

议程

街头价值计划可以概括为几点，我们把这几点构想为一个问题，也把它们标记为一项新议程的起点。

1. 遗产制造：我们如何将遗产制造更多地融入地方营造的过程中。

2. 正在进行的遗产社会化：在遗产形成过程中，我们如何更好地利用公民经济和（当地）社区的动态和价值？

3. "遗产 × 空间"交叉领域的新参与形式：如何发展可持续的参与形式和社会嵌入（如共有）？

4. "遗产与空间"作为社会设计任务的制度实践：我们如何在社会遗产过程中利用"平台"和"戏剧化"等概念，设计新的制度安排和工作方法？

5. 与遗产共同创造实践：在与遗产专业人士、不同受众和社区协同设计的开放过程中，我们如何为未来创造新的（社会和可持续的）价值观？

6. 遗产价值的多样性和与遗产相关的社会选择：在叙述和价值需要有多种声音的工作环境中，我们如何才能在（公众方面）就文物的保存和重新设计作出决策时，获得社会支持的行动视角？

7. 遗产专业人士在新的工作环境中的地位：遗产专业人员如何（重新）找到自己的角色和定位，承诺与其他社会参与者建立联系并与他们分享自己的专业知识？

---

[1] 这与 2016 年国家历史遗迹大会期间提出的对遗产专业人员新角色的建议相吻合，参见：www.platformvoer.nl/pamflet-nieuwe-rol-erfgoedprofessional.

参考文献

［1］ Dibbits H, Willemsen M. Stills of our liquid times［M］// Elpers S, Palm A.Die Musealisierung der Gegenwart. Von Grenzen und Chancen des Sammelns in cultural historians Museen. Bielefeld: Transcript Verlag, 2014:153-174.

［2］ Glaser M, et al. The city at eye level. Lessons for street plinths［M］. Delft: Eburon, 2016.

［3］ Hajer M A. Setting the stage: a dramaturgy or policy deliberation［J］.［S. l.］: Administration & Society, 2005, 36(6): 624-647.

［4］ Harrison R. Beyond "natural" and "cultural" heritage: toward an ontological politics of heritage in the age of anthropocene［J］.［S. l.］: Heritage & Society, 2015, 8(1): 24-42.

［5］ Janssen J, et al. Character sketches. National heritage and spatial development research agenda part 1-research agenda［M］. Amersfoort: National Public Service for Cultural Affairs Heritage, 2014.

［6］ Janssen J, Beunen R. The future of the city: the power of new connections［M］. The Hague: Council for the living environment and infrastructure, 2014.

［7］ Lydon M, Garcia A.Tactical urbanism: short-term action for long-term change ［M］.Washington: Island Press, 2015.

［8］ Manzini E. Design, when everybody designs. An introduction to design for social innovation［M］. Cambridge, MA: The MIT Press, 2015.

［9］ McLeod S, Hourston H L, Hale J. Museum making narratives, architectures, exhibitions［M］. London: Routledge, 2012.

［10］ Rana J, Willemsen M,Dibbits H.Moved by the tears of others: emotion networking in the heritage sphere［J］.［S. l.］: International Journal of Heritage Studies, 2017, 23(10): 977-988.

［11］ Schwarz M. A sustainist lexicon: seven entries to recast the future - rethinking design and heritage［M］. Amsterdam: Architectura & Natura Press, 2016.

［12］Shanks M. Let me tell you about Hadrian's Wall: heritage, performance, design (Reinwardt Memorial Lecture 2012)［M］. Amsterdam: Reinwardt Academy, 2013.

［13］Schwarz M, Krabbendam D. Sustainable design guide: how sharing, localism, connectedness and proportionality are creating a new agenda for social design ［M］. Amsterdam: BIS Publishers, 2013.

［14］Smith L. All heritage is intangible (Reinwardt Memorial Lecture 2011)［M］. Amsterdam: Reinwardt Academy, 2012.

关于作者

里默尔·克诺普，阿姆斯特丹艺术大学瑞华德学院文化遗产学教授，遗产和博物馆独立顾问（阿姆斯特丹戈尔迪翁文化咨询，Gordion Cultureel Advies ）。

米歇尔·施瓦茨，独立思想家、博物馆馆长和顾问，研究兴趣为文化如何塑造未来。他是 2010 年可持续主义宣言——《可持续主义是新现代主义——一份可持续主义时代的文化宣言》的作者之一。也正是在这个宣言中，诞生了"可持续主义"这个词。他还与其他学者、机构合著了《可持续主义设计指南》(*Sustainist Design Guide*)、《速度——加速时代的愿景》(*Speed-Visions of an Accelerated Age*) 等。米歇尔·施瓦茨长期在阿姆斯特丹工作，目前正在开展"可持续主义实验室"旗下有关可持续主义文化、设计和遗产相关的文化项目和合作项目。

Critically Exploring Heritage and Museums

Voices from Reinwardt Academy Amsterdam

为他人的泪水而动容

遗产领域的情感网络

贾斯敏·拉纳　玛露丝·威廉森　海斯特·迪比茨

不存在没有情感共享与情感冲突的遗产。本章在想象 IC[①]和阿姆斯特丹艺术大学瑞华德学院组织的一系列遗产研究的课程中，聚焦荷兰"黑彼得"形象与废除奴隶制的纪念活动，探讨不同情感在遗产建构实践中的介入情况。我们引入情感网络作为处理当代遗产建构的方法论，旨在寻找一种与"集体"互动的新途径。

　　关键词：参与式遗产；情感；多元性

　　本章呈现了荷兰遗产领域的一批专家与学者对遗产建构过程中各种利益分歧的相关研究。由于面临着更系统应对不同利益合作过程中实践和道德层面的双重挑战，我们的目标是，将理论焦点和研究轨迹引导至我们称之为"情感网络"的框架中。所谓情感网络的概念源于这样的经验：遗产的意义与重要性经常被轻易地视为人们对于某项遗产的共同感知结果。但是，只有亲近感并不能提供对日常生活中事物和实践的重视。同一项遗产也可以激起厌恶

[①] "想象 IC"的英文原名为"Imagine IC"，是 Imagine Identity and Culture 的缩写，意为"想象身份与文化"。以下为作者注：想象 IC 是当代生活遗产领域的先驱。该组织从事城市探索之旅，记录当今不断变化的大都市的日常生活。它的主要关注区域在阿姆斯特丹东南部，这个从 20 世纪 80 年代开始就有大批苏里南人迁入的地方，广义上也包含阿姆斯特丹市全境。想了解更多信息，参见：www.imagineic.nl.

或拒绝的感觉，可能会反映不同的历史观，并暗示关于现实与未来的多种愿景。我们认为，这种分歧——即使有人对遗产产生极为消极的感受——并不一定使那些作为遗产的实践或事物降低品质、丧失资格。共享认同的实践成就了遗产，但这并不机械地要求周围所有人都必须分享同样的情感。

因此，以情感网络为核心的遗产建构，可以被形容为积极、持续和多视角地邀请不同人群讨论遗产项目意义的实践过程。遗产工作者不仅让志趣相投的社区成员参与进来，还关注每一位对特定遗产怀有不同感情的人，使他们成为这个不规则的情感网络的一部分——作为遗产工作者的我们也应位列其中。

提倡这种方法并不否定集体参与的相关性。集体可以带来团结力和自豪感；他们可以赋权，增加代表团体伸张权利的可能性。然而，与此同时，他们也是僵化的：集体身份并不总是与个人认同相匹配，所谓"团结"仍局限于一个抽象的群体，群体很容易被集体领导所"代表"（McGarry and Jasper，2015：3）。此外，我们深信，对于传统"社区"概念的关注已无法适用于越来越流动化与个体化的国际都市社会的语境。

我们主张通过不同的途径，积极寻求不同的声音（在对话过程中彼此面对），以及对不同声音（观点）的探索和可视化呈现。这就归结到如何面对遗产实践过程中产生和存在的不同观点、利益和情感的问题。遗产是一种标志，产生于各种力量间的相互作用，涉及多般利益和情感。遗产不是给定的。无论什么时候，它的产生和发展都植根于对集体性和连续性的渴望。人们通过古迹标记、博物馆存放或档案库归档等方式，将事物变成遗产——以参照过去，展望未来。这种"遗产建构"或"遗产工作"的过程不会在没有斗争的情况下发生，其结果绝不是客观中立的。如果只有志趣相投的人聚集在遗产周围，就不可能洞察任何潜在的冲突。对于每一位同样也是"参与群体"的遗产专业人士而言，如果无法深刻理解上述有关利益和情感的力量相互作用的动态特征，以及结果的"语境制约"性（时间、地点、群体），他们就更难以深入地理解与运作遗产实践。不过，遗产专业人士能做的不止这些——他们可以帮助其他人发展这种理解，甚至引导人们转变立场。

这就是我们这个位于阿姆斯特丹东南部的机构想象 IC 和阿姆斯特丹艺术大学瑞华德学院过去几年中一直致力研究的内容。在"非物质文化遗产与流行"①的五次课程中，探讨了研究非物质遗产的新途径（Dibbits and Willemsen，2014）②。在每次活动开始之前，我们都为瑞华德学院的国际博物馆学研究生们提供预备工作坊。每个"流行"活动都与一系列日常生活实践相关。它们将被视为流行文化的"案例"，由组织者从想象 IC 和城市中其他遗产组织的主题项目中选出。

我们首先创造了"情感网络"的概念，作为一个术语，它指的是围绕着遗产项目的变幻无常的情感系统。我们确信有必要开发一种方法来展现人们是如何通过戳破束缚思维的"泡沫"，在不同的群体中交换各种关于遗产的想法——更好地理解他们在遗产建构过程中的角色，如何改变他们的固有立场，抑或是，更接近彼此。为此，我们有意识地让人们参与到定义、讨论和筹划遗产的实践过程中。

我们的工作不仅涉及文化现象的实践者，还涉及那些被选定在我们的活动中讨论和上演的文化现象的其他利益相关者。我们邀请各类人加入这一系列的讨论中，以便比较所有可能与我们展现的案例有关的感受。

作为遗产工作者，我们自己也是这些案例中情感网络生产的一部分——无论是社会、个人还是专业层面。克申布拉特·基布里特（Kirshenblatt-Gimblett，1998）曾令人信服地指出，遗产是通过元文化实践创造的，这些操作将博物馆学的价值观和方法，如收集、记录、保存、展示、评量和阐释扩展到生活人群和他们的知识、实践、人工制品、社会世界与生活空间中。遗产专业人士在这一过程中发挥着积极作用。就像遴选国家非物质文化遗产清单项目所做的那样，遗产工作者通过把文化现象纳入遗产场域的方式，将其转化为元文化制品。这些遗产项目的从业者、表演者和工匠们，由于他们的"资产"被列入这个清单，虽参与着看似相同的仪式、传统、表演和人工制品

①"非物质文化遗产与流行"由蒙德里安基金共同资助。
②关于"流行"系列活动的影像和书面报道可参见：www.imagineic.nl/verkenningen.

实践等活动，却有着不一样的体验。非物质文化遗产项目名录为上述非物质遗产活动创造了新的含义和经验。在这个过程中，我们正在创造新的元文化关系。

为更认真地对待这个问题，我们有必要明确理论假设，也有必要解释如何特别关注情感。现在，我们将首先阐述对遗产的共同看法——它是利益冲突的协商结果，接下来采用联合国教科文组织基于"社区"的非物质文化遗产方法来考量这种途径，最后讨论我们认为如何将其转化为实践的观点。我们将从亲身经历的实践中举出两个例子，它们都涉及截然不同的、激烈的情绪：纪念废除奴隶制和黑彼得的传统。这些例子是一系列经验的一部分，也反过来促使我们进一步发展这种方法。

作为利益分歧结果的遗产

非物质文化遗产的意义在于与日常生活中的实践有共同的联系感。这意味着一个集体或组织或多或少明确地认为（过去与现在的）实践应该保留并传承至未来。但是，仅有亲近感并不能产生对日常生活中实践的珍视。许多做法也会引发厌恶或抗拒的感觉，暗示着对未来的别样看法。我们认为，这种分歧并不一定会导致实践失去作为遗产的资格，即使对此感到消极的人也不例外。共享认同的实践造就了遗产，但这并不要求在它们周围分享相同的情感。然而，在遗产工作中，某些情感回应总是格外突显，产生这类情感的人也因此可能有被排斥感（Crang and Tolia-kelly，2010）。遗产工作者应对此做出纠正，必须考虑每一个对文化现象或遗产项目怀有情感的人，使他们都成为不规则情感网络的一部分。因此，以情感网络为中心的遗产建构，可被形容为积极、持续和多视角的邀请不同人群讨论遗产项目意义的实践过程。这需要一个参与的过程（Edwards，et al，2006；Minucciani，2013），在此过程中，人们彼此相遇，并被他人所触动。

与不同利益网络的合作，确保了遗产制作提供的不仅仅是兴趣相投的人们之间志同道合的实践。它鼓励讨论情感的相似性和有意义的冲突。总之，它应该带来更高程度的社会参与的遗产实践。因此，情感网络的概念应当被证明是实现多视角目标的有效工具，以建设性地突破现有的遗产观念桎梏（Macdonlad，2009a）。事实上，我们在工作中观察到，纳入围绕遗产的冲突情感可能会导致我们所称的"情感转变"。该转变可以提供对人们动机和意义的内在见解，这在多样化的城市景观中可能会派上用场。

遗产作为利益冲突结果的观念并不新鲜。1996年，坦布里奇和阿什沃思（Tunbridge and Ashworth，1996：21）在他们广为人知的关于"不和谐遗产"的著作中写道："所有的遗产都是某人的遗产，逻辑上不是其他人的：'这'意味着，人们对于任何来自过去的遗产创造，存在着完全或部分、积极或潜在的不继承的情况。"自《不和谐遗产》出版以来，对"困难遗产"（Macdonlad，2009b）以及那些代表伤痛回忆的地方、遗迹和机构已经开展了广泛的研究（Logan and Reeves，2009）。它们帮助我们更好地理解文化的复杂动态本质。然而，这些研究的共同点在于，只着眼于群体之间的矛盾与冲突，本质上依然同意遗产的形成是一个集体性的过程。

来自欧洲内外的多年移民活动，使当下荷兰社会具有人口多元化的特征。欧洲目前处于"超级多元化"；当代的多样性正在多元化（Vertovec，2007）。这意味着"移民"（或"少数族裔""外国人""外来人口"①）的类别，相关的社会文化特征不再像人们过去所假设的那样可预测（Blommaert and Rampton，2011）。我们每天都必须努力寻找与协商合适的人群互动模式。在城市里，这种共同生活的动态性显得更为强烈、紧张。确如鲍曼（Bauman，2007:92）所言，今天的城市可以被视作"实验室，在这个过于拥挤的星球上的居民们，仍然需要每天发明、测试、记忆和同化与不同人群共同生活的途径和方法"。博物馆界在过去几十年来也一直致力于解决超级多样性问题，旨在建立一个更具包容性的社会（de Wildt，2015；Willekens and de Ruysser，2015）。由于承担

---

① "外来人"（Allochtone）是最常用于描述具有移民背景的第一代或第二代荷兰公民的术语。关于"外来人 / 原生人"（allochtone/autochtone）概念的详细解释，请参阅 Geschiere(2009)。

着"变革推动者"的角色，博物馆被定位为"使长期缺席或在博物馆叙事中表现的群体变得可视和可听的场所，在那里，这些人群的观点和经验被揭示，并进入博物馆的档案和物品收藏"（Gouriévidis，2014：10）。在有意识地开展各种参与性项目，涉及不同受众的同时，越来越多的博物馆专业人士也开始对非物质文化遗产或"应用民俗"[①] 表现出新的兴趣，包括仪式剧目、传统工艺、传统故事和移民群体的民歌等。

从关注社区到关注网络

虽然人们越来越关注文化多样性，但共同塑造这个全球化、网络化社会的"新"城市习惯、技能和仪式在今天的遗产工作中依然处于相当边缘的位置。对于城市社会实践的忽视，成为联合国教科文组织《保护非物质文化遗产公约》（2003）具体实施项目中一个相当关注的议题之一。该公约将全球化视为对世界非物质文化遗产的威胁。它呼吁"社区"成为他们传统的策展人，认定这些传统并防止它们在这个全球化的世界中消逝。即便如此，教科文组织本身因其自己的西方霸权主义话语而受到批评。这些批评包括遗产的"物化"（Byrne，2009），也就是一种强化国家叙事和身份的话语（Smith，2006；Meskell，2014；Legene and Nordholt，2015）。因此，对于许多新出现的文化实践，该公约并未被视为确定与认同的出发点。

不断变化的世界会产生不安全感，使人们渴望稳定的社区（Bauman，2001）。这或许可以解释为什么联合国教科文组织的政策谈到"社区"，以及由此导致的，为什么遗产工作者经常联系具有清晰边界的群体发言人以保护他们的文化和遗产。欧洲不同社区的非物质文化遗产的认同仍主要与种族和

---

① 应用民俗学是民俗学的一个分支，研究并利用民俗学和传统文化材料来解决现实社会问题。1939年，民俗学家本杰明·A.博特金（Benjamin A.Botkin）和艾伦·洛马克斯（Alan Lomax）在一次谈话中创造了这个术语。应用民俗学站在应用的角度，对具体的民俗问题进行研究，探讨民俗在当代的发展变化，讨论民俗的应用范围、应用对象、应用功能、应用资源、应用前景等问题。

其他群体的静态概念相联系，这有助于它们的具体化，这一过程也被称作"群体主义"（Brubaker，2004）。通过外联更多不同的社区，遗产工作的多样性和包容性得以增强。然而，这一策略在很大程度上仍局限于民族国家。例如在荷兰，弗里西亚木雕和专业磨坊工人已被列入国家非物质文化遗产名录，位于非洲—苏里南妇女传统节日服饰"koto"和"angisa"之后。① 然而最近，人们已经在尝试通过不同的途径以调试适应其他的社会事物群。在撰写本章时，人们一直在考虑涂鸦的城市实践。然而，即使在这种情况下，遗产也被认为是受社区约束的。这不足为奇，因为遗产和遗产中人们的情感投资也可以被理解为群体或社区确认其社区身份并建立代表性和认可的政治资源（参见例如 Byrne，2006；Smith，2006；Smith and Campbell，2016）。当我们从超级多元化的角度看世界时，我们也看到人与人之间的关系越来越不稳定，也越来越不明确。

非物质文化遗产工作应该采取更加开放的方式，以敏锐地察觉与应对文化的动态关系特征，并切实反映当代城市的社会现实。它需要一套承认这一特征的概念框架，专注于更加具身的、敏感性的人际关系，同时允许更动态化的理解。但最重要的是，它需要一种不那么利于志趣相投或感情相通的人之间关系的方法。如果我们邀请同一个"社区（共同体）"的成员参与遗产建构，那么这只会是一个"和和气气"的故事。相反，我们设想通过横切不同社群的"编织体"，来重新确定新的网络。它们将由来自不同社区的个人组成，但都将与日常生活中的相同实践联系在一起，从而与遗产紧密关联。在这个超级多元化的世界中，遗产建构是一个动态过程，各种利益取向和情感体会不同的相关者都参与其中。网络的概念帮助我们探索并加强最终的联系和相互依存。在我们看来，关注网络可以更好地认识到文化是在复杂的事物群中形成和重塑的（Dibbits，2015）。

网络的观念不仅有助于识别、确认对于同一项遗产的不同与转换的视点，而且也有益于突出连接性和相互依存性。网络由节点和链接组成，可以像星

① 参见：https://www.immaterieelerfgoed.nl/en/angisakoto.

座一样扩展或内爆。近几十年来，受布鲁诺·拉托（Latour，1996）的"行动者网络理论"和曼纽尔·卡斯特尔（Castells，1996）的三部曲《信息时代：经济、社会和文化》的启迪，网络研究领域已逐步发展起来，将个体行动者、群体和事物视作节点，并将他们的关系或交互作为链接或纽带。这些思想为遗产工作提供了充足的养分。将遗产设想为网络实践，邀请参与者更好地认识自身所处的不同立场和相互联系的多种类型（包括作为遗产专业人士的我们）。它鼓励遗产工作者动员他人参与，或自身充分链接任何新的节点，从而发现和产生多重联系。正如佩拉·因诺琴蒂（Perla Innocenti）最近在跨国遗产合作中对文化网络的研究所表明的那样，网络可以被塑造、削弱和加强（Innocenti，2015：5）。认识到这些潜力，可以使我们更好地了解自己的角色以及对遗产建构的可能影响。

从关注不同的利益到关注不同的情感

遗产不仅包括遗址、实物和实践，还包括我们对它们的感受。它们共同构成了关于遗产的情境式情感语境。正是基于这种情感语境的存在，情感网络的理念或许能促进对于遗产的探索、实践和进一步发展。马苏米（Massumi，2002）区分了感性的／情绪化的（emotional）和表达感情的（affective），并将后者视为不自觉的感觉维度，是一种难以言语的身体感受，而感性的／情绪化的指的是个人感受的投射或展示，以及情感的社会维度。然而，艾哈迈德和威瑟瑞尔等学者则认为，表达感情（affect）和感性／情绪（emotions）之间的相互作用比想象中更复杂："一次表达感情的实践是一个召集身体可能性和习惯，并且和／或与意义生产以及与其他社会、物质材料纠缠在一起的成型过程"（Ahmed，2004；Wetherell，2012：19）。因此，文化、表征或意义生产不只是个人层面的情绪激起与情感表现的过程，在这个情感转化的时刻，个人所处的社会和文化维度也同样卷入其中发生改变。

在遗产和博物馆研究中，有大量在遗产地和博物馆领域中的文献讨论了人们与遗产的情感反馈与互动（Bagnall，2003；Smith，2006，2011；Gregory and Witcomb，2007；Crang and Tolia-Kelly，2010；Bennett，2012；Witcomb，2013；Schorch，2014，2015；Knudsen and Stage，2015；Waterton，et al，2017）。在这些主观反应中，情感、认知和意义建构是密不可分的。史密斯的研究表明，同理心（移情／共情）是游客反应中反复出现的情绪与感觉（Smith and Campbell，2016）。尽管一直有学者批评历史、权力和暴力在新自由主义话语下影响同理心的含义和效果（Pedwell，2013），但是，作为遗产工作者，我们对遗产建构中涉及的有意识的认知过程充满兴趣，因为同理心的能力通常指向社会和政治变革的开启（Krznaric，2014）。为了寻求一种真正具备包容性的方法，我们基于史密斯和坎贝尔的论点，即想象是理解同理心的关键，因为"情感可以用来颠覆所接收的叙事和对历史的理解，从而与隐藏的或边缘化的历史深入接触，当代群体的同情心与共鸣便可能发生"（Smith and Campbell，2016：454）。[1]

维克（Wekker，2016）认为人们必须认识到这样一个事实：人们总是无意识地受制于"自动"认同模式［有时候她也会借鉴莫里森（Morrison，1992）的观点，即"懒惰识别模式"］。维克继续指出"我们不能把听任这些认同模式"摆置在我们心中。她敦促大家意识到，人们之所以会受制于这种模式，是因为这样便于人们"能够选择想要认同的人"，并且"使我们开始涉足不同于通常所处的主场"（Wekker，2016：170）。维克在这里也引用了努斯鲍曼（Nussbaum，2010）的观点，即我们受益于文学、电影和其他产品所培育的扩大化和多样化的想象力。笔者在此愿意更进一步地指出，这种扩大后的想象力可以很好地应用于遗产建构的过程中。只有通过这种想象，通过多种认同选择的意识，人们之间才能促进积极的辩论，并对实践、物体和个人之间现有的感官关系做出更深刻的批判（Edwards，et al，2006）。遗产空间可以为这些互动提供一个环境。艾玛·沃特顿在"流行"系列最后一期的演讲中，提

---

[1] 关于想象力对遗产和情感的重要性的更多信息，参见：Landsberg(2004)，Keightley and Pickering (2012)。

出要将遗产空间理解为"世界性的檐篷"（Anderson，2011；Waterton，et al，2017），在这些檐篷下，那些经常以自己的社会阶层或种族群体为参照点的人们也有机会遇到其他人。为了说明这一点，本文的下一部分将详细介绍两个案例：纪念废除奴隶制和关于黑彼得形象的遗产实践。

实践中的情感网络：两个体现后殖民主义的案例

"非物质文化遗产与流行"系列课程是在 2012 年荷兰批准联合国教科文组织《非物质文化遗产公约》时设置的。想象 IC 是这项活动的发起者，并邀请瑞华德学院加入。想象 IC 位于多元化的阿姆斯特丹东南地区，在都市的这一区域，日常文化的动态性和遗产工作的现实都未能很好契合该公约的思想和方法。

因此，作为组织者，我们选择跟随阿利维扎图（Alivizatou，2012），明确全球化是刺激与滋养跨文化创新的理念，并将其付诸实践。我们认为，这个城市的多样化特征需要一种新的方法论来克服某些对文化实践和社区的刻板观念。迪比茨和威廉森（Dibbits and Willemsen，2014）设想应该由社区的日常生活决定非物质文化遗产的内涵，而不是听任其他因素决定。

第一期"流行"活动关注纪念荷兰废除奴隶制 150 周年的议题。想象 IC 与瑞华德学院一起，在这个双方机构第一次联合举办的系列课程中，分析了许多纪念性实践的内涵。在第一次活动中，著名爵士乐歌手丹尼斯·珍娜（Denise Jannah）受邀参加。她的名气不仅为这个系列课程带来了极大关注，同时，由于是苏里南[①]后裔，她熟知这个主题，因此也是开启这些议题的不二人选。珍娜以一位艺术家的身份被邀请，与此同时，她也作为一位纪念者参与其中——我们请她演唱一系列在她看来适合这种场合的歌曲。出于自我选

———————

① 苏里南是位于南美洲北部的国家，旧称荷属圭亚那，1667 年后成为荷兰殖民地，1954 年成为荷兰海外自治省，1975 年 11 月 25 日正式独立。

择和公众形象之间的平衡考虑，她演绎了玛雅·安吉罗（Maya Angelou）的诗作《我依然站起来》（*Still I Rise*）和亚伯·米罗坡（Abel Meeropol）的《奇异的果实》（*Strange Fruit*）两首歌曲。听众对珍娜的评价极尽赞美之词。这次活动的主席约瑟夫·乔丹（Joseph Jordan）在感谢她的同时承认："我感动得热泪盈眶。"他不是唯一一个受触动而流泪的人，但并不是每个人都有着相同的感动。这些歌曲以不同方式和不同程度影响了个别观众。观众成员的过去、个人历史、环境和信仰塑造了他们听到歌曲的方式。然而，即使那些没有感动到流眼泪的人也被那些曾经感动过的人所触动。对于歌曲的情感，以及他们所谈到的，似乎在听众中流转，好像形成了人人得以联想与感受的东西。对于本次活动的组织者，也是本文的作者来说，这正是本次活动的目的：通过情感的分享、不同情绪的碰撞以及随后带来的情感转换，来了解遗产是如何被人们建构起来的。

情感的巨大释放不仅发生在丹尼斯·珍娜的歌唱中。在同一次活动中，来自哥伦比亚大学的非裔美国文学和历史专家——赛迪娅·哈特曼教授受邀谈论故事、情感和奴隶制纪念表演的意义（Dibbits and Willemsen，2014）。她朗诵了其著作《失去你的母亲》（*Lose Your Mother*）（Hartman，2008）节选，试图通过介绍被奴役者的个人历史来填补小说中历史和档案的空白。她的嗓音和措辞都令人着迷。当她读完时，听众中有人问道，她的阅读是否算是一种纪念活动，赛迪娅·哈特曼相当激动地喊道"不！"，并表示，只要在奴隶制思想和观念后遗症尚未完全终结的情况下，就不会准备纪念活动。接下来，观众群中出现了另一个声音。一位男士表示他非常赞同，被奴役者的故事一定是令人难以形容的恐怖，但他也想知道，"在赛迪亚的叙述中，奴隶主的故事在哪里呢"。此言一出，整个房间都能感觉到震动。据当时在场的格洛丽亚·韦克尔（Wekker，2016：169）教授报道："房间里的几个人喘着气，看着对方，转动着眼睛。珍妮弗·托什（Jennifer Tosch）——一位苏里南的非裔美国前学生，也是阿姆斯特丹黑人文化遗产旅游的创始人——坐在我旁边，低声嘟囔：'这可不怎么样。'我怒气冲冲，站起来对赛迪娅说，刚才这个问题非常不合适。她现在可算亲身体验了我们这里面临的困难。"

"Zwarte Piet"（黑彼得）是"流行"系列课程中的另一个后殖民主义的案例，同样引发了许多强烈的情绪。白色装扮的圣尼古拉斯和黑色外表的彼得是荷兰一年一度"圣尼古拉斯节"赠送节日礼物的主角（Wheeler and Rosenthall，2005：213-229；Rodenberg and Wagenaar，2016）。自 2015 年以来，圣尼古拉斯节日传统便列入荷兰国家非物质文化遗产清单。然而，这位圣尼古拉斯的伙伴——黑彼得，其角色涉及涂黑脸孔的习俗，使这个节日备受争议。人们在公共街头和社交媒体上组织了不同的活动。例如，在 Facebook 上，反对者们聚集在一个名为"Zwarte piet is Racisme"（黑彼得是种族歧视）或"Zwarte piet niet"（拒绝黑彼得）的网页上，而支持者倾向于组织名为"Zwarte Piet Moet Blijven"（黑彼得必须留下）的网页，并撰写"Pietitie"（挽留黑彼得的请愿书）。虽然人群通常被归为"赞成"或"反对"黑彼得的类别，罗登伯格和瓦格纳尔（Rodenberg and Wagenaar，2016）认为关于这个传统的传说故事多达八种。每到年末的 11 月和 12 月，当圣尼古拉斯与他的同伴一起遍游荷兰时，人们便自发组织各种各样的集会和示威活动，或支持或反对黑彼得的存在。对于两个阵营的人们而言，黑彼得都算得上是极富情绪性的遗产项目。反对者们认为，圣尼古拉斯节是对荷兰黑人族裔的侮辱，并重新揭开了痛苦历史的伤疤。与此同时，支持者们认为黑彼得只是圣尼古拉斯节中有趣、无害的传统层面；他们认为涂黑脸孔的做法没有任何不当，否认它与奴隶制历史的过度联系。有关黑彼得的文化实践，唤起了十分嘹亮而明显不同的情感"号角"，只是，它们针锋相对，难以协和成曲。

想象 IC 主办了"参与式收藏"活动，项目人员邀请那些关心热门历史和当代问题的支持者和反对者们，来到位于阿姆斯特丹东南部的总部。黑彼得就是其中一种文化现象，与它相关的遗产被陈列在想象 IC 社区档案"庇基莫米尔"（Bijlmer Meer）中。档案馆藏中包括一系列豪华百货连锁店"蜂箱百货"（De Bijenkorf）的季节性广告海报。这套材料由想象 IC 的业主（阿姆斯特丹公共住房公司）收藏。该公司曾从蜂箱百货购置了一座建筑，在阁楼上发现了这批海报。海报展现出人们对于黑彼得的印象——戴着金色大耳环，配上鲜红色厚嘴唇。作为荷兰文化遗产机构"参与式收藏"课程的一部分，瑞华德学院的研究生们需要挑选一件最能激发人们对黑彼得广泛兴趣和澎湃情感的物件。有趣的是，这群来自不同国度的学生们决定选择在他们眼里最不具刻板印象的海报：一个看起来像真人（同时雌雄难辨）的黑彼得，正在用餐具烹饪菜肴，而不是做那些攀爬屋顶的傻瓜把戏。学生们认为，这个角色更容易让人们留在情感的壕沟，更能促使人们讨论意义，并激发情感层面的影响。现在，作为阿姆斯特丹公共图书馆场馆内展示的邻里档案的一部分，这些海报与想象 IC 共享"住处"，公众可以自由无阻地参观它们。

在包含黑彼得主题海报的档案抽屉上方悬挂着一件连帽衫，这是由居住在东南部的诗人兼活动家克努里基·西撒（Kno'ledge Cesare）捐赠的。在抗议黑彼得种族歧视期间，西撒一直穿着这件连帽衫。衣服的胸口印着"黑彼得是种族主义"的字样。或许因为人们可以直接从图书馆柜台轻易地瞧见它，它激起了比海报更多的情感反应。人们表现出浓厚的兴趣，有人显现出支持的态度，也有人表达了愤怒的情绪。在主持人的邀请下，参观者有时会与主持人和周围的人一起分享他们的感受。有些人甚至要求移除衣服上的那句话。所有这些都表明，他们关心当地历史的重构与表现。由于相当关心荷兰传统和仪式会被如何看待，那些赞成黑彼得的人和那些人反对黑彼得的人都积极参与了荷兰文化遗产的建构。

仅从支持和抵触的角度描述关于黑彼得的争论可能过于简单化了。有不小比例的人们支持对于黑彼得的渐进改良，比如，将黑彼得正常化，脸上只涂抹烟囱的污迹，甚至可以考虑彩虹色脸蛋的彼得。如果遗产工作者只关注二元对立的情感形态，就可能会忽视那些不太关心遗产争论的，认为还有其他更紧迫的问题需要解决的群体。遗产专业人士必须考虑更大范围的情感参与，因为人们不仅以不同的方式参与遗产建构，同时这种参与也是不同程度、量级的（Smith and Campbell，2016）。在想象 IC 的参与式遗产收藏活动期间，黑彼得的反对者之间也展开了讨论。当第一、第二和第三代移民正在讨论黑脸的做法时，最年轻的一代开始表达他们对长辈们的愤怒。他们问道："为什么你不做点什么，说些什么？为什么不站起来反对种族主义传统呢？"老一辈对此的反应是，住房、工作和医疗保障是他们必须首先解决的问题。而且，他们仍觉得自己是新国家的客人。今天的移民青年在这个国家出生和长大。因此，他们对荷兰文化遗产的情感参与可能不同于他们的父母和祖父母，并且比他们更强烈。阿什沃思、格雷厄姆和滕布里奇指出，"不可避免的结果是，利益冲突是作为实践和过程的遗产不可分割的伴生物……可以不断被修改和改变"（Ashworth, et al, 2007: 2-3）。这种情感上的相遇表明，利益冲突不仅存在于不同"社区"之间，而且也是内部协商的一部分。最年轻一代与父母和祖父母拥有不同感受的事实，表明他们对荷兰社会的想象也存在差异。

朝向情感转变

我们都是过去的产物，并从中学到了如何感受这个世界及其中的事物。研究荷兰废除奴隶制纪念活动的巴尔肯霍尔（Balkenhol, 2015, 2016）在"流行"系列课程的一次活动中指出，或许情感本身应该被认为是一种文化遗产。这种认识有助于人们承认，不仅遗产本身，遗产周围的感情也是有所传承的。它们从过去传承而来，是我们现在继续"行动"，并投射到未来的东西。如果情感可以被视为遗产的一部分，那么也许我们也可以考虑它们如何"忍受"和改变，就像继承、培养和传播的各种文化宝库的其他元素一样。

遗产工作者应该限制自己组织和促进情感活动，还是应该采取更积极的方式？在"流行"系列活动的荷兰奴隶制历史话题中，这个问题被一再提及。历史学家凡·斯蒂普里安（van Stipriaan, 2015a）认为，我们必须树立改变荷兰"精神"遗产的目标（van Stipriaan, 2015b）。在他看来，博物馆专业人员有责任加强对自觉和不自觉的集体记忆的重视程度。只要荷兰殖民主义的暴行依然不为大众所承认，所谓共同的未来与所有人都被认可和代表的国家遗产仍然是遥不可及的虚空——就像非裔荷兰公民所流露出的情感一样。但是，我们如何在遗产工作中实现这些目标呢？

我们相信，在遗产空间建立情感网络，可以成为想象和创造更具包容性的未来社会的有力工具。这将为不经常交谈或者根本不交谈的人们提供"身体接触"的机会。我们相信，由于情感嵌合在具身、感官和社会实践之中，身处"其他人"之间的物理接触比虚拟世界的相遇具有更深远的影响。史密斯关于游客对遗产地和博物馆的反应研究同样认为，情感，尤其是同理心，不仅由游览、展览或阐释材料的内容所触发，更多的由于身体的现场场所感而引发（Smith and Campbell，2016：446）。不同想法的人们之间的"身体接触"创造了重要的时刻。具有不同背景、观点和情感的人之间的每一次相遇，都成为朝向情感转变迈出的每一步。这些网络可能不会自行聚合。为确保他们有机会这样做，我们建议遗产工作者继续开放讨论场所，并协调积极的议程。他们不仅应该吸引那些已经表现出兴趣的人，而且还应该以各自不同的情感来吸引更广泛的人群。遗产工作者必须持续挖掘各种方法，以保持日常生活实践的讨论、记录和呈现的不断演变。他们必须致力于在网络中产生理解，并鼓励情感的转变，这种转变使人们以其他人的方式看待和感受日常生活的转变，从而不仅使遗产本身有意义，而且也使那些产生其意义的人和事物之间的联系变得更有意义。

结论

在本章中，我们提倡将"情感网络"作为当今遗产建构的一种方法论。我们认为，这是展示人们不止与遗产本体相联系，而且可以彼此连接的最佳方式。我们相信，它为遗产领域的"社区"概念和方法提供了另一种选择。也就是说，我们意识到遗产工作者需要照顾"不规律"和"不可预测"的人群，以及他们可能带给文化制品或实践的冲突情绪。

在"非物质遗产与流行"系列课程中，我们将方法论导向从社区转移到"网络"。这个概念更适合于超级多元化的欧洲大都市的非物质文化遗产的收集、呈现和意义制造的实际工作，因为网络不像人们对于社区或组织所通常被理解的那样，牢固扎根于具体的非物质文化遗产项目上。相反，网络将遗产项目链接到由情绪表达的各种利害关系上。它们有时被遗产本身，有时被他人的情感所激起。情感网络将遗产工作的重点从志向相投与兴趣相通的群体转移到了持有不同感觉的个体。它创造了一个有意识地反思情感本身及其对意义创造的影响的空间。我们一直试图确保遗产意义建构的过程不仅是一个相互承认的庆祝活动，从而超越和联系各种群体。通过情感网络，我们渴望提供多视角的遗产建构策略。

作为"流行"系列课程的一部分，我们在来自各行各业的观众面前上演了日常生活的表演；它融合了文化和专业两方面。在这一系列中，本章选择呈现黑彼得的文化意象以及荷兰废除奴隶制的纪念活动。我们用它们来证明，如何将不同的情感视为网络中的关键因素。当人们分享围绕文化项目或文化实践的情感时，他们也在分享遗产。在博物馆、图书馆和其他类似空间中，"身体接触"会产生一种亲密感，引发分享、理解甚至采纳他人的情感和意见。关注情感网络可以使这些接触情感相似性和差异的时刻富有成效，从而在遗产领域实现真正的社会参与。

参考文献

［1］ Ahmed S. The cultural politics of emotion［M］. London: Routledge, 2004.

［2］ Alivizatou M. Intangible heritage and the museum: new perspectives on cultural preservation［M］. London: Routledge, 2012.

［3］ Anderson E. The cosmopolitan canopy: race and civility in everyday life［M］. New York: W.W. Norton and Company, 2011.

［4］ Ashworth G J, Graham B J, Tunbridge J E. Pluralising pasts: heritage, identity and place in multicultural societies［M］. London: Pluto Press, 2007.

［5］ Bagnall G. Performance and performativity at heritage sites［J］.［S. l.］: Museum and Society, 2003, 1(2): 87-103.

［6］ Balkenhol M. The Politics of compassion. In intangible heritage with Pop #5. Amsterdam: Imagine IC［EB/OL］.［2015-11-10］. http://www.imagineic.nl/verkenningen/.

［7］ Balkenhol M. Silence and the politics of compassion: commemorating slavery in the Netherlands［J］.［S. l.］: Social Anthropology, 2016, 24(3): 278-293.

［8］ Bauman Z. Community: seeking safety in an insecure world［M］. Cambridge: Polity, 2001.

［9］ Bauman Z. Liquid times［M］. Cambridge: Polity, 2007.

［10］ Bennett B. Encounters in the District Six Museum［J］. Curator: The Museum Journal, 2012, 55(3): 319-325.

［11］ Blommaert J, Rampton B. Language and superdiversity［J］.［S. l.］: Language and Superdiversity, 2011, 13(22): 1-21.

［12］ Brubaker R. Ethnicity without groups［M］. Cambridge, MA: Harvard University Press, 2004.

［13］ Byrne D. A critique of unfeeling heritage［M］// Smith L, Akagawa N. Intangible heritage. London: Routledge, 2009: 229-252.

［14］ Byrne D, Goodall H, Wearing S, et al. Enchanted parklands［J］.［S. l.］: Australian

Geographer, 2006, 37(1): 103-115.

[15] Castells M. The information age. Economy, society and culture. The rise of the network society [M]. Malden, MA: Blackwell Publishers Inc, 1996.

[16] Crang M, Tolia-Kelly D. Nation, race and affect: senses and sensibilities at national heritage sites [J]. [S. l.]: Environment and Planning A, 2010, 42(10): 2315-2331.

[17] de Wildt A. From multiculturalism to (super) diversity: examples from the Amsterdam Museum [M] // Eckersley S, Lloyd M K, Whitehead C, et al. Museums, migration and identity in Europe: peoples, places and identities. Farnham: Ashgate Publishing, 2015: 207-232.

[18] Dibbits H. Sharing the past. Heritage and education in the 21st Century [R]. Utrecht: Centre for Historical Culture, Erasmus University Rotterdam / LKCA, 2015.

[19] Dibbits H, Willemsen M. Stills of our liquid times [M] // Elpers S, Palm A. Die Musealisieriung der Gegenwart. Bielefeld: Transcript, 2014: 153-174.

[20] Edwards E, Gosden C, Phillips R B. Sensible objects, colonialism, museums and material culture [M]. Oxford: Berg, 2006.

[21] Geschiere P. The perils of belonging: autochthony, citizenship, and exclusion in Africa and Europe [M]. Chicago IL: University of Chicago Press, 2009.

[22] Gouriévidis L. Museums and migration: history, memory and politics [M]. London: Routledge, 2014.

[23] Gregory K, Witcomb A. Beyond nostalgia: The role of affect in generating historical understanding at heritage sites [M] // Knell S J, Macleod S, Watson S. Museum revolutions: how museums change and are changed. London: Routledge, 2007: 263-275.

[24] Hartman S. Lose your mother: a journey along the Atlantic slave route [M]. New York: Macmillan, 2008.

[25] Innocenti P. Cultural networks in migrating heritage: intersecting theories and

practices across Europe [M]. Surrey: Ashgate, 2015.

[26] Keightley E, Pickering M. The mnemonic imagination: remembering as creative practice [M]. Basingstoke: Palgrave Macmillan, 2012.

[27] Kirshenblatt-Gimblett B. Destination culture: tourism, museums, and heritage [M]. Berkeley: University of California Press, 1998.

[28] Knudsen B T, Stage C. Affective methodologies [M]. Basingtoke: Palgrave Macmillan, 2015.

[29] Krznaric R. Empathy: a handbook for revolution [M]. New York: Random House, 2014.

[30] Landsberg A. Prosthetic memory: the transformation of American remembrance in the age of mass culture [M]. New York: Columbia University Press, 2004.

[31] Latour B. On actor-network theory: a few clarifications [J]. [S. l.]: Soziale Welt, 1996, 47(4): 369-381.

[32] Legene S, Nordholt H S. Imagining heritage and heritage as imagined history [M] // Legene S, Purwanto B, Nordholt H S. Sites, bodies and stories. Imagining Singapore: Indonesian history. NUS Press, 2015: 1-30.

[33] Logan W, Reeves K. Places of pain and shame. Dealing with "difficult" heritage [M]. London: Routledge, 2009.

[34] Macdonald S. Unsettling memories: intervention and controversy over difficult public heritage [M] // Anico M, Peralta E. Heritage and identity: engagement and demission in the contemporary world. London: Routledge, 2009a: 93-104.

[35] Macdonald S. Difficult heritage. Negotiating the Nazi past in Nuremberg and beyond [M]. London: Routledge, 2009b.

[36] Massumi B. Parables for the virtual: movement, affect, sensation [M]. Durham: Duke University Press, 2002.

[37] Mc Garry A, Jasper J M. The identity dilemma: social movements and collective identity [M]. Philadelphia: Temple University Press, 2015.

[38] Meskell L. States of conservation: protection, politics, and pacting within

UNESCO's world heritage committee [J]. [S. l.]: Anthropological Quarterly, 2014, 87 (1): 217-243.

[39] Minucciani V. Religion and museums. Immaterial and material heritage [M]. Torino: Allemandi, 2013.

[40] Morrison T. Playing in the dark. Whiteness and the literary imagination [M]. Cambridge, MA: Harvard University Press, 1992.

[41] Nussbaum M C. Not for profit: why democracy needs the humanities [M]. Princeton, NJ: Princeton University Press, 2010.

[42] Pedwell C. Affect at the margins: alternative empathies in a small place[J].[S. l.]: Emotion, Space and Society, 2013, 8: 18-26.

[43] Rodenberg J,Wagenaar P. Essentializing "Black Pete": competing narratives surrounding the Sinterklaas tradition in the Netherlands [J]. [S. l.]: International Journal of Heritage Studies, 2016, 22(9): 716-728.

[44] Schorch P. Cultural feelings and the making of meaning [J]. [S. l.]: International Journal of Heritage Studies, 2014, 20(1): 22-35.

[45] Schorch P. Experiencing differences and negotiating prejudices at the Immigration Museum Melbourne [J]. [S. l.]: International Journal of Heritage Studies, 2015, 21(1): 46-64.

[46] Smith L. Uses of Heritage [M]. London: Routledge, 2006.

[47] Smith L. Affect and registers of engagement: navigating emotional responses to dissonant heritage [M]// Smith L,Cubitt G, Wilson R, et al. Representing enslavement and abolition in museums: ambiguous engagements. New York: Routledge, 2011: 260-303.

[48] Smith L, Campbell G. The elephant in the room: heritage, affect and emotion [M]// Logan L, Craith M N, Kockel U. A companion to heritage studies. New York: Wiley, 2016: 443-460.

[49] Tunbridge J E, Ashworth G J. Dissonant heritage: the management of the past as a resource in conflict [M]. New York: Wiley, 1996.

［50］UNESCO. Convention for the safeguarding of the intangible cultural heritage ［M］. Paris: MISC, 2003.

［51］van Stipriaan A. Presentation at Intangible heritage with Pop #4. Amsterdam: Imagine IC, 2015a. ［R/OL］.http:// www.imagineic.nl/verkenningen/.

［52］van Stipriaan A. Trots op Nederland. De kracht van mentaal erfgoed. (Proud of the Netherlands. The power of mental heritage)［J］. ［S. l.］: Volkskunde, 2015b, 116(3): 405-422.

［53］Vertovec S. Super-diversity and its implications［J］. ［S. l.］: Ethnic and Racial Studies, 2007, 30(6): 1024-1054.

［54］Waterton E, Watson S, Schorch P. Museum canopies and affective cosmopolitanism: cultivating crosscultural landscapes for ethical embodied responses［M］// Tolia-Kelly D. Heritage, affect and emotion. Farnham: Ashgate, 2017: 93-113.

［55］Wekker G. White innocence: paradoxes of colonialism and race［M］. Durhm: Duke University Press, 2016.

［56］Wetherell M. Affect and emotion: a new social science understanding［M］. London: Sage, 2012.

［57］Wheeler J, Rosenthal J. St. Nicholas: a closer look at Christmas［M］. Nashville: Thomas Nelson, 2005.

［58］Willekens L, de Ruysser S. MAS Museum on the Stream Museum in the city superdiversity as a red thread［J］. ［S. l.］: Volkskunde, 2015, 116(3): 497-511.

［59］Witcomb A. Understanding the role of affect in producing a critical pedagogy for history museums［J］. ［S. l.］: Museum Management and Curatorship, 2013, 28(3): 255-271.

关于作者

贾斯敏·拉纳（Jasmijn Rana），文化人类学家，她特别关注多样性、主体性和身体有关的研究。她从柏林自由大学获得博士学位，在想象 IC 担任自由职业项目经理，现任莱顿大学文化人类学研究所助理教授。

玛露丝·威廉森（Marlous Willemsen），想象 IC 的负责人，这个组织致力于大都市的现代日常生活研究。2016 年，她被任命为阿姆斯特丹艺术大学瑞华德学院文化遗产领域的高级教师兼研究员。

海斯特·迪比茨，荷兰鹿特丹伊拉斯姆斯大学历史、文化与传播学院的特聘讲席教授。她兼任国际博物馆学硕士班的主任，同时也是阿姆斯特丹艺术大学瑞华德学院文化遗产领域的教授。

写在后面的话

2008 年对于浙江大学考古与文博系、文化遗产与博物馆学研究所是一个特殊的年份。正是在这一年，它由原先历史系的文物与博物馆学专业升格为独立的系与所的建制，成立了文物与博物馆学系及文化遗产与博物馆学研究所。这个专业曾是中国大陆最早在高等院校实施文化遗产及博物馆学教学的单位之一，在 1981 年招收了第一批学生，[①] 历届毕业生在文化遗产与博物馆的实践领域，以及理论研究领域都发挥着积极的作用。此次升格为它的发展带来了更大的机遇。为了抓住这个机会，使系的办学方向有自己的特色和影响力，我们针对学校多个学院都涉及文化遗产，包括文物与博物馆、田野与科技考古、文物材料分析与保护、文物信息的高保真采集等，但联系还不够紧密的现象，提出了文化遗产学科整体发展的思路，即通过一种专业逻辑上的内在联系，将各个片断整合成一个具有内在联系的整体。在我们看来，这个与文化遗产事业相关的工作链包括了以下几个环节：第一是发现，包括田

[①] 正如瑞华德先生对学院所具有的精神象征的意义，浙江大学文物与博物馆学系、文化遗产与博物馆学研究所也有一位特别值得纪念的人，他的名字叫毛昭晰。他原来只是历史系的一位教授，出于对遗产及博物馆自幼便产生的兴趣，以及作为知识分子对知识公共化的责任感，他在 1978 年这个博物馆仍是稀罕之物的年代里提出开设文物与博物馆学专业，成为高等教育中实践遗产教育的先驱者。这个系就是他在充满疑虑的目光注视之下，多次只身往返近于大学与政府相关部门之间进行不懈争取的结果。正是由于这种具有前瞻性的热情，后来他被任命为浙江省文物局的局长，并以人大常委的身份参与了国家文物法的制订。他还曾担任浙江省博物馆、浙江自然博物馆和杭州工艺美术馆的名誉馆长。虽然现在已经是超过 90 岁的高龄了，但他仍是浙江大学文化遗产与博物馆学研究所的名誉所长。

野考古与民族学田野调查，它涉及地层学、埋藏学、遥感技术、考古地层三维可视化，以及人类学田野调查等技术与方法；第二是甄别与评估，解决文化遗产的事实判断与价值判断，即通过结合传统"眼学"和现代材料分析的"科学"等辨伪技术确定遗产物的真假，以及通过多学科参与的评估工作判断遗产的价值；第三是保护与管理，包括物理学意义的保护与社会学意义的保护，在物理方面，探讨如何提供最佳的保护方案以尽可能延缓遗产物自然变质的进程，在社会方面，则通过建立恰当的管理机构、法律与国际公约，以及对广大民众进行遗产价值普及教育等途径，避免因认知水平、管理失当和利益驱使等原因导致的对文化遗产的人为损害；第四是对文化遗产展开包括材料学、工艺学、风格学、图像学、历史学、社会学、人类学、民俗学等学科的跨学科研究，揭示其制造、功能、使用、关联及收藏史方面的信息，揭示其在本体与载体两方面的意义与价值；第五，将文化遗产的内在意义与价值通过阐释与解读使其公共化，为沟通社会公众与自然及历史的对话，构建一座桥梁，包括文化旅游对不可移动文化遗产的解读、通过操作和表演再现非物质文化充满情感与智慧的文化行为，以及通过博物馆的展示，阐释蕴藏在遗存物中的记忆与信息。考虑到博物馆是最具组织化和制度化的文化遗产的阐释机构，为了有效强化传播的效率，我们在博物馆学的研究与教学上，将探明博物馆学习认知特征及相应的传播策略作为重点。[1]

　　2008 年对于与浙江大学相距遥远的荷兰瑞华德学院也是一个具有特殊意义的年份。就在这一年，学院完成了课程的调整，并正式启动年度公开讲座计划，邀请处于遗产研究前沿且富有建树的学者利用讲座的平台发声。这是一个对瑞华德学院，对欧洲，乃至对全世界遗产学界都具有意义的事件，这些分散在世界各地的遗产与博物馆专家来到同一个讲台，发出了时代的强音。从讲座开始以来，11 年过去了，随着时间的推移，一些伟大的思想被集中地积累起来，并终于成为我们手中看到的这部书。当我们得知这些讲座将被集

---

[1] 我们在 2017 年 4 月召开了"博物馆认知与传播国际学术讨论会"，克诺普教授是会议的积极推动者之一，并亲临会议做了学术报告。

中起来同时用两国文字出版，而中文版的翻译出版由我们来承担时，深感一种被信任的荣幸。

产生这一令人欣慰的结果的原因要追溯到 2015 年。无论对瑞华德学院，还是对浙江大学文博系来说，这都是一个值得纪念的年份。随着 2013 年中荷两国关于文化遗产与博物馆领域合作计划的推进，到 2015 年，我们迎来了里默尔·克诺普教授和玛乔拉·范·霍恩女士。他们在文博系举办了为期两个月的关于参与式博物馆的工作坊。

正如克诺普教授在序言中所说，"在 2015—2016 学年中的两个月里，我们向严教授所在系的约 25 位硕士生和博士生授课。这是充满乐趣和令人满意的一次参与"。我的学生们向我反映，在这个工作坊里，他们不仅学到了许多新的知识，而且大大地扩展了学术视野，同时，他们对将理论与实践相结合的意识也变得更为敏感。从他们在实习场所和教室的表现及态度可以看出，他们的内心是充满激情与欢乐的。

克诺普教授在工作坊

霍恩女士在工作坊

教授们指导学生们讨论

这次成功的开局后，工作坊在后来又持续进行。在这种密切的交流中，我们与克诺普教授的友谊也同步增长。每一次他到杭州，都会带来瑞华德学院新出版的小册子，其中就有瑞华德纪念讲座的文章。我们深深地被小册子中广阔的视野、前瞻的观念和深入的思考所吸引，并将它们推荐为同学们的阅读材料。随着交往的不断密切，我们共同产生了将这些小册子翻译成中文的愿望。克诺普教授对这件事充满热情和信心，并迅速联系各位作者，有效落实了文章的版权。浙江大学艺术与考古学院、人文学院、文博系和出版社都对此表示支持，并做出了积极的贡献。当这一切都落实后，在张晖老师和傅翼老师的计划下，组织了翻译班子，包括系里的教师和研究生。经过了大约半年的努力，这些翻译的文章都出现在我的办公桌上。它们马上进入出版程序，将与读者见面。我们坚信，本书的出版会对中国的遗产事业和博物馆事业产生积极的推动作用，这将是对中荷两国此次合作计划最好的见证和最真实的肯定。

浙江大学文化遗产与博物馆学研究所所长　严建强

2019 年 7 月

致　谢

　　本书的出版得益于多家机构的努力和合作，以及论文原作者的无私贡献，在此我们一并表示诚挚的感谢！

　　这些机构包括：

Reinwardt Academy, Amsterdam University of the Arts

Erfgoed Academy, Amersfoort

Dutch Culture, Amsterdam

Royal Dutch Embassy, Beijing

Royal Dutch Consulate General, Shanghai

Sustainism Lab, Amsterdam

　　本书选取的论文原始出处如下（根据其在书中的顺序）：

All heritage is intangible: critical heritage studies and museums, Laurajane Smith, Amsterdam: Reinwardt Academy, 2011.

Let me tell you about Hadrian's Wall ...: heritage, performance, design, Michael Shanks, Amsterdam: Reinwardt Academy, 2012.

Museums, heritage, culture: into the conflict zone, Kavita Singh, Amsterdam: Reinwardt Academy, 2015.

Rubbish theory: the heritage of toxic waste, Marcos Buser, Amsterdam: Reinwardt Academy, 2015.

The white cube as a Lieu de Mémoire: the future of history in the contemporary art museum, Margriet Schavemaker, Amsterdam: Reinwardt Academy, 2016.

The transactional nature of heritage conservation, Salvador Muñoz-Viñas, Amsterdam: Reinwardt Academy, 2017.

A sustainist lexicon: seven entries to recast the future - rethinking design and heritage, Michiel Schwarz, with field notes by Riemer Knoop and sustainist symbols by Joost Elffers. Amsterdam: Architectura & Natura Press, 2016.

Street values, investigating societal entanglements 2015-2017, Riemer Knoop, Michiel Schwarz, in Straatwaarden: In het nieuwe speelveld van maatschappelijke erfgoedpraktijken, Amsterdam: Reinwardt Academy, 2017:134-153.

Moved by the tears of others: emotion networking in the heritage sphere. Jasmijn Rana, Marlous Willemsen, Hester Dibbits, in International Journal of Heritage Studies, 2017, 23(10): 977-988.

浙江大学文化遗产与博物馆学研究所

图书在版编目（CIP）数据

批判性探索中的文化遗产与博物馆：来自瑞华德学院的声音 /
（荷）里默尔·克诺普等著；浙江大学文化遗产与博物馆学研究所
译. —杭州：浙江大学出版社，2020.6
　　（文化遗产与博物馆研究丛书）
　　ISBN 978-7-308-20009-7

　　Ⅰ.①批…　　Ⅱ.①里…　②浙…　　Ⅲ.①博物馆学-
文集　　Ⅳ.①G260-53

中国版本图书馆CIP数据核字（2020）第039490号
浙江省版权局著作权合同登记图字：11-2020-199号

批判性探索中的文化遗产与博物馆：来自瑞华德学院的声音

［荷］里默尔·克诺普　等　著　浙江大学文化遗产与博物馆学研究所　译

策划编辑	陈丽霞
责任编辑	胡志远
文字编辑	丁佳雯
责任校对	杨利军　张培洁
封面设计	程　晨
出版发行	浙江大学出版社
	（杭州市天目山路148号　邮政编码310007）
	（网址：http://www.zjupress.com）
排　　版	杭州兴邦电子印务有限公司
印　　刷	杭州高腾印务有限公司
开　　本	710mm×1000mm　1/16
印　　张	23.25
字　　数	345千
版印次	2020年6月第1版　2020年6月第1次印刷
书　　号	ISBN 978-7-308-20009-7
定　　价	128.00元